ケイティ・ミッチェル
亘理裕子［訳］

The Director's Craft

KATIE MITCHELL

A Handbook for the Theatre

ケイティ・ミッチェルの演出術

舞台俳優と仕事するための14段階式クラフト

白水社

ケイティ・ミッチェルの演出術

舞台俳優と仕事するための14段階式クラフト

エディーに

CONTENTS

Chapter 7

Chapter 8

PART TWO

リハーサル 165

Chapter 9

PART THREE

PART FOUR

本書の背景と出典　305

ACKNOWLEDGEMENTS

謝辞

ウラ・アベーグ、セバスチャン・ボーン、エレン・ボウマン、ポール・クラーク、ウィル・コフ、ポーリー・コンスタブル、スティーヴン・クミンスキイ、ギャレス・フライ、アナスタシア・ヒラ、ニコラ・アーヴィン、アーランド・ジョゼフソン、アリーナ・キンスル、アイヴァン・キンスル、クレア・リジモー、ストゥルーアン・レスリー、マイケル・ミッチェル、サリー・ミッチェル、ヴィッキー・モーティマー、国立科学技術芸術基金（ＮＥＳＴＡ）、タチアナ・オリアー、ヴィッキー・ポール、スニタ・バンジャ、ロビン・テブット、タリア・ロジャース、

これまで一緒に仕事をしたすべての俳優の皆さん、私が教えた演出家の皆さんに感謝します。

そしてリンジィ・ターナーへの感謝をとくに添えます。

この本で使用した写真は、私が二十年近く一緒に仕事をした天才写真家アイヴァン・キンスルによって撮影されたものです。

アイヴァンは二〇〇四年に急逝し、そのため私が演出した『かもめ』の写真は撮影してもらうことができませんでした。

この本の画像は彼の芸術性と洞察力へのオマージュです。

読者の皆さんにも舞台演劇写真の可能性を感じとっていただけることを願っています。

Jephtha by George Frideric Handel

FOREWORD
by Nicholas Hytner

序文

ニコラス・ハイトナー

英国の演劇界ではいまだ多くの場合、「私は演出家です！」と名乗ることで演出家となり、誰かがそれを信じてくれると願っているのが現実だ。俳優から演出家になる人もいるし、少数ながら舞台監督から演出家になる人もいるが、近年その多くは――創作のアイデアはあるものの、それ以外はほとんど何も知らない――大学出だ。彼らは、運が良ければ、自分が何も知らないことに気づく機会を与えられる。そして賢ければ、演劇制作の実際を一つずつ学び始める。さらに、もし才能があれば、自分の才能を有効に使う方法を知るよりも早くスポットライトを浴びてしまう。自分はアーティストだと意気込むものの、彼らが演出家の仕事（クラフト）を知っているかと言うと、まだまだ学ぶことは多い。

さてここにようやく、演出家が戯曲について考え始める瞬間から、公演が終了するまでのすべてを網羅した本ができた。これまで演技についての素晴らしい本は――演出家が書いた良書も含め――たくさんあるし、演劇の目的についてインスピレーションを与える本もたくさんあった。詩の朗読についての本や照明・音響のマニュアル本、衣裳の歴史についての本もある。しかし、自分よりはるかに専門知識に長（た）けた仕事人チームをリーダーとして率いなければならない演出家という職業が実際の現場で求められる必須事項をこれほどわかりやすく、かつ徹底的に力説した本に、私はこれまでめぐりあったことがない。

私がナショナル・シアターの芸術監督に任名されて真っ先にしたことの一つが、ナショナルをケイティ・ミッチェルのホームグラウンドにすることだった。というのも、彼女の作品には真摯（しんし）な制作意図のもとに強烈な感情があふれ、これが比類ない演劇的ノウハウと結びついて表現されており、つねに私に衝撃を与えてくれていたからだ。作品について私は彼女と意見を異にすることもあったが、戯曲に命を吹き込む彼女のやり方にはいつも魅了されていた。このように、長年私は彼女のたゆみない旅路を最大限に称賛しながら見守っていたので、とりわけ演劇の世界に入りたての若い演出家たちが私と同じく、彼女を称賛の的とするのも不思議ではない。彼らは手本になる先輩として他の誰よりまず彼女の名を挙げるが(私の世代ではピーター・ブルックの名を挙げたものだが)、それは彼女が他の演出家より後進を教えることに時間を割いているという理由ばかりではない。彼女の作品は、深い洞察と細部に及ぶ猛烈なこだわりの両方からなる果実であって、それは見る人誰の目にも疑いの余地がない。演劇表現の無限の可能性に強い愛着を持ち続けていることが、彼女の創作活動をいちだんと際立たせている。かくして、多くの若い演出家に彼女のようになりたいと思わせるのだから、なんとも心強いことである。

この本は戯曲を舞台で上演するプロセスについて知りたいと願う者を教え導くにあたって、大いに役立つはずだ。ケイティはほぼすべてを網羅している。俳優をどのようにインスパイアさせ導いたらよいかという発見は、詳細につづられていて刺激的だ。演出家の準備作業がいかに包括的でなければならないかという点については妥協がなく、演出を請け負う者に厳しい要求を課している。稽古場のコーヒー・紅茶の用意から舞台稽古の実施まで、あらゆるアドバイスを授けて、そして全公演が終了してからは、容赦ない自己分析が必要だと説いている。何にもまして、すべての演出家が身につけておかなければならない必須のスキルがあることを明かしている。創作に対するアイデアは容易に思いつくし、誰もがそれぞれ持っているだろう。ここで彼女が強調するのは、そのアイデアを舞台上で生き生きとさせるには何が必要かということだ。ケイティは試作例としてチェーホフの『かもめ』を使って、作品への徹底したアプローチを解説している。もちろん、読者が彼女のプロセスを応用して同じ戯曲を演出したとして、二〇〇六年にナショナルで上演した彼女のプロダクションとはまったく違った仕上がりになるはずだ。しかしいずれにしても共通しているのは、この本が強調する、演出という仕事に欠かせない真摯な取り組みを行なった、という点だろう。

本書は、英語圏の演劇界において、舞台演出家のための必読ガイドとなるはずだ。

ニコラス・ハイトナー

二〇〇八年六月　ロイヤル・ナショナル・シアターにて

INTRODUCTION

はじめに

新人演出家が作品をつくろうとする場合、シンプルで確実な道具（ツール）を持っていないがために不安になるものです。ツールがなければ、演出は技術というより運が頼りのプロセスとなってしまいます。この本にあるツールは、作品を自分がこんなふうに見たいと思うかたち——もしくは頭のなかで思い描くものにより近づけるための助けになるはずです。また、演出とは時間をかけて習いながら積み重ねていくスキルをともなう仕事（クラフト）である、と考えるきっかけとなるはずです。

演出家の養成には大別して二つの流儀があります。一つは、演出とはもって生まれた才能であり、稽古場で作品をつくる過程でのみ育成されるという考え。もう一方は、演出は教育によって時間をかけて習得しうるスキルであるという考え。私は後者の考えです。しかし、少なくとも英国では、ほとんどの俳優が系統立った養成を受けるのに対して、演出家はそうではないことを奇妙に感じています。私自身、演出技術の教育を受けていないことを後悔していますし、演技と同様に演出の技能にも、予備的養成によってのみ得られるものがあるはずと感じています。多くの演出家が新人の頃には、何はともあれしっかりと見事な演出をしてみせるだろう、という世間の期待に押しつぶされています。もし一つ二つの基本的なスキルでもあれば、明晰（めいせき）な演出力がついて、大きな自信となるかもしれません。

本書にどのエクササイズとアドバイスを載せるかを選ぶにあたっては、私自身が新人の頃に必要だったツールを思い出してみました。しかしながら、私の演出作品と本書で示されるツールは分けて考えてください。一〇人の演出家がこのツールを使ったとして、仕上がりはことごとく異なるものになるはずです。とはいえ演出家が作品をどのように解釈し、どのように見せ、聞かせるとしても、どんな作品でも必要とされる演出の基本スキルというものが、実際に、確かにあります。私がこれから解説していこうとしているのは、そういったスキルです。

本書は台本の選定から公演千穐楽までの各段階で必要となる、基本的な実践スキルの概略を述べています。特に強調したのは俳優との作業についてです。そして、クリエイティブチームとプロダクションを築き上げていく重要なステップ、すなわち、舞台装置、衣裳、照明、音響、ムーブメント、ボイス（発声）そして音楽に関する作業についても触れます。唯一、触れていないのは、存命の作家との関係について、です。私は、すでに亡くなっている作家の作品をおもに演出するので存命の劇作家と新作をつくる経験には乏しいです。その分野については、マックス・スタフォード・クラークや、ジェームス・マクドナルドといった演出家の方々が得意とするところであり、新作戯曲については彼らの著作や考え方のほうが詳しいですし、また専門的です。

この本で述べているツールの大部分は、コンスタンチン・スタニスラフスキーの教えから後にさまざまに解釈されてきたものを、私なりに作品のなかで試したものです。他には感情の生物学について私が最近行なったリサーチと、残りは一般常識および稽古場にて学んだ厳しい教訓の成果です。私のプロダクション演出のプロセスを説明描写するにあたって、アントン・チェーホフの『かもめ』を使います。戯曲の英訳はマイケル・フレインでメシュエン社から一九八八年にチェーホフ作品四選集として出版されています（『かもめ』はロシアの田舎の荘園に住む家族と、近しい友人たちの愛と喪失の物語です）。ですが、本書にあるタスクは、チェーホフ・リアリズムからベケットやピンターといった作家の書いた抽象的なテキスト、もしくは新作に至るいかなる素材にも、さらには超スタイリッシュに演出する十八世紀オペラなどまで応用可能です（本書における『かもめ』の日本語訳は、フレインの英語版から翻訳された小田島雄志訳（白水Uブックス）を引用しています）。

この本の使い方として、あなたがリハーサルで問題に直面したときに関連部分を拾い読みして解決に役立てるもよし、または『かもめ』に関する部分をより深く学習して、演出プロセスについてより総合的な考察を引き出すもよしです。もしくは、本書から基本要素を抜き出してあなた独自の材料と混ぜ合わせる——例えば、この本にあるアイデアを使って新たなチャレンジをしたり、自分の制作プロセスの弱点強化に使うこともできるでしょう。演出家としてどの進化過程にあるか次第ですが、この本を読み始める前に自分の技量の長所と短所をリストにして書き出しておくと、この本を読む目的を意識する手がかりになります。また、いま準備をしている最中、またはこれから演出しようかと考えている戯曲に、この本に書かれた準備作業を実際に試して、戯曲の理解が深まったかどうかを見てみましょう。もちろん、私が述べるプロセスすべてに従う必要はありません。もしそのエクササイズが自分には意味がないと感じたら、稽古場に導入しないほうが良いでしょう。あなたがそのエクササイズを半分しか理解していなければ、俳優に混乱とフラストレーションをもたらすだけです。それではあなたは自信を失い、俳優からも評価されないでしょう。

この本は、台本に書かれたシチュエーションや日常生活から引き出した要素を使って、俳優が想像の世界を創りあげ、そのなかで演じることに興味がある読者を想定しています。また、演出とはリハーサルが始まる前に充分考え抜き、慎重な準備を必要とする仕事であることを前提としています。稽古すること自体はもちろん重要ですが、効率よい下準備をすることでかなりの時間が節約できます。詳細な準備によって稽古プロセスをさらに効率よく進められます。完璧な下準備が稽古で俳優の創造力やインプットに悪く作用することはありません。それどころか、俳優の演技にフォーカスやひらめきを与えて、豊かにします。準備することによりあなたは演出家として自信を持つことができ、俳優からは信頼を得られるはずです。本書の第一部は、リハーサルに入る前に演出家が一人で行なう作業をカバーし、そこにはプロダクション制作に関わる俳優以外のスタッフとの関係の築き方を含みます。第二部では稽古プロセスを解説し、第三部ではテクニカルリハーサル、ドレスリハーサル、公演期間中の演出家のたずさわり方を見ていきます。第四部では私がスタニスラフスキーの教えとどう関わってきたかを解説します。

本編に進む前に、戯曲を読むにあたっては――それを演出作の候補として考えている段階にせよ、すでに上演を決めて準備を始める段階にせよ――私なりの戯曲との向き合い方をおすすめします。まず、戯曲を解釈する以前に、作品の正体を正確に把握する必要があります。自分の考えのまま素材に突進したい欲望を抑え、作家の意図や目の前のページに実際に書いてあることを正しく理解するべく、一歩引いてみることです。

自分が演出をしたいと思って台本を読むとき、心拍が速くなり体温が上がるのに気がつきませんか？　これは恋に落ちたときと似た感覚です。昂奮（こうふん）してしまって、その結果、台本をゆっくり注意深く読めていないかもしれません。目は文字の上を滑り、ところどころ、自分がことに好きなセクションには集中し、直接興味のないセクションは飛ばして、ここは後で処理すればいい、そう自分に言い聞かせる――。最初にこんなふうに戯曲を読んで演出された作品は、あなたの不安定な昂奮を反映した、むらのあるパフォーマンスとなってしまうでしょう。

苦い経験があります。アイスキュロスの『オレステイア』を演出したとき、私はイピゲネイアが生贄（いけにえ）にされるストーリーに特に興味を持ちました。『オレステイア』は三部作の戯曲で、イピゲネイアの生贄のストーリーは第一部の中心的原動力です。しかし第二部では主動力とはなっておらず、第三部ではほとんど描かれていません。戯曲のなかでイピゲネイアのストーリー以外には私の興味を引くものはほぼなく、最終的に私の無関心を露呈したプロダクションとなってしまったのです。ストーリーが進むにつれて、イピゲネイアのストーリーと直接関係のない登場人物は無視され、プロダクションは散漫になり、観客はどんどん落ち着きを失くしていきました。イピゲネイアを象徴した幽霊が三部通してさまよう私の演出は、最終的に観客をただ混乱させていました。プロダクションはアイスキュロスが書いた戯曲を正確に叙述したものではなく、私が最初にテキストを読んだときの昂奮と偏り（かたよ）を如実に反映したものとなってしまいました。

　このように、戯曲の一部だけでなくすべてのシーンを確実に読めているかをチェックするためにも、ゆっくり慎重に読むことが重要です。すっきりした頭で読む習慣がつけば、その戯曲を本当に演出したいのかどうかを判断する助けにもなります。

　戯曲を冷静に読む際のもう一つの障害物は、テキストを理解しようとすると割って入ってくる「親近感（アフィニティー）による思い入れ」というもので、それはまるでラジオ番組を聴いているときに入ってくる雑音のようなものです。親近感とはあなた自身の人生、またはあなたが世の中をどう見ているかと関わりがあり、それゆえにあなたを戯曲に引き込みます。親近感は有益でありながら、いささか制限をかけてしまうものでもあります。それは普通なら気づかない、登場人物やテキストの側面に洞察を与えるという意味では有益です。例えば、医者の診療所を舞台にした作品を演出すると決めたとします。そしてもしあなたの父親が実際に医者だったら、あなたはその職業について公私両面の姿をかなりよく知っているわけですから、それは作品を演出する際のアドバンテージになりえるでしょう。しかし、医者の人生について特別な洞察を与えてくれるその親近感による思い入れのせいで、芝居を父親の診療所の状況に近づけすぎてしまったり、作品のほかの側面を見落とす危険もあるのです。

　同様の問題が俳優の演技の妨げとなることもあります。例えば、『かもめ』でアルカージナ（彼女自身が女優という役です）を演じる俳優は、明らかに登場人物の職業とそれに付随する感情に親近感を持つわけですから、役に引き込まれるでしょう。

でもチェーホフが俳優に求める演技はそればかりではありません。アルカージナは若い男との関係に嵌(は)まる母親でもあります。劇中多くの芝居はアルカージナの女優という職業と同じくらい、いえそれ以上に、この恋愛に嵌まる母親という役回りに関連しています。同じことが演出家にも当てはまります。演出家は作品中の演劇に関わる部分に強い思い入れを持ちやすく、これも明らかに自らの職業ゆえです。しかし、そのことによって戯曲のほかのテーマ――報われぬ愛、打ち砕かれた夢、家族、など――がおろそかにされれば、アンバランスなプロダクションになりかねません。

次に、あなたが頭のなかで芝居をイメージしたり、または戯曲を読むとき、実際に台詞(せりふ)をしゃべっている登場人物の動作や、どこに立っているかだけを想像していませんか？　大勢の登場人物が出ている戯曲では、これでは舞台上の全員を想像できていないということです。つまり、実際にシーンを演出するときになって、台詞のない役をどう演出したらよいか戸惑うことになります。このような台詞のない役への注意不足は観客に看破されてしまうでしょう。ですから、どれくらいしゃべるかに関係なく、すべての登場人物の、すべての瞬間を想像しつつ、テキストの準備をする必要があります。例えば、女中やウェイターのような台本に説明のない小さな役であっても、その役が舞台に登場しているのであれば、彼らが何をしているかを明確にしなければなりません。例えば『かもめ』の最初のシーンでは、マーシャやメドヴェジェンコとともに下働きの男たちがいることを忘れていませんか？　彼らは仮設舞台の幕の後ろで作業をしています。シーンを準備する際にマーシャとメドヴェジェンコの芝居ばかり考えて、その状態で稽古場へ行き、下働きの男役の三人は登場の準備万端なのに、あなたはただぼんやりと彼らを眺めてしまう。結果、頭のなかで綿密な準備のできていない対応策を、行き当たりばったりにひねり出さなければならなくなります。

テキストを読みながら、観客が目にする全体像を頭のなかで把握できるようになることはきわめて重要です。これを習得するには、自然主義的(ナチュラリスティック)な映画の一部を見るように、頭のなかで芝居のアクションを考える練習をします。観客が目にするものを、ひとコマひとコマ想像していきます。複雑な一連(シークエンス)の流れを創作してはいけません。できるだけシンプルなシークエンスを作ります。このエクササイズは各シーンをどのように演出するかを正確に図ろうというのではありません――それはもっと後のプロセスで解決していきます。ここでむしろ大切なのは、その戯曲を演出するときに気を配っていかなければならない要素をすべて、しっかりとつかむことです。

このようにアクションを頭のなかでビジュアライズすることにより、芝居の行なわれる設定場所についてもまた、齟齬のないように気を配る必要があります。戯曲を読む際に、シーンのなかにつねに存在している家具や、湖のようなロケーションを簡単に忘れがちです。こうした動かない品物・物体や、地理的なディテールは、誰かがそれについて話をしているときは想像できているのですが、話題が変わると忘れてしまいがちです。それでは俳優が環境に対して矛盾のない正確な反応をする演出はできません。シーンの一部で登場人物の一人が台詞で「暑い」と言ったとします、するとそのシーンの全員が「暑い」という演技を始めます。五分後、話題が変わると、まったく同じ場所にいて天気も変わっていないにもかかわらず、全員がその「暑い」という演技をやめてしまっています。それでは観客は混乱してしまいます。

最後に、あなたが戯曲を読む際、俳優が舞台上で演じる具体的なタスク（用事や作業）を見つけ出すという大切な目的があります。そのためには作品についてあなたが知識として理解したことを、俳優が演じられる詳細なタスクに変換する練習が必要です。もしあなたが抽象的観念や文芸批評の語彙ばかり使って俳優に話せば、彼らはあなたの指示に正確に応えようと悪戦苦闘するも、結果として、彼らの芝居は曖昧なものとなってしまいます。もちろん、ほとんどの俳優は戯曲について知的な会話も難なくこなすでしょう。しかし彼らは、そのような会話をするために稽古場にいるわけではありません。彼らの仕事は役の皮膚のなかにもぐりこみ、信憑性のある感情、思考、行動を演じることです。演出家の仕事は彼らをその皮膚に入り込ませることです。車の道順を誰かに指示するとき、あなたはどうしますか？　曖昧なランドマークを目印にし、肝心なT字路を無視した代わりに旅の目的などを伝えてしまったら、車は道に迷います。ドライバーには道順や標識やランドマークなど、明確な判断基準を備えた正確な情報が必要です。指示が明解であればあるほど、ドライバーは速く目的地に着くことができます。俳優にも同じです。本書の第一部では、俳優が演じる実際のタスクを伝えるために、テキストからどのように情報を抜き出して具体的な指示にするかを説明していきます。

▌本書で言う英語の Action には、①作品中または舞台上で登場人物（俳優）がおこなう動きや所作の意味と、②戯曲のストーリーやプロットの進行や展開を指す意味とがあります。ここには人物の意図や目的が深く関わっています。本書では訳語として、カタカナのままアクションとします。また、アクティング（Acting）は俳優の演技を意味するもので、アクションと区別して理解してください。この本のなかではアクションを格闘・殺陣の意味で使うことはありません〔訳註〕。

PART ONE

PREPARING FOR REHEARSALS
リハーサルまでの
準備

第一部ではリハーサルが始まるまでに必要な準備をすべて説明していきます。準備のゴールは、俳優が作品のシチュエーションのなかで役を演じるのに助けとなる情報を台本から抜き出すことです。

日常生活でも、その場に関係している人々の言動は複雑に合わさった複数のファクト（事実）によって決まってくることに気がつくはずです。口論をしているカップルを見たときのことを思い出してください。彼らのいた部屋は暑かったかそれとも寒かったか、風通しは良かったか息が詰まるようだったか、一軒家かアパートだったか、覚えていますか？　近くには他に誰か喧嘩が聞こえてしまう人はいたか？　何時頃だったか？　その後そのカップルがどうなるか将来的な映像を思い浮かべましたか？　二人がどうしてこうなったか、現在の行動に至る過去の出来事を想像できましたか？　たとえ二人が言い合っている言葉とは直接関係のある内容でなかったとしても、そうしたことにあなたは気づくことができていましたか？　二人が相手にどうして欲しいと思っているか、気がつきましたか？　許されたいと思っているのか、理解されたいと思っているのか？

二人の体の動きからもたくさんの情報が読みとれるはずです。彼らがどんなふうに座っているか、どんな動きをするか、トーストにバターをどんなふうに塗るか、去り際にコートをどんなふうに着るか、そうしたことから情報は読みとれるはずです。例えば、もし寒ければ意識的または無意識に温まろうというジェスチャーをするでしょう。もし片方が遅れて来たら、その人物は相手より速い動作をするはずです。お互いの喋り方にも情報が潜んでいます、早口か、ゆっくりか、静かな声か、大声か。つまりこのカップルの関係や人格に関する情報というのは言葉と身体の両方にあるのです。言葉であれば、彼らの話すトーンはその内容と同じぐらい意味があります。

戯曲を読むとき、劇中で登場人物の言動をつくりだす、または影響を与える要因（または言動に何らかの変化を起こさせる要因となるもの）すべてについての情報を探しながら読むと良いでしょう。もし要因が明確に記されていないなら、登場人物が置かれている正確な状況を推論しながら、注意深くシーンを読む必要があります。抜き出す要因は以下のような見出しになります。

場所：登場人物が置かれた環境
登場人物の経歴：登場人物を形づくる過去の出来事
直前の状況：それぞれのシーンもしくは幕に先立つ二十四時間の出来事
時間：劇設定の年、季節、時刻、または幕と幕、シーンとシーン（場と場）の間の時間経過
出来事（イベント）：登場人物の言動に影響を与える変化
意図：登場人物が現在の言動によってたどり着こうとする未来の姿・状況
関係性：登場人物の言動から推し量る、互いの印象・評価

もちろん、作品を演出する前にすべき準備は他にもありますし、そうした準備は先々の章で詳細に述べていきます。しかし登場人物の言動や行動を決定づけるこうした要因を確認する作業は、準備作業の中心に据（す）えるべき大切なものです。

Chapter 1

Organising your early responses to the text

戯曲の第一印象をまとめる

この章では戯曲を読んだ第一印象をまとめて、劇が始まる以前の状況・世界観を整理する作業について、次の六つのステップを説明します。

1 ファクト（事実）とクエスチョン（質問）のリストを作る
2 劇が始まる以前に何が起きていたのか情報をまとめる
3 リサーチ
4 戯曲中の難解なクエスチョンに答えを出す
5 場所
6 登場人物の経歴

これらのステップを踏んで戯曲に対して客観的に向き合います。客観的に分析することで、戯曲の詳細な世界観を構築する助けとなり、そしてのちのちキャストに戯曲を解説する際にも役立ちます。

❶ファクト（事実）とクエスチョン（質問）のリストを作る

最初に戯曲に取りかかる際に自分の発見と反応をまとめるシンプルな方法、それは情報をファクトかクエスチョンの形式でリストアップすることです。ここで言うファクトとは戯曲に書かれた交渉の余地のない要素です。それは戯曲について作家から与えられる主要な手がかりとなる要素です。『かもめ』では「アルカージナにはコンスタンチンという息子がいる」「メドヴェジェンコは学校の先生である」または「ロシアが舞台」などがこれに当ります。そしてここで言うクエスチョンとは、あまりはっきり明示されていない、もしくは一読して曖昧にしかわからない戯曲内の部分です。簡潔でない、はっきりしない事柄を何でも質問形式にします。クエスチョンは例えば「コンスタンチンの父親はどうしたのか?」「季節はいつか?」または「ソーリンの荘園はロシアのどこにあるか?」などが含まれるかもしれません。つねにファクトとクエスチョンをシンプルで客観的な文章で書き出します。目安として、一読してファクトとすぐに認められると思えないものは、クエスチョンに回しましょう。

この方法で情報をまとめることで、題材と客観的な関係を保ち、思いつきの、未熟な戯曲解釈を回避できます。ファクトとクエスチョンのリストは、チャプター1と2で説明する劇中のアクションを調べる課題のなかで使っていきます。

サマリー

戯曲を読んで、自分の発見と反応を、ファクトとクエスチョンのリストを使ってまとめる。

❷劇が始まる以前に何が起きていたか情報をまとめる

「劇が始まる以前に何が起きていたか」という戯曲内の情報をまとめることは、戯曲から確かに読みとれる物理的、地理的、時間的な事実を地図のように描くことであり、それによって登場人物それぞれの過去を描写できます。

劇が始まる以前に何が起きていたか？　という俳優からの質問なしに稽古が進むことはまずありえません。ですからこの情報をあらかじめ確実に理解し、つかんでおくのは、演出家として大いに有利なことです。「私は今どこから来たのか？」といった場所に関する簡単な質問から、「トリゴーリンと私が最初に出逢ったのはいつ？」といった登場人物（アルカージナ）の過去に関する込み入った質問まで対応できるようになります。

ファクトとクエスチョンのフォーマットを使って、劇の始まる以前に起こったこと、もしくはずっとそこに存在している物事や状況について、すべての情報を集めます。私はこれを**《バックヒストリー・リスト＝背景リスト》**と呼んでいます。ファクトには「アルカージナはガヴリール・トレープレフと結婚した」「舞台はロシア」「ニーナの母親は亡くなっている」などが含まれます。ファクトはたとえどんなに些細なことでも、すべて書きとめます。ソーリンの台詞で、ある検事補が「いやな声だ」と彼に言ったことや、トリゴーリンの書いた文章が他の言語に訳されているという事実などは、短くて一見して関係なく思われるかもしれませんが、どれもそれぞれ登場人物の過去の人生を組み立てる際に関係してきます。クエスチョンには「コンスタンチンの父親に何があったか？」とか、「ソーリンの荘園はロシアのどこにあるか？」または「アルカージナはいつどこで『椿姫』を演じたか？」といったことが含まれます。

もしファクトにするのかクエスチョンにするのか不確実な場合、それはクエスチョンにしておきます。例えば、第一幕で彼女がシェイクスピアの一節を引用したことから、「アルカージナは『ハムレット』でガートルードを演じた」をファクトに加えようと思うかもしれません、でも彼女が実際にガートルードを演じたという直接の証拠はないので、これは「アルカージナはかつて『ハムレット』でガートルードを演じたか？」としてクエスチョンに加えます。時として、この作業の初めにはクエスチョンとした内容について、のちに劇中で答えが出てくる場合もあるでしょう。その場合はクエスチョンを線で消し、ファクトのほうに答えを追加します。またここでは、シーンとシーンの間の出来事や劇中のアクションのなかで起きた事柄についての情報はリストアップしません。

以下、『かもめ』第一幕冒頭を読んで抜き出したファクトです。

ロシアが舞台。

荘園、ソーリンの所有。

庭園がある。

庭園に続く広い並木道がある。

湖がある。

仮設舞台があり、湖の眺めを邪魔している。

灌木（かんぼく）の茂みがある。

仮設舞台の幕が下がっている。

ガーデンテーブルが一脚とチェアーが数脚ある。

メドヴェジェンコが出会ったときから、マーシャはいつも黒い服を着ている。

メドヴェジェンコは月に二十三ルーブル稼ぎ、そこから自分の退職積立金を引かれている。

マーシャの父は荘園の支配人である。

乞食が何人かいる。

メドヴェジェンコには病気の母と妹二人と小さな弟が一人いる。彼が家族を養っている。

コンスタンチンはニーナに恋をしている。

メドヴェジェンコは屋敷から三マイル離れたところに住んでいる（一マイルは約一・六キロメートル）。

メドヴェジェンコはマーシャに愛を告白している。

メドヴェジェンコは学校の教師である。

かぎタバコを使う。

マーシャはかぎタバコの入ったたばこ入れを持っている。

蒸し暑い。

夕方。

以下は第一幕冒頭を読んで抜き出したクエスチョンです。

今は何年？
ソーリンの荘園はロシアのどこにあるか？（作家の知っている実在の場所か？）
荘園はどれくらいの広さか？
当時のロシアの平均的な荘園はどのぐらいの大きさか？
並木道の街路樹はどんな種類か？
湖の大きさは？
漄木の種類は何か？
マーシャはなぜ黒い服を着ているのか？
二十三ルーブルは現在の英ポンド（自国通貨）に換算するといくらになるか？
当時の教員の退職積立金（年金）はいくらか？
当時の荘園支配人の収入は？
マーシャは職業があるのか？
メドヴェジェンコの母親は何の病気か？
メドヴェジェンコの家族全員の名前と年齢は？
メドヴェジェンコの父親はどうしたのか？
メドヴェジェンコと家族はどこに住んでいるのか？
メドヴェジェンコはどこで教えているのか？
当時ロシアの田舎の教員はどんな暮らしだったか？
メドヴェジェンコはいつマーシャに愛を告白して、彼女の反応はどうだったか？

当時かぎタバコはどの程度一般的だったのか？　男女とも？（どのように使うのか？　効果は？　どのような大きさやタイプの缶に入れて保管していたか？）

このようなリストを作るのは、現代劇でも古典でも、どのようなテキストにも有効です。以下はサミュエル・ベケットの『わたしじゃない』からのファクトとクエスチョンです。

女がひとりいる。
女の話を聞いている者がいる。
女は一か月早産で生まれた。
彼女は宗教団体の孤児院で育った。
年は？　一九七二年？
女の話を聞いているのは誰か？
いつから彼女の話を聞いているのか？
何の目的で女の話を聞いているのか？
聞いている人物の性別は？
ジェラバとはどんなものか？
ジェラバは誰が着るのか、どこの国で着られているのか？
彼女の誕生後、なぜ両親は彼女を捨てたのか？
彼女は今何歳か？
彼女がスイカズラの花を野原で探し歩いたのはいつか？　最近かそれとも遠い過去か。
孤児院の宗派は何か？

最初の数シーンもしくは一幕ですでに、あまりに多くのファクトとクエスチョンが出てきてひるんでしまうかもしれませんが、ここでパニックにならないこと。読み進んでいくうちにリストにあげる項目は少なくなっていくはずです（もし戯曲が時系列に沿わずに進行していくスタイルであれば話は別ですが。もし戯曲が時系列に沿って書かれていない場合は、シーンをカット&ペーストして時系列に並べ替えてからこの作業をすると良いでしょう）。

このプロセスによって二つの長いリスト、つまりファクト・リストとクエスチョン・リストが完成します。二つのリストを黙読してみて、結果戯曲に対する印象がどう変わったかよく考えてみてください。ファクトのリストによって劇中の世界観を確実にイメージできるので、芝居のアクション（動き）を実際に付けていく際の確信と自信につながるでしょう。クエスチョンのリストを見ると、これからこんなにたくさんの答えを出さなければならないのかと、その作業を思うと不安になってしまうかもしれません。しかし心配する代わりに、クエスチョンは素材の理解を深める手立てであり、これから俳優が抱くであろう役柄や戯曲の世界観に関する疑問を予測する手段と捉えてみましょう。あなたがテキストを読んで疑問に思うことは、きっと俳優も稽古場で同じく疑問に思うはずです。ですから、このプロセスは俳優にたずねられるかもしれない質問の答えをあらかじめ考えておく機会だ、もしくは稽古場での時間の節約に役立つものだと思ってください。

事前準備が完了するまでに、このマスター背景リスト（背景のファクトとクエスチョンすべてを統合したリスト）にあるすべてのクエスチョンに答えを出しておきます。どのように答えを出していくのか、これからいくつかのチャプターで方法を説明します。

サマリー

- 劇が始める以前に起った出来事、もしくは以前からあった事柄や状況に関する二つのリスト（ファクト・リストとクエスチョン・リスト）を作る。これらはバックヒストリー・リスト＝背景リストである。
- シーンとシーンの間、または幕と幕の間で起こることや、劇中のアクション（展開）によって生じる情報についてはこのリストに入れない。

- リストを黙読して、思い描いていた劇のイメージがどう変わったか考える。
- クエスチョン・リストが長いからといって心配しないこと。稽古場でたずねられるであろう質問を予測し、素材の理解を深めるための有効な手立てと捉える。

3 リサーチ

リサーチをすることで作品をよりよく理解し、これから創りあげようとする世界観を明確にします。さらに演出家として安心感が得られます。時間のかかるプロセスですが、やる価値はあります。例えば戯曲の設定は十九世紀のロシアなのか二十一世紀のロンドンなのか、時代の理解をしっかりと植えつけます。台本を初めて読んだときには曖昧だったたくさんの些細なディテールも、無理なく受けとめられるようになります。上手にリサーチをすれば、背景リストの大部分のクエスチョンの答えは得られます。ですが、ただ時代を歴史的に再現するためのリサーチではないことを忘れないように（あなたはここで、博物館にあるようなプラスチックのダミー人形の置かれた、時代がかった陳腐な部屋のディスプレイをめざしているのではありません）。俳優が芝居のなかで話し行動しなければならない事柄について、彼らの役に立つ情報を集めるのです。

最初に、マスター背景リストにあるすべてのクエスチョンを読み、リサーチが必要なものに印をつけます。例えとして、以下のようなクエスチョンにハイライトをつけていきます。

何年か？
ソーリンの荘園はロシアのどこにあるか？（作家の知っている実在の場所か？）
当時のロシアの平均的な荘園はどのぐらいの大きさか？
二十三ルーブルは現在の英ポンド（自国通貨）に換算するとどのぐらいの貨幣価値？
当時の教員の退職積立金（年金）はいくらか？

当時の荘園の支配人の収入は？
当時ロシアの田舎の教員はどんな暮らしだったか？
当時かぎタバコはどの程度一般的だったのか？　男女とも？（どのように使っていたのか？　効果は？　どのような大きさやタイプの缶に入れて保管していたか？）

次に、それぞれのクエスチョンの答えに必要なリサーチをします。ここでは戯曲を正確に理解するための必須事柄をリサーチするだけです。リサーチ途中で道に迷いそうになったら、横道に逸れそうなところで止まり、目の前にあるクエスチョンに答えを出すことに専念します。理想を言えば、調べるのは図書館か本を利用してください。もしインターネットを使うのであれば、信頼できる印刷された出典から事実をチェックすること。つねに少なくとも二種類の出典を確かめて、その二つはどちらかが他方のコピーでないことを確認すること。

例として、リサーチして出した答えは次のようになります。

何年か？――チェーホフは一八九五年に本作を書き、物語は二年にわたっている。彼は未来の設定とは明記していないという事実を踏まえ、第一幕、第二幕、第三幕は一八九三年夏で、第四幕は一八九五年秋の設定である。

ソーリンの荘園はロシアのどこにあるか？――一八九五年七月にチェーホフは友人の画家レビタンに会うために、遠方にあったレビタンの愛人の荘園（ゴーリキーと呼ばれていた）を訪ねている。この荘園はボロゴエから五〇マイルの湖畔にあり、モスクワとサンクト・ペテルブルグの中間にある。なので、チェーホフはそこを『かもめ』の舞台に決めたと思われる。ボロゴエはモスクワからおよそ二〇〇マイルの距離にある。

二十三ルーブルは現在の英ポンドに直すとどのぐらいの貨幣価値?――一八九五年当時、一ルーブルのレートは英国で三シリングと二ペンスであり、また二〇〇二年の価値に直すとおよそ十一ポンド一ペニーになる。ということは現在の英国に置き換えると、メドヴェジェンコの月収は二五三ポンド二三ペンス。アルカージナは約七七万ポンドを銀行口座に持っていて、ドールンは第三幕と第四幕の間で行なったイタリアのホリデーに二万二〇〇〇ポンドを使っている。

このプロセスの最後には、関連した歴史的出来事の日付がかなりの件数出てきますから、それを年代順に並べておきます。これは後で登場人物の経歴を創る際に、歴史的出来事と登場人物の人生の出来事との関わりを見ることができて役に立ちます。以下は例として、『かもめ』に関連する歴史的出来事のファクトです。

一八一二年　ナポレオン軍敗北
一八二〇～八〇年　ロシア文学界の黄金期
一八四〇年　ゾラ誕生
一八五〇年　モーパッサン誕生
一八五二年　『椿姫』初演
一八五九年　エレオノーラ・ドゥーゼ誕生
一八六一年　農奴解放
一八六五～六九年　トルストイが『戦争と平和』執筆
一八七五～七七年　トルストイが『アンナ・カレーニナ』執筆
一八七九年　劇場にガス燈と蠟燭（ろうそく）に替わり電燈が導入される
一八八〇年代　地主階級の荘園の崩壊が始まる
一八八一年　改革派皇帝のアレクサンドル二世の暗殺と、独裁派のアレクサンドル三世の皇位継承

一八八八年　トルストイの誕生六〇年祝い
一八八九年　エッフェル塔完成
一八九〇年代　フランス企業が硫黄(いおう)の生産販売を独占
スイスが時計の生産で世界をリード
デカダン派の台頭
一八九二年　モーパッサン自殺未遂
一八九三年　モーパッサン死去
一八九四年　皇帝ニコライ二世、二十六歳で皇位継承

特定の俳優がリサーチしたほうが有益と思われる項目や、読むべき本などを書きとめます。『かもめ』ではマーシャを演じる俳優がかぎタバコのリサーチをし、コンスタンチン役の俳優はモーパッサンがエッフェル塔に対してどう反応したかを調べ、アルカージナ役とニーナ役の俳優はキャサリン・シュラー著『ロシア劇場の女性たち――白銀時代の女優』（この本には当時の演劇界で女性がどのように働いていたかが記されています）を読むと良いでしょう。稽古期間が短ければ、登場人物ごとのカギとなるリサーチ項目を一つだけ選んで、俳優に調べてもらいます。

写真や絵画や、場合によっては、参考になる映画も探します。こうした素材はすべて俳優に見せられるように収集します。スチールや動画いずれにせよ、場所・時代・雰囲気を共有するのにとても有効です。俳優の多くが視覚的にものを考え、言葉より映像によりよく反応するものです。また、こうした素材は舞台美術家との作業プロセスを活性化します。

書き下ろしの新作を演出する場合でも、リサーチすべきものはあります。私は二〇〇〇年にマーティン・クリンプの、同じく二〇〇〇年を舞台設定にした『ザ・カントリー』を演出しました。登場人物の一人はヘロイン注射を常用する医者でした。クエスチョンのリサーチは、「ヘロインの原料は?」とか「打つとどうなるか?」とか、「人に見つからないように、医者はどうやってそれを手に入れるか?」などが挙がりました。また登場人物が住む地域

にあるローマ遺跡についての言及もあったので、これに対しては「いつローマ人は北部イングランドを占領したか?」とか「なぜ彼らは真っすぐな道を造ったのか?」といったクエスチョンが挙がりました。これらのクエスチョンはすべて徹底したリサーチが必要でした。

時代設定を変えて上演する場合でも、作家が戯曲を書いたときに意図したオリジナルの時代設定についてのリサーチが重要です。このリサーチをしておけば、時代設定を変更して起こるかもしれない落とし穴や問題点を認識できます。その上であなたが変更した時代のリサーチを改めて行ないます。私は紀元前五世紀にエウリピデスによって書かれた『トロイアの女たち』の舞台設定を、現代の倉庫に変更して演出しました。それでもその決定をする前に、三つの時代にわたる細かなリサーチをしました。すなわち、実際のトロイアの歴史本を読み、ホメロスの『イリアス』にあるトロイアの出来事の描写と、そして最後にエウリピデス本人の時代に関する情報も調べました。このリサーチのおかげで、戯曲中のどの部分で歴史的事実と現代設定とがリンクして最も意味を持つのかを、キャストに上手く説明することができましたし、その上で、三つの歴史的時代を通して整合性のある架空の世界観を創りだせました。

可能であれば、舞台設定となっている場所を実際に訪れます。実際にその場所に行ってみると、読書やネットサーフィンからでは得られない戯曲の世界観を知覚的に体感できます。私が一九九三年にイプセンの『幽霊』を演出した際は、美術デザイナーのヴィッキー・モーティマーとノルウェーに見学旅行に行ってきました。オスロ、ベルゲン、そしてイプセンが生まれたシェーエンを訪ねて、写真を撮り、花や葉っぱを採取し、鳥の歌声の録音などもしました。私たちがそこで感じた光や色そして天気は、劇中どのように照明を照らし、装置を飾り、演出を施すかを導くものとなりました。さらにこうした視覚的な資料をキャストとも共有して、彼らが登場人物はどんなところに生きていたのかというイメージをつかむのに大変役立ちました。

この作業を終えると、背景リストにあるクエスチョンの多くは答えが出ているはずです。残っている場所に関するクエスチョンにも答えを出す準備ができているはずですが、その前に、テキスト中の難解なクエスチョンを解決しておく必要があります。

サマリー

- マスター背景リストから、リサーチを必要とするクエスチョンをすべて書き出す。
- 図書館や本を利用してクエスチョンの答えを調べる。インターネットを使う際は慎重に行ない、すべての出典をダブルチェックすること。
- 自分で拾い出した歴史的出来事（史実）を年代順に並べておく。
- 登場人物ごとに、芝居の役に立つリサーチ項目をリストアップする。
- リサーチをして見つけた画像や動画をすべて収集しておく。
- 可能であれば、戯曲に出てくる場所を実際に見学しに行く。

4 戯曲中の難解なクエスチョンに答えを出す

クエスチョンをリサーチして、事実に基づいた明確な答えがあれば大満足となります。しかし、背景リストに残っているクエスチョンというのは、登場人物の過去の出来事のような戯曲中に正確な情報がない事柄などは特に、そう簡単には解決できません。例えば、いつどこでどのようにトリゴーリンとアルカージナは出逢ったかとか、いつどこでニーナとコンスタンチンは恋に落ちたか、など。こうした出来事は戯曲には描写されていません。その場合は戯曲を読んで自分が感じた印象を頼りに、過去の出来事に関する事実と思われる要素を推論しなければなりません。

事実（ファクト）が直接語られていない会話から事実と思われる情報を推論するプロセスというのは、私たちの日々の生活でもあることです。明らかに平凡で人間らしい会話にも、正確に読みとれば膨大な量の情報が含まれています。例えばカフェでショッピングや天気について他愛ない話を繰り広げている二人の会話を聞いていても、二人の過去が徐々に具体的にわかってくるものです。彼らが数年にわたる友人同士なのか、最近知り合ったばかりなのか、気がつくかもしれません。

背景リストに未解決のまま残っているクエスチョンに答えを出すには、あなた自身がテキストを読んで感じた印象を使います。俳優は登場人物の過去に何があったかという明確なイメージを把握することで、役の性格や関係性を創りあげますから、当然こうした未解決のクエスチョンにも答えを出す必要があります。現実の人生における他者との関係性というのは、二人の人物が一定期間にわたって共有してきた複数の出来事の結果です。俳優は戯曲の登場人物同士の関係性を同じような方法で、つまり劇中の関係性を決定づける過去の出来事を、二人にとって共通のイメージとして創作しながら築く必要があります。

私は**《印象》**という単語を、「**明確な事実を含んでいない、戯曲中の一つの台詞や一部分を読んで推論した情報**」という意味で使っています。この《印象》を使って人物の性格や、彼らが存在する世界についての情報をまとめあげることもできます。テキストを丁寧に読んで、作家が何を意図しているのか、最も簡潔で明快な印象を見つけ出すことは、演出家が養うべき大切なスキルです。初めてやってみると、深い霧のなかで標識を探す気分になるかもしれません。何もないのに標識が見えたと誤認した、かと思えば、探していた光は目の前にずっとあったと気づくことになったり。とにかくゆっくり時間をかけて、この作業をやってみましょう。解決を急いではいけません。テキストの関連部分を霧が晴れるまで、もしくは可能性のある意味合いが現われるまで読み続けます。大事なことは、最も複雑なことではなく、最も簡潔（シンプル）で最も論理的なテキストの解釈を探すということです。なぜなら最もシンプルまたは最も論理的な意味合いこそが、往々にして作家が意図するものであり、かつ観客が台詞から聞きとれるものだからです。例えば、芝居が始まる以前にニーナがトリゴーリンの外見を知っていて魅力的だと思っている、と決めても意味がありません。なぜなら第一幕で彼女はコンスタンチンに、「彼は若いの?」とたずねているし、観客が台詞から聞き出す最も単純な事柄は、彼女はトリゴーリンの歳（とし）や外見を知らない、ということだからです。

サマリー

- 作家は直接記述していないが、事実と思われる情報を推論しながらテキストを読む訓練をする。

5 場所

場所というのは、時間と同じく、私たちの言動に影響を与えます。屋外の野原で会話をするのと、高層ビルの息の詰まるようなオフィスで会話をするのでは違いがあります。芝居がどういう場所で起きているかという完全なイメージをつくりあげておくことで、俳優はその役が存在する世界を信じて登場できるのです。リハーサルに入る前に演出家自身が場所に関するイメージをまとめるのは、まるで確かな本物の環境を組み立てている感覚であり、それはまた俳優が戯曲の世界観を充分にイメージするためにあなたができる準備でもあります。これは演出家が稽古中の舞台裏をうまくさばく自信にもなり、シーンのブロッキングをする際に生じうる問題の解決にも役立ちます。**《ブロッキング》**とは**「観客に対して明快な芝居のアクションを付けること」**を指す言葉です。これについてはチャプター11で詳しく述べます。

場所について話すとき、我々は《第四の壁》というフレーズをよく使います。プロセニアム形式の劇場で旧来型の部屋のセットデザインをする場合、観客には三面の壁が見えます。**《第四の壁》**とは、**「実際には見えていないが、部屋を構成する残りのもう一方の想像上の壁」**のことです。このフレーズには、俳優はそこには壁があることを意識しておかなければならないことと、この壁が芝居の世界と観客を分ける境界線となる、という意味が含まれています。俳優は自分がどのようなものに取り囲まれているか、全方向で想像しておく必要があります。ステージの中央に立って三六〇度回転したとして、その登場人物には何が見えているのか、説明できなければいけません。例えば、窓から見える景色とか、ドアを抜けるとどこにつながっているか、またはその上の階はどうなっているかなどです。『かもめ』の第一幕のキャストであれば、登場人物として湖、農場、屋敷、庭園（クリケット競技の芝生を含む）そして頭上に空が見えているはずです。観客はセットデザインで示された、これらの景色の断片のみを見ることになります。たぶん、湖の一部分、屋敷の側面、庭園の一部が見える程度です。そのほかすべては、俳優を通して見るしかありません。登場人物がそこには実際に物があると感じて行動することで、観客も想像力でその場所を見ることができるのです。

私は観劇をしていてたまに、そのシーンがどういう場所で起きているのか、俳優が部分的なイメージしかつかんでないのではないかと疑うことがあります。登場人物が部屋に入ってきたときの姿勢や、ズボンの埃を払うとか、手をこする様子などから、彼らが自分はどこから来たかというイメージを把握していることは見てとれたのですが、その後彼らが部屋の窓から外を眺めて、いったい何を見ているのか、そのイメージを理解していないように見えてしまったのです。このような周囲のイメージが欠落していると、俳優は数秒もしくは数分にわたって、戯曲の想像上の世界観から逸れてしまいます。すると彼らは欠落したギャップを埋めるために、自意識過剰な身振りや不自然な芝居をして自分自身を裏切り、さらに作品を裏切ることになってしまいます。

背景リストから場所に関するすべてのファクトを別の紙に書き写し、作品の地勢を下調べします。『かもめ』では以下のようになります。

ロシアが舞台である。
荘園、ソーリンの所有。
屋敷一軒、食堂（ダイニングルーム）がある。
庭園がある。
庭園に続く広い並木道がある。
湖がある。
潅木の茂みがある。
メドヴェジェンコは屋敷から三マイル離れたところに住んでいる。
湖の周りに廃屋が五軒ある
パリ
オデッサ
キエフ

モスクワ

これまでのリサーチの結果から、当時のロシアの平均的荘園の広さといった新たなファクトをこのリストに加えます。次に、場所に関する未解決のクエスチョンを別のリストに移します。『かもめ』の《場所》に関するクエスチョンは以下のようなものが含まれます。

荘園の広さは？
並木道の街路樹はどんな種類か？
湖の大きさは？
どのような種類の潅木か？
メドヴェジェンコと家族はどこに住んでいるか？
メドヴェジェンコはどこで教えているか？
街から屋敷まではどのくらい離れているか？
湖の周辺の五軒の屋敷はなぜ廃屋となってしまったか？
オデッサはどこにあるか？
コンスタンチンはどこの大学に行ったか？

ここでさらにリサーチをするか、もしくはテキストを読み込んでその言葉から得られる最もシンプルな印象を探して、すべてのクエスチョンに答えを出します。このプロセスを経て、場所に関する古いファクトと新しいファクトが合わさった、長いファクト・リストができあがりです。

荘園はおよそ二四エーカーである〔一エーカーは約四〇四七平米、約一二二四坪〕。

並木道はライムの木が並んでいる。

湖は縦一〇マイル、幅一マイルである（一マイルは約一・六〇キロメートル）。

淹木の茂みはパンパスグラス（シロガネヨシ）である。

メドヴェジェンコと家族は三マイル離れた村に住んでいて、彼はそこで教師をしている。

街は屋敷から五マイルの所にある。

湖の周辺の五軒の屋敷は、一八八〇年代以降経済不況によって地主が破産し、廃屋となった。

オデッサは二〇〇マイル南にある。

コンスタンチンはモスクワの大学に行った。


水溜(たま)りに投げた小石から広がる波紋のように、場所のサークルがどんどんつくられます。『かもめ』における場所のサークルは次のようなものです。


屋敷、それ自体。

屋敷と荘園の付近一帯、湖を含む。

州（地域）——街、駅、メドヴェジェンコの学校と家を含む。

ロシア帝国——戯曲に記述のあるハリコフ、モスクワ、サンクト・ペテルブルグ、ポルタヴァを含む。

ロシア以外の世界——イタリアとフランスが含まれ、戯曲中に記述がある。


どの戯曲にもこのような一連の場所のサークル（領域・範囲）があります。

こうしたそれぞれの範囲の簡単な地図を描きます。地図は観客のことは考慮に入れず描くこと——つまり、当時実際にあった場所の図面として描きます。例えば、ソーリンの屋敷の平面図をテキストに書かれているファクトを交えて描き、そこに当時の地主の屋敷に関するリサーチ結果を加えます。また屋敷のある荘園全体の地図を描きます。

または、現代のロシアの地図を見て、テキストに記述のある場所すべてに印をつけます。次に、こうした場所に関するイメージ画などを探します。もし場所が架空のものであれば、その場所に相当すると思われる画像などを探します。例えば『テンペスト』であれば、戯曲文中に描写されているすべての地理的要素を備えた実在の島の写真を探すと良いでしょう。『かもめ』で言えば屋敷や荘園のような、近い範囲の地図やイメージ画は、セットデザインを考える工程のベースとして使用できます。ロシア帝国といった、より広範な場所のサークル地図は、観客が目にすることはありませんが、俳優がこれから劇中で語る場所を視覚化できます。

日常生活で自分の知っている街や場所の話をするとき、私たちはその映像を頭に思い浮かべています。「バーミンガム」〔イングランド中部の工業都市〕といったとき、私はスパゲッティー・ジャンクション（重層的な構造のバーミンガムのインターチェンジ）の映像を思い浮かべますし、「モスクワ」といえば、雪を被った教会のたまねぎ型ドームを思い浮かべています。誰かが場所について話しているところを観察すると、その映像を思い描きながら話しているのに気づくはずです。それは声のトーン、目線、頭の角度や姿勢に現われます。場所に対する思い入れがどのようなものであっても、こうした現象は起こります。同じように、戯曲の登場人物もハリコフや自分の穀物倉の話をするとき、その映像を思い描いているはずです。俳優は、自分の役が話したり聞いたりする場所の——近場でも遠くでも——それぞれの映像を頭のなかで描いていなければなりません。その場所を自分のなかで描けていれば、声のトーンや身体をそれに従って調節できます。観客はそれを見て、リアルな場所についての話をしているのだな、という印象を持つことができるのです。

場所に関するこの作業は、旧作のみならず新作においても膨大な利益をもたらします。新作であれば作家に質問をして各シーンがどこで起きているのか特定したり、シーン設定にはなっていなくとも劇中言及のある場所について話し合います。『ザ・カントリー』ではマーティン・クリンプはどこで芝居が起きているのか、または登場人物がどこから来たのか、テキスト中に場所や都市を指定していませんでした。彼にそのことをたずねると、もともとロンドン北部に住んでいてノーサンバーランドに移住した二人、という想定だと言っていました。そこで私はその両方の場所のリサーチをして、俳優を戯曲の世界に導く際に役立てました。

どんな戯曲でも、スタイルが写実主義的（リアリズム）であれ象徴主義的（シンボリズム）であれ、場所に関する下調べは必要です。たとえ、ストリンドベリの『夢の劇』のようなシュールレアリスムの芝居でも、具体的な場所のイメージをつくりあげる必要があります。しばしば夢のなかでは、場所というのはリアルな複数のロケーションが断片となって、それが予想もしないようなコンビネーションで一つにまとまって現われることがあります――私たちは夢のなかでも実生活と同じぐらいはっきりとした場所を体験します。また『テンペスト』のような架空の島であっても、登場人物はリアルな環境として体験するのです。

さてこうして、芝居がどこで起きているのか、そしてテキストのなかで語られる場所に関しても明確な感覚をつかみました。次は劇中の人物がどんな人か、彼らは過去の出来事によってどう形づくられているかの検証に進みます。

サマリー

- 場所に関するすべてのファクトとクエスチョンを抜き出し、別の紙に書き写す。
- さらなるリサーチをするか、またはテキストを読んで最もシンプルな印象を探して、クエスチョンに答えを見つける。
- すべての《場所のサークル》の地図か図面を描く。
- それぞれの場所のサークルのイメージ画や写真を探す。

6 登場人物の経歴

演出家はしばしば、登場人物の情報を集める準備は俳優の範疇であると考え、したがって稽古が始まらないとそのあたりは探れないと感じて下調べを避けてしまいます。しかし登場人物の経歴を演出家が慎重に準備しておけば、俳優の芝居を正しい方向へ導く際の保証になりますし、俳優と演出家の両方にとって、袋小路に迷い込むような時間の無駄を防ぐことにつながります。つねに、劇中示される登場人物の現在の言動をもとにして、過去を推測し吟味してください。どんなにカラフルで並外れた過去を創りあげても、その登場人物の劇中の言動（＝現在の言動）と整合性がなければ意味がありません。演出家がこのことを心にとめて経歴を事前準備しておけば、俳優が演技を「おもしろく」するために、例えば「チューバを演奏する躁うつ病の元アイススケーター」を創作してしまうことを阻止できます。演出家が単独で行なう下準備は、変更の余地なく決めつけていくことではありません。ディテールは稽古場で俳優が発した洞察に応じて変更していきます。しかし始めの起点はあなたが保持します。演出家が登場人物それぞれの経歴を準備することは、俳優それぞれが自身の役の立場で戯曲を読むのと同じ――すなわち登場人物一人ひとりの目線で戯曲を読む機会です。バランス良く読むことで、稽古場で俳優全員の興味と不安に対応する準備ができます。また登場人物それぞれの立場になって考えることで、極度に単純化した価値判断に走る危険を防げます。同様に、登場人物同士が過去にどう影響しあっていて、劇中の現在にはお互いがどう関わっていくか、その過去と現在の関わりのロジックを知ることができます。過去に何が起きていたかという絵を演出家が正しくつかんでいれば、登場人物たちが劇中で何をするのかを、より正確に表現できます。『かもめ』では、トリゴーリンとアルカージナを演じる俳優が、どのように二人が出逢って関係が始まったのかという共通の絵を明確につかんでいると、二人が一緒にシーンを演じる手助けになるでしょう。もし二人が共通の絵を持っていなければ、もしくはそれぞれが違った絵を想い描いていたら、芝居のなかの関係性や互いの影響は、控えめに言えばわかりにくいもの、最悪の場合には、まったく信憑性のないものになってしまいます。ですから過去に何が起きたかを解明しておくことは、その芝居を演出するに際して取り組むべき最初のステップなのです。

劇作家が登場人物表に記した順番で、一人ずつ調べていきます。このやり方であれば、親近感という思い入れから好みの役を先に調べて、あまり興味のないそのほかの役をないがしろにしてしまうことを避けられます。必ずすべての役について、例えばメイドやウェイターのようなわずかな描写しかない役についても、細かく調べること。登場人物の過去の出来事については、必ず最もシンプルで論理的な印象を探すように努めること。

登場人物表の先頭から順に、背景リストのファクトとクエスチョンに戻ります。まず人物ひとりについてのファクトをすべて別の紙に書き出します。以下はアルカージナについてのファクト・リストです。

アルカージナの息子はコンスタンチンといい、兄はソーリンという。

アルカージナは女優で、『椿姫』という題の芝居に出たことがある。

アルカージナとトリゴーリンの関係が新聞に書かれた。

アルカージナはオデッサの銀行に七万ルーブルを持っている。

アルカージナは四十三歳である。

アルカージナは十八歳のとき、コンスタンチンを出産した。

アルカージナはトリゴーリンという名の作家と関係がある。

アルカージナはキエフの商人階級出身の有名俳優と結婚していた。

アルカージナは一八七三年、ポルタヴァのお祭りで公演をした、彼女二十三歳、息子が五歳のとき。

アルカージナはかつて国立劇場に出ていて、当時は中庭のあるアパートに住んでいた。同じアパートに洗濯女が住んでいた。ある日洗濯女はひどく殴られて意識をなくしているところを発見された。アルカージナはその後も彼女を見舞い、薬を届け、彼女の子供たちを洗い桶で入浴させた。アパートにはバレエダンサーも住んでいて、よくアルカージナを訪ねてきて一緒にコーヒーを飲んだ。二人は信心深かった。

アルカージナとトリゴーリンはモスクワに住んでいる。

アルカージナは子供の頃、秋になると荘園の屋敷で兄や母とカードゲームのロトー〔ビンゴに似たゲーム〕をして遊んだ。


次に、これらのファクトをおおよその年代順に並べます。誕生日の日付からわかる年齢などの項目のほかには、日付や時期などの明白な情報は少なくなります。『かもめ』の第一幕は一八九三年、アルカージナが四十三歳、コンスタンチンは二十五歳の設定です。このことからアルカージナは一八六八年十八歳のときにコンスタンチンを出産したと計算できます。このような具体的な日付の言及もわずかにあるかもしれませんが、まれです〔『かもめ』

ではアルカージナのポルタヴァのお祭りでの公演が一八七三年だという言及もありますが)。リサーチによってヒントを得ていきます。青年が大学に行く年齢と修士コースの平均の期間から設定して、コンスタンチンが一八八六年、十八歳のときに大学に行ったと限定できます。一方、テキストを読んで感じた印象に頼らなければならないエリアも存在します。この段階では、出来事の最もシンプルなバージョンで設定しておきます。例えば、テキストに日時などの言及はありませんが、トリゴーリンとアルカージナの関係がいつから始まったかを決める必要があります。今回初めてトリゴーリンが荘園を訪れていることから、私がたどり着いた最もシンプルな結論は、二人の関係は比較的新しいものであり(一八九二年:一年以内に始まっている)、そして本当のカップルとして初めての夏のホリデーである、というものでした。

以下、ファクトを簡単に並び替えた例です。

一八五〇年　アルカージナ生まれる。兄が一人いて、ペトリューシャ(ソーリン)という。
秋の夕べには、母や兄とカードゲームのロトーをする。
キエフの商人階級の出身で有名俳優となったガヴリール・トレープレフに出逢う。
ガヴリール・トレープレフと結婚。

一八五二年　フランスで『椿姫』初演。

一八五九年　エレオノーラ・ドゥーゼ生まれる。

一八六八年　コンスタンチン生まれる。

一八七三年　ポルタヴァのお祭りで公演、二十三歳。息子は五歳。
国立劇場に出て、洗濯女とバレエダンサーが近所にいるアパートに住む。
『椿姫』に出演。
オデッサの銀行に口座を開き、貯蓄を始める。

一八八六年　コンスタンチンがモスクワ大学に進学。

一八九〇年　コンスタンチンは学位を得ることなくモスクワ大学を退学。
一八九一年　コンスタンチンはアルカージナの兄と一緒に荘園に住み始める。
一八九二年　アルカージナはトリゴーリンと出逢い、関係が始まる。トリゴーリンと同棲を始める。
　　　　　　新聞が二人の関係を書きたてる。
一八九三年　夏のホリデーに、トリゴーリンをアルカージナの実家の荘園に連れて行く。

リサーチによって得たファクトである「『椿姫』初演」や「イタリア女優エレオノーラ・ドゥーゼの誕生」といったものも追加していることに注目してください。

次に背景リストから登場人物に関するクエスチョンを書き抜きます。以下は例として、アルカージナに関する私のクエスチョン・リストです。


なぜアルカージナはオデッサの銀行に貯蓄をしているのか？　そこは租税回避地なのか？

なぜアルカージナは自分の金を共有することを好まないのか？

新聞はアルカージナについてどんなことを書いたのか？

アルカージナはどのくらい有名で、どんなことで有名なのか？

トリゴーリンとアルカージナはいつ出逢ったか？

ガヴリール・トレープレフとの関係はいつ終わったか？　一八九三年現在、彼は生きてる？　死んでいる？

アルカージナの家にはどんな有名人が訪ねてきているか？

アルカージナとガヴリール・トレープレフはどこでどのように出逢ったか？

アルカージナはどのように女優になったのか？

アルカージナはドールンと関係があったのか？

アルカージナは『ハムレット』のガートルードを演じたのか？

アルカージナはいつからタバコを吸い始めたか?

アルカージナは荘園で育ったのか?

アルカージナはどのくらいの頻度で旅公演に出て、ホテルに投宿するのか? どこで旅公演をするのか?

トリゴーリンは彼女と一緒に行くのか?

アルカージナはどのくらいの頻度で荘園に来るか? 夏の休暇のみ? 毎夏侮辱されると主張するが、その出来事とは何だったと言っているのか?

アルカージナの衣装代はどのくらいか?

アルカージナがアパートに住んでいた頃に出演していた国立劇場はどこにあったか?

アルカージナと兄が母親とロトーで遊んでいた頃、二人は何歳だったか?

アルカージナの母と父はいつ亡くなったか?


次に、クエスチョンすべてに答えを出します。正確な日付を特定できないものもいくつかあるはずです。その場合は、その出来事が起こりうる最も早いか遅いかの時期を書きとめます。

例えば、テキストを読むとアルカージナが母親とロトー遊びをしていたのは子供の頃だったという印象は得られますが、正確に何歳だったかは記されていません。私はこの出来事の時期をアルカージナが五歳から十二歳の間と選択しました。正確なロトー遊びの日付は後から稽古場で俳優と決めれば良いですし、場合によっては、特定の出来事の日付や年を創作する必要が生じてくることもあります。テキストを注意深く読み、自分の出した決定がテキストから得られる印象と必ず一致するようにして、またつねに、最もシンプルな答えを出すこと。一人の人物に関する決定を、他の人物の経歴を参照することなしに行なうことは不可能です。必ず複数の登場人物の経歴を相互に参照して、登場人物全員に適用できる設定をすること。これらの答えを使って人物の経歴に肉づけをしていきます。以下、このプロセスを経てできたアルカージナの経歴の初稿スケッチです。

一八五〇年　アルカージナ、湖近くの荘園で誕生。ペトリューシャ（ソーリン）という名の兄がいる。
一八五二年　（フランスで『椿姫』が初演される）
一八五五～六二年　秋の夕べは母親や兄とロトー遊びをする。
一八五九年　エレオノーラ・ドゥーゼ誕生。
一八六六年　母親死去。
一八六七年　キエフの商人階級出身の有名俳優ガヴリール・トレープレフ（四十五歳）と出会う。
荘園近くの町ボロゴエの劇場で彼が出演している演劇を見る。
一八六八年　十八歳、ガヴリールと結婚し、家族に勘当される、コンスタンチン（トレープレフ）誕生。
ガヴリールの援助で女優の仕事を始める。彼が出演する公演で小さな役を演じる。
一八七二年　ガヴリール死去、彼女に何の財産も遺さなかった。
一八七三年　二十三歳、ポルタヴァの農業祭で公演をする。コンスタンチン五歳。
一八七四／五年　二十四／二十五歳、モスクワの国立劇場で仕事をする。借家のアパート暮らし。
殴られた洗濯女の介抱をする。二人のバレエダンサーがよくお茶をしに訪れる。貧乏暮らし。
一八七七年　父親ニコライ死去。兄のソーリンが荘園を相続する。兄と和解。
コンスタンチンとアルカージナは以降毎年夏の休暇に荘園を訪れるようになる。
一八七八年　ドールン医師と知り合い、ゆきずりの情事をする。
一八八〇年　『椿姫』の出演が女優としての好転機となり、オデッサにある銀行に貯蓄を始める。
そこは租税回避地である。
モスクワに素敵なアパートメントを所有し、劇場の同僚アーティスト、音楽家、画家
などが訪れるようになる。喫煙を始める。
一八八〇年代　衣装一枚に三〇〇～四〇〇ルーブルを払わなければならない。
地主階級所有の荘園の多くが破綻し始める。

一八八六年　コンスタンチンがモスクワの大学に進学。
一八九〇年　コンスタンチン、モスクワ大学を学位を取得しないまま退学。
一八九〇年代　デカダン派の勃興。
一八九一年　コンスタンチン、荘園に戻り定住する。アルカージナは学費援助をしたにもかかわらずコンスタンチンが大学を中途退学してしまったので、モスクワで彼の面倒を見ることを拒否した。
一八九二年　ガートルードを演じた『ハムレット』公演のある日の終演後に、トリゴーリン（三十歳）に出逢う。彼は自分の作品に新しい女優を探している。二人は関係を始める。アルカージナはモスクワで行なわれたトリゴーリンの新作公演に出演し、好評を博す。新聞が彼女とトリゴーリンの関係についてゴシップ記事を書き始める。
一八九二年秋　トリゴーリンはアルカージナのアパートメントに引っ越して同棲し、これで二人の恋愛関係は確かなものとなる。
一八九三年　アルカージナは夏の休暇にトリゴーリンを実家の荘園に招待し、一緒に滞在する。

これが俳優と稽古をする際にベースとなる経歴スケッチです。登場人物それぞれに対して同じ作業を繰り返します。

テキストに過去の情報がわずかしかない人物については、慎重に考察する必要があります。経歴に空白部分がある場合は演出家や俳優が情報を創作しますが、俳優が演じる上でそれが役に立たない危険もあります。そうならないように、演出家は最もシンプルに空白を埋める方法を見つけなければなりません。トリゴーリンは経歴を創るのに特にむずかしい人物です。彼の家族背景、教育、または作家としてどのようにして成功したか、などの情報はテキストに記されていません。シンプルな決定を試みます。まず彼は教育を受けていて大学の学位を持っていると仮定します。十九世紀ロシアの教育システムにおける子供の就学年数や大学入学年齢といった基本的な情報を探し出し、それをトリゴーリンの経歴に加えます。次にチェーホフが作家としてのキャリアをどのように積んだかに関する書物を読んで、トリゴーリンにも彼と同じ基礎的ステップを適用します。最後に、人は自分と異なる階級の人々には自分の素性に関する情報を差し控えるものだ、というきわめて単純な理由から、トリゴーリンには劇中彼が交わる階級〔ソーリンなどの地主階級〕とは少し異なる出身階級を与えてみます。チェーホフはもともと商人階級の出身ですから、トリゴーリンについても同様に設定しましょう。

次に、実際に劇中には出てこなくても、すべての登場人物もしくは特定の人物の心に強く存在している人物についても調べる必要があります。これらの人物は間接登場人物と呼ばれて、登場人物の劇中の言動に影響をもたらします。以下は『かもめ』で言及される間接登場人物のリストです。彼らは登場人物の人生に強く映し出されますから、その人物像をはっきり創りあげることはとても重要です。

ニコライ・ソーリン
ソーリン夫人
ガヴリール・トレープレフ
ニーナの母親
ニーナの父親
ニーナの継母
メドヴェジェンコの父親
メドヴェジェンコの母親
メドヴェジェンコの二人の妹
メドヴェジェンコの弟

劇中の各登場人物をすべて調べていくなかで、間接登場人物に関するファクトとクエスチョンのメモをとります。

劇中登場人物の経歴がすべて出揃ったところで、次に間接登場人物についても同様のプロセスで経歴を創り始めます。登場人物と間接登場人物全員について調べ終わったところで、全員のバックヒストリーを統合してマスター年表シートを作ります。これで全員の人生の概観がつかめます。

リハーサルが始まる前に登場人物それぞれの履歴書を創りあげておくことは、新作演出の準備においても有効です。作家が望むなら、共同で経歴を創ることもできるでしょう。ベケットやピンターといった、より抽象的・様式的な作品でも、同様の方法で登場人物について考察することができます。私がベケットの『わたしじゃない』を演出したときも、「口」役の経歴を、チェーホフ作品の人物に行なうのと同じ方法で創りあげました。また私はオペラ歌手と仕事をする際もこのプロセスを用います。オペラは反復する音楽構成を伴って高い様式性を持つ芸術ですが、登場人物の履歴書があると歌手は根拠をもって演じやすくなります。

以上のプロセスを経て、戯曲の登場人物各自の履歴書が準備できました。同時にリスト中のクエスチョンほとんどの答えが出ているでしょう。残ったクエスチョンは、チャプター2で**《直前の状況》**を調べて解決します。チャプター5では登場人物の関係性に着目して即興（劇）を作り、役の理解を深めていきます。

サマリー

- 各役のファクトすべてを一人一枚ずつの紙に書き出し、おおよその年代順に並べる。
- 各役のクエスチョンすべてを一人一枚ずつの紙に書き出し、答えを出す。
- クエスチョンの答えを人物ごとの履歴書に書き写す。
- 間接登場人物全員の経歴を調べる。
- 全員の経歴を統合して、マスター・リストを作る。

このチャプターのチェック・リスト

- □ 背景のファクト&クエスチョンのマスター・リスト：背景リスト（バックヒストリー・リスト）
- □ クエスチョンに関するリサーチから得た答えのリスト
- □ 関連する歴史的出来事の年表
- □ 各役のリサーチ項目リスト
- □ 画像や映画素材の収集
- □ 見学旅行の記録
- □ 場所に関するファクト・リスト
- □《場所のサークル》ごとのだいたいの地図
- □《場所のサークル》の画像や絵画
- □ 登場人物それぞれの経歴スケッチ（履歴書）
- □ 間接登場人物の経歴スケッチ（履歴書）
- □ 全員の経歴を統合したマスター・リスト

Chapter 2

Organising information about each scene

Chapter2

シーンごとの情報を整理する

この章ではシーンごとの情報を整理して、リハーサルのシンプルな出発点を手に入れます。導き出した結果をA4判白紙に書きとめ、それを台本の関連シーンの前に挿し入れます。以下の三つのステップがあります。

1 直前の状況
2 シーンとシーンまたは幕と幕の間に何が起こったか
3 時間

1 直前の状況

《直前の状況》とは「**劇の始まりにつながるおよそ二十四時間のあいだに起こっている出来事**」です。それはシーンの始まる二〜三分前に始まった出来事や、前の晩の出来事などが含まれるかもしれません。そうした出来事はシーンのなかで俳優が具体的にどんなアクションをするべきかということに、直接的な影響を与えます。

『かもめ』の最初の背景リストのファクトとクエスチョンを作る段階で、例えば湖のように長い時間そこに存在しているものと、大急ぎでこしらえた仮設舞台のような最近付け加えられたものという差異に気づくはずです。また遠い過去に起こってその人物を形づくっている出来事（例えば、アルカージナとガブリール・トレープレフの結婚）と、人物につい最近起こった出来事（例えば、第一幕でマーシャとメドヴェジェンコが行ってきた散歩）のような差異もあります。

最近の出来事や最近景色に加わったもの、つまり散歩や仮設舞台は、最初の幕の《直前の状況》を構成します。

丁寧なリサーチや、テキストを読んで得たシンプルな印象から、最初の背景リストにある大部分のクエスチョンにはすでに答えが出ているので、ここでは最初のシーンまたは幕の《直前の状況》だけをリストにします。以下『かもめ』第一幕の直前の状況を挙げたリストです。


急ごしらえで作られた舞台がある。

仮設舞台が湖の景観を妨げている。

（仮設舞台の）幕があって、降りている。

マーシャとメドヴェジェンコは散歩に行っていた。

蒸し暑く、うっとうしい。

湿度が高い。

夕暮れである。

昨晩ソーリンは一〇時にベッドに入り、今朝九時に起きた。

ディナーをした。

ソーリンは昼時に居眠りした。

（コンスタンチンの）劇は午後八時三〇分に始まり、上演時間は三〇分以内。

仮設舞台横に舞台袖がある。

舞台装置はない。

昨夜と一昨日の晩、犬が吼(ほ)えていた。そのことで、アルカージナがソーリンに文句を言った。

ニーナは三〇分後、九時に帰らなければならない。

ニーナの父と継母は外出中である。

空が赤い。

昨夜ドールンはベランダに座ってアルカージナと話をした。

観劇に八人が招待されている。

仮設舞台に大きな石が一つ置いてある。


次に、**これらのファクトに関連するクエスチョン・リストです。**


いつ、誰が仮設舞台をこしらえたか？　なぜ急ごしらえだったのか？

下働きの男たちの出身は？　普段荘園で何をしているのか？

幕はどんな感じ？　どのように操作するのか？

何曜日か？

マーシャとメドヴェジェンコはなぜ散歩に行ったのか？　どのくらい歩いてきたか？

ディナーは何時から？　誰がいたか？　何を食べたか？

誰が観劇の客を招待したか？　彼らはいつ招待を受けたか？　コンスタンチンは芝居についてアルカージナになんと言ったか？

トリゴーリンが屋敷に着いたのはいつか？

アルカージナが到着して以来、コンスタンチンはどのように彼女を攻撃していたか？

アルカージナがソーリンに、犬が吼えてうるさいと苦情を言ったのはいつか？

季節はいつ？

他に誰か犬の声で夜中に目を覚ました人はいるか？

なぜ犬は吼えていたのか？

コンスタンチンはニーナが九時に出なければならないことを、彼女から聞く前から知っているか？

ニーナが遅刻したのは、父親と継母の外出が遅れたせいか？

もしくは他に理由があるのか？

ニーナの両親はどこに行ったのか？

ヤーコフはコンスタンチンと舞台効果のリハーサルをしたか？　もししたとしたらいつ？

ドールンとアルカージナは前夜ベランダで何を話したのか？　他の人はどこにいたのか？

ドールンは前夜何時に帰ったのか？　今晩は何時に来たのか？

ニーナは芝居をするときに何を着ているか？　誰が作ったのか、もしくは一緒に作ったのか？　彼女は衣裳を自分で持ってきたのか、もしくは屋敷に用意してあったのか？

白い石はいつステージ上に置かれたのか？　誰が置いたのか？　大きさはどのくらいか？


次に、テキストを読んで感じた印象を使って事実と思われる情報を推論し、クエスチョンの答えを出します。その後、シーンまたは幕が始まる前の出来事の時系列を下書きします。以下、私が作った第一幕用の下書きの時系列表です。

八月中旬
金曜日
遅い午後――コンスタンチンとニーナは芝居の最終リハーサルをする。ニーナは翌日午後八時から九時の間なら芝居に出る時間があると彼に伝える。芝居の上演時間は三〇分弱。
前夜――ドールンとメドヴェジェンコが夕食に来る。その席で、コンスタンチンが翌日の晩に芝居を見に来るようにと、ソーリン、アルカージナ、ドールン、シャムラーエフ、ポリーナ、マーシャ、メドヴェジェンコを招待する。コンスタンチン曰く、それは一時間弱の軽い余興であると。ソーリンは一〇時に就寝。アルカージナが芝居のことでコンスタンチンをからかうと、意地悪を言うなとコンスタンチンが鋭く言い返す。ドールンはアルカージナとベランダにいて、遅くまで話をしている、その二人の様子をポリーナが夕食の片づけと朝食の準備を監督しながらうかがっている。他の皆は寝室に行ったか帰宅している。二人は去年の夏に会って以来のお互いの暮らしぶりを話している、そして特にドールンはアルカージナに、ニーナの父親が再婚し、ニーナを相続人から外して遺言書を書いたことを伝える。ドールンは夜一二時過ぎに家へ帰る。夕食後コンスタンチンとヤーコフは初めて舞台効果の準備をする。二人は硫黄と蒸留酒をシャムラーエフとドールンから入手する。ヤーコフは赤い紙のシェードのついたランプをボートに乗せて、湖に静かに漕ぎ出して赤い点（目玉）を灯す。犬の鳴き声でアルカージナは再び目を覚ます。

土曜日
午前六時――シャムラーエフと下働きの男たちが起きて、畑で仕事を始める。
午前九時――ソーリン起床。
朝食――二晩続けて犬が吼えているとアルカージナがソーリンに苦情を言う。コンスタンチンは騒ぎを起こすなと彼女に言う。泥棒がいるので犬が穀物の番をしている（泥棒は凶作の結果である）。ほかの皆はすっかり慣れているので、番犬のせいで目を覚ましたりしない。
終日――屋敷の者は皆トリゴーリンがティータイムに到着するので準備に忙しい。
昼食後――ソーリン眠ってしまう。
午後三時――下働きの男たちが仮設舞台を建て始め、簡単な滑車引きの仕掛けで操作する幕を取り付ける。そのなかには屋敷の下男のヤーコフと、収穫をしていた農奴二人が含まれている。彼らは雨が降り出す前にできるだけ刈り入れをするためにいつもより長時間働かされて、天気が悪くなって遅くに解放された。
遅い午後――遠くでゴロゴロと雷の音が聞こえ、どんどん蒸し暑くなる。ポリーナはニーナの衣裳を完成させ、コンスタンチンにそれを渡す。白い石が仮設舞台上に梃子で載せられる。
午後四時――シャムラーエフとアルカージナが駅にトリゴーリンを迎えに行く。

午後五時――トリゴーリンが屋敷に到着。
午後六時――ドールン到着、そして夕食は仔羊肉の煮込み。ソーリン、コンスタンチン、トリゴーリン、アルカージナ、ドールン、ポリーナ、マーシャとシャムラーエフが食べる。蒸し暑く湿気が多い。雷雨が近づいている。ニーナの父親と継母は隣家に飲みに出かけるのが遅くなる。
午後七時三〇分――マーシャとメドヴェジェンコは散歩に出かける。メドヴェジェンコは夕飯に招待されていなかったが早く着いてしまったので、マーシャはディナーのテーブルを離れて彼を散歩に連れ出さなければならなかった。

幕開きシーン用の時系列表が完成したら、その後に続くシーンまたは幕それぞれの直前の状況について調べます。第二シーン以降の直前の状況に関する情報は、背景リストにはありません。なぜなら背景リストは芝居が始まる前に存在していることのみに着目しているので、シーンとシーンの間の出来事に関する情報は含んでいません。後に続くシーン用には、各シーンを読んで直前の状況に関する新しいリストを二つ、つまりファクトのリストとクエスチョンのリストを作ります。それからクエスチョンの答えを出し、各シーンに先行する二十四時間の時系列スケッチを作成します。この作業をする際に、自分の贔屓(ひいき)や主要人物に起こった出来事だけに気を取られないように、アクション(展開)に関係のある全員の出来事を網羅すること。

このプロセスを経て、各シーンまたは各幕の直前の状況の時系列表ができあがります。各シーン前の時系列スケッチをA4紙に書きとめて、台本の該当部分に差し込みます。こうしておくとシーンをつくる段になってメモを素早く見つけられますし、この情報を台本に追加しておくことで、再度戯曲全体を読み返したときに素材をより正確に理解するのに役立ちます。直前の状況と、各シーンとシーンの間に起こった出来事を調べると、劇のアクションは複数の出来事がリンクして構成されていることがよく理解できます。出来事には劇中観客に見えるものと、劇の始まる以前に起きたか、劇と同時であってもオフステージで起きていて、客は実際目にしないものとがありますが、戯曲が機能するためには、すべての出来事を完全に想像しておく必要があります。

時系列表はのちのち稽古場で俳優の意見に応じて変更することもあります。もし彼らの意見と異なる箇所があっても、リハーサルが終了するまでに各シーンの直前の状況に関するクエスチョンがすべて解決されて、彼らが納得して演じられるのであれば、迷わず変更をして良いのです。

劇中の演技を修正するのに、直前の状況に関する指示を出すのは最も効果的な方法の一つです。劇中の俳優のアクションをこのような間接的な方法で変化させる技は、高度な演出技術の一つですが、なかなか見過ごされがちです。演出家は俳優の演技に対して、シーンに何の作用も生まない説明・指示を繰り返してしまうか、説得力のあるアクション（動き）や身振りを引き出せない注文を繰り返してしまいがちです。しかし、「今時刻は何時であるか」とか、「芝居の始まる直前にその役は何をしていたか」といった、一見ちょっとした指摘がシーン全体のテンポや温度、トーンを変化させて、突然シーンが生き生きしてくることがあるのです。またこのような間接的なノート（指示）は、より長持ちする演技を引き出します。例えば俳優に「もう少しスピードアップして動くように」と直接的な指示を出したら、数公演は速めのスピードに改めて演じるでしょうが、その後回数を重ねると、たぶんまた同じ指示が必要になってくるでしょう。しかし一方で、間接的な内容ではあるが、直前の状況にまつわる具体的な指示にすると、（例えば「ニーナは九時には屋敷を出なければならないことを思い出して」など）、シーンのテンポはアップし、その効果は何公演も持続します。なぜなら、スピードという流動的で不確実な指示を演じるより、直前からの状況を演じるほうがより面白いからです。「シーンは直前の状況が関係して展開していく」というつながりを深く認識しましょう。自分で作った《直前の状況の時系列表》草稿を確認すれば、シーンはあなたが望む方向を向いて進んでいきます。第一幕の稽古に入る前の数日間に、ニーナとコンスタンチンとヤーコフとでコンスタンチンの劇（余興）の稽古を複数回できれば、演技もスムーズになり、役にも自信が出てくるはずです。一方で、もしその稽古を一回しかできなければ、演技は粗削り（あらけず）で、役も緊張して不自然になってしまうでしょう。こうした決断が、素材を解釈して演じていくための小さな第一歩となることを認識しましょう。

最後は、シーン立ち稽古の前に即興で演じてみると良い出来事の候補を、直前の状況のなかから抜き出します。

サマリー

- 各シーンまたは各幕につながる直前の状況に関するファクトとクエスチョンのリストを作る。
- 各シーンまたは各幕のクエスチョンに答えを出して、そのあとに直前の状況を時系列に並べる。
- 各シーンまたは各幕の直前の状況について自分の考えた案をＡ４判の紙に書き出して、台本の関連部分の前にそれぞれ差し込んでおく。
- 直前の状況の即興劇をセットアップし、書き出しておく。

2 シーンとシーンまたは幕と幕の間に何が起こったか

時間経過が人の身体にどう刻み込まれて、それに従って態度がどう変化していくのか、私たちはみな知っています。自分では容姿も二年前と変わっていないと思っても、久しぶりに会った人には、声のトーンや姿勢に表われる微妙な違いを指摘されるでしょう。もしその二年間に苦労を経験していたとしたら（ニーナのように、第三幕と第四幕の間の二年間で子供を亡くしていたら）、肉体的にも感情的にも変化があったと自分自身でわかります。俳優やプロダクションによってはこうした変化の意味を軽視して、その結果、数年にわたった設定の劇で、すべて一日の出来事であるかのような印象を与えてしまうことがあります。これはシーンとシーンの間に何が起きて、その出来事によって人物がどう変化したのかを、俳優が具体的なイメージとしてつかんでいないせいです。

直前の状況は冒頭の幕またはシーンからさかのぼる二十四時間しかカバーしていません。シーンとシーンの間が二十四時間以上経過している戯曲も多いので、したがって、その間の出来事をカバーした別のリストを作る必要があります。このリストには、『かもめ』で言うなら第三幕と第四幕の間の二年間のような、長い期間に登場人物を変容させてしまう出来事が含まれます。俳優は次のシーンを演じる前にこうした出来事と、それによって役がどのように影響を受けたのかを示す、明確なイメージを持つ必要があります。これらの出来事をファクトとクエスチョンの手法を使って書きとめます。以下、例として、第三幕と第四幕の間の出来事リストです。

二年が経過した。

客間だった部屋はコンスタンチンが執筆をする書斎となっている。

コンスタンチンはいくつかある扉の一つの鍵を持っている。

二年前にコンスタンチンの芝居のために建てた仮設舞台がそのままになっている。

マーシャとメドヴェジェンコは結婚し、男児が生まれる。マーシャはメドヴェジェンコと暮らし、マトリョーナという乳母を雇っている。

コンスタンチンは文芸雑誌に作品を投稿し出版している。匿名で書いている。母親は彼の作品を読んでいない。

メドヴェジェンコはほかの地方での教職が決まっている。

ドールンはイタリアでの休暇に貯金をすべて使った。彼はジェノヴァが好きで、そこのホテルに泊まった。

ニーナは家出してモスクワに行き、そこでトリゴーリンと関係した。ニーナの父親と継母は彼女を勘当した。

彼女は妊娠し男児を出産するが、その子は死亡してしまう。

トリゴーリンはアルカージナの元に戻る。

ニーナはモスクワ郊外の夏季劇場で女優デビューを果たす。その後、地方巡業に行く。コンスタンチンは彼女を追って、彼女の芝居を見に行く。ニーナは大役をいくつか得るが、大げさな身振りと騒々しい台詞まわしの、悪趣味で最悪な演技をしてしまう。コンスタンチンは終演後何度か楽屋にニーナを訪ねるが、いつも会うのを拒否された。メイドが彼を部屋に通さない。しばらくして、コンスタンチンは彼女の芝居を見に行くのをやめて、家に戻る。

ニーナはコンスタンチンに「かもめ」というサインを添えて手紙を送るようになる。

シャムラーエフは死んだかもめを剝製（はくせい）にしてもらった。

ソーリンの健康状態は徐々に悪化している。

以下、『かもめ』の第三幕と第四幕の間の出来事に関するクエスチョン・リストです。


何月か？　第三幕が終わってから正確にどのくらい経過しているのか？

客間はいつコンスタンチンの書斎に模様替えされたのか？　何が変わったのか？　何が増えて、何が減ったのか？

余興をした仮設舞台をなぜ誰も壊さなかったのか？

扉の鍵はどこに保管されているのか？　なぜコンスタンチンは一つの扉の鍵しか持っていないのか？

マーシャとメドヴェジェンコが結婚したのはいつか？　二人の息子はいつ生まれたか？

コンスタンチンの著作が文芸雑誌に発表されたのはいつか？　どの雑誌に載ったのか？　報酬はいくらだったか？　ペンネームは何？　なぜペンネームを使うのか？

メドヴェジェンコはいつ転任することになり、どこへ行くのか？　転居は誰が言い出したのか？　メドヴェジェンコはマーシャのコンスタンチンへの思いに気がついているのか？　もしそうなら、どうやって気がついたか？

ドールンはいつジェノヴァに行ったか？　滞在はどのぐらい？　なぜこの休暇に自分の貯金をすべて使ってしまったのか？　彼の病気は悪くなっているのか？

ニーナが家族を捨てて家出したのはいつか？　いつ&なぜ家族は彼女を勘当したのか？

ニーナとトリゴーリンとの関係はいつ始まったか？　ニーナはいつ妊娠したのか？　出産はいつだったか？

赤ちゃんはいつどのように亡くなったのか？　トリゴーリンはいつアルカージナの元に戻ったか？

ニーナがモスクワ近郊の夏季劇場で女優デビューしたのはいつか？　いつ&どのぐらいの期間地方巡業に行ったか？　コンスタンチンはどのくらいの期間ニーナを追いかけていたのか？　いつ追いかけるのをやめたのか？　いつ&なぜニーナはコンスタンチンに手紙を書いたか？　手紙には何が書いてあったのか？

シャムラーエフはいつ、かもめの剥製を作らせたか？

ソーリンの容態は徐々に悪くなったのか？　それともいっきに悪くなったのか？

これらのクエスチョンに答えが出ると、出来事の時系列スケッチができあがります。以下、第三幕と第四幕の間に起きた出来事の時系列表です。

一八九三年
九月　：アルカージナとトリゴーリンがソーリンの屋敷を離れた翌日、ニーナはモスクワに行く。彼女はトリゴーリンが勧めたホテルに行き、部屋を予約する。彼女は母親の宝石をいくつか持って行き、質に入れて当座をしのぐ現金を得る。その場はトリゴーリンが勘定を持つ。二泊目にトリゴーリンもホテルに来て泊まり、そこから二人の関係が始まる。コンスタンチンがニーナを追ってモスクワへ行く。以降トリゴーリンはニーナとアルカージナ二人にばれないようにしつつ、両方と付き合う。ニーナの父と継母は彼女を勘当する。
初秋　：トリゴーリンはモスクワ郊外にある劇場の公演で、ニーナに小さな役をあてる。コンスタンチンはその公演を見に行く。終演後に楽屋を訪れるが、ニーナは会うことを拒む。シャムラーエフはかもめの剝製を作らせる。
十月　：マーシャとメドヴェジェンコ結婚する。マーシャは、病気の母親と二人の妹と幼い弟のいるメドヴェジェンコの家に引っ越す。
十一月：ニーナが子供を身ごもる。
冬季　：ニーナは地方の仕事に行く。いくつか大きな役を得る。コンスタンチンは彼女を追いかける。トリゴーリンはニーナの演技を繰り返し酷評して、彼女の自信を失わせる。

一八九四年
六月：ニーナは妊娠七か月になり仕事を辞める。コンスタンチンは彼女の妊娠を知り、追いかけるのを止める。彼は短編作品を真剣に書き始める。匿名で書く。
夏　：ニーナは男児を出産。
九月　：ニーナは仕事復帰し、トリゴーリンが費用を払って赤ん坊の世話をする乳母を雇う。モスクワでコンスタンチンの処女作が雑誌に掲載される。
十月　：マーシャが子供を身ごもる。
十二月：生後四か月のニーナの赤ん坊が赤痢で亡くなる。トリゴーリンはニーナと別れ、アルカージナの元へ戻る。ニーナが神経衰弱になる。

一八九五年
一月　：ニーナは地方で仕事を再開する。コンスタンチンの作家としてのキャリアが軌道に乗り始める。ニーナはコンスタンチンに手紙を送り始めて、手紙には「かもめ」と自署する。
七月　：マーシャが出産し、乳母を雇う。
八月　：ドールンは二か月半イタリアに休暇に出かけて、ジェノヴァなどの都市を巡る。コンスタンチンは客間を自分の書斎として使う。こうすると彼は庭に出やすくなる。アルカージナの女優としてのキャリアが下降線をたどり始める。
九月　：ソーリンの健康状態がかなり悪化し始める。
冬季　：アルカージナはハリコフなどで学生の観客相手の地方巡業をする。ニーナはエーレッツにある地方劇場で仕事を始める予定である。
十一月：シーンの始まり。

二つのシーンとシーンまたは幕と幕の間の出来事の年表（時系列表）を、Ａ４紙に書き写し、台本の関連シーンの前に差し込みます。この作業のあとで年表全部を読み返して、リハーサル中の即興に適した出来事を選びます。例えば、ニーナとトリゴーリンの子供が生まれた直後の設定で即興を演じてみると、何が原因で二人の関係がこじれて別れてしまったのか、二人の俳優はイメージをハッキリつかめるはずです。同様に、トリゴーリンとアルカージナが復縁したところの即興を演じてみれば、どんなふうに、そしてなぜ二人がまた付き合うようになったのかを、鮮明な映像として認識するのに役立つはずです。

サマリー

- 二つの幕と幕またはシーンとシーンの間で起こった出来事すべてのリストを作る。
- その出来事のファクトとクエスチョンのリストを作る。
- クエスチョンの答えを出して、シーンとシーンまたは幕と幕の間で起こった出来事の年表を作成する。
- Ａ４の別紙に各年表を書き写し、台本の関連箇所に差し込む。
- 即興リストを作成する。

❸ 時間

時間は人の言動に強く影響を与えます。例えば昼にアイロンをかけるのと、夜中の三時にかけるのとでは違うはずです。睡眠が足りなくて疲れているかもしれない午前三時に比べれば、昼なら多少なりとも元気で、より集中しているでしょう。同様に、秋雨が降るなかで湖畔を歩くのと、夏の日差しの下で湖畔に座っているのとでは違いがあります。雨のなかであれば景色もほとんど見ずに速く歩くでしょうし、夏の午後であればゆったりと歩いて、立ち止まって景色を眺めたりもするでしょう。また、時間が有り余るほどたっぷりあるなかで座っておしゃべりするのと、三〇分後に汽車に乗る予定がある状況では違いがあるはずです。こうした差異は、人が感情的、精神的、肉体的にどう感じるか、ということに影響を与えます。時間を演じることはしばしばおろそかにされがちです。登場人物が時間のプレッシャーのなかで会話をする――と作家が意図したシーンで、一人の俳優はその意図に沿って演技しているのに相手役はしていなかったり、二人ともまったくできていなかったり、という芝居を見たことはありませんか？　これでは観客は、なぜ一人は急いでいるのにもう一方は時間が有り余って見えるのか、と相反する情報を受け取って混乱してしまいます。各シーンの設定時間を決めることで、こうした問題を防ぐことができます。また俳優を同じ世界観のなかに存在させ、何が起こっているのかを観客にはっきりと理解してもらえます。

直前の状況を調べれば時間がわかる、すなわち、演じられるシーンの年、月、曜日、時刻、季節を特定することにもなります。時間情報は、演出家にとっては俳優に与えられる簡潔な出発点となり、俳優にとっては演技のための具体的な情報となります。例えば、天候によって肉体的な影響を受けているということかもしれませんし、特定の時刻までに何かをしなければならなくて、時間のプレッシャーが彼らの言動に影響を与えている、ということかもしれません。『かもめ』の第一幕で、八月の午後、蒸し暑く、雷雨が近づいているというファクトのコンビネーションは、俳優がどんな演技をすべきかを直接提起します。暑くて扇ぐとか、蚊をパシッと叩くとか、汗をそっと拭う（ぬぐう）といった動作が考えられます。そうした所作の程度はその役の健康状態や着衣や虫除けの有無などにもよります。第三幕の芝居は正午から始まります。トリゴーリンとアルカージナが駅へ移動するために午後一時に馬車が予約してあり、午後二時五分のモスクワ行きの汽車に乗る予定です。この幕は一貫して時間が強く意識されていて、話が進むに従ってより切迫して登場人物に影響を与えていきます。時間を気にして頻繁に腕時計を見たり、話す速度が速くなったり、馬車が到着したのではないかと窓の外を気にしてみたりするでしょう。時間設定を決めることは作品全体の音楽的なテンポにも影響していきますから、最終的に観客が目にする作品を形づくるための小さなステップでもあります。第一幕では、コンスタンチンの劇は午後八時三〇分に始まることがわかっています。もしこの幕の設定を午後八時一〇分から始まるとした場合、シーンのテンポはゆっくりとなり、午後八時二〇分からの設定にすると、速いテンポになるはずです。時間設定を決めて、それがシーンやそのセクションの芝居のペースにどのように影響するかを考えます。

作家が意図したファクト、例えばコンスタンチンの劇が午後八時三〇分に始まることに加えて、あなたがテキストから推測もしくは創作したこと、例えば第四幕のトリゴーリンの汽車は午後六時に着くとか、第一幕のシーンは午後八時一〇分から始めること、などなどを統合して戯曲全体のタイムプランを作ります。その際に忘れてはいけないのは、時間を決定することによって、各シーンのペースと劇全体のテンポ・リズムの両方に演出家の意向を反映できるということです。直前の状況の項でも見たように、時間に注目することは、芝居の演出を決めるもう一つの間接的な方法です。

以下、『かもめ』全四幕の私のタイムプランです。私自身が創作した部分は太文字表記にします。

第一幕
一八九三年。

八月。

金曜日。

夕暮れ。

シーンは午後八時一〇分をまわったところから始まる。

コンスタンチンの劇は八時三〇分に始まる。

ニーナは九時には帰らなければならない。**彼女の両親は九時三〇分に帰宅予定。彼女の屋敷からソーリンの屋敷まで馬車で一五分かかる。**

蒸し暑い。

じめじめしている。

雷雨が近づいている。

第一幕から第二幕の間
一週間が経過。

第二幕
八月。
金曜日。
シーンは正午から始まる。

午後一二時三〇分に昼食。

昼食は遅くなっている。通常は一二時から。

とても暑い。

第二幕と第三幕の間

一週間が経過。

第三幕

九月。

金曜日。

シーンは正午から始まる。

汽車は午後二時五分に駅に入る。駅までは馬車で一時間弱。ソーリンは午後一時に馬車を予約している。

街では二時三〇分から市役所の起工式が行なわれる。

雨が降ってどんよりしている。時々とても暗くなるので室内の明かりを灯さなければならない。

医者が午前一〇時に来るはずであった。

第三幕と第四幕の間

二年二か月が経過。

第四幕

一八九五年。

十一月。

日曜日。
薄暮。
外は嵐、猛烈な風雨。強風で湖に波が立ち、煙突がうなる。
トリゴーリンの汽車は午後六時に到着。七時頃に駅から戻る。
シーンは午後六時五分から始まる。

このように時間設定を考えると、演じたときにゆっくり単調で退屈になりそうなエピソードを予測できます。例えば第四幕の冒頭アルカージナとトリゴーリンの登場までは、特に説明の部分が多く冗漫です。ゆえにタイムプランでは、トリゴーリンとアルカージナが一五分後に屋敷に到着する予定としておくと、俳優の芝居に切れ味（エッジ）と速度が加味されて、観客をストーリーに引き込めます。

チェーホフのような作家は時間に関して細心の注意を払っています。しかし、すべての作家、すべての戯曲も同様というわけではありません。もし自分が演出する戯曲に時間に関する言及がない場合は、リハーサル開始前にシーンが始まる時間設定を決めておくべきです。

このようにして、各シーンの時間に関する情報すべてを別紙に書き写し、台本の関連部分に差し込みます。

サマリー

- 各幕またはシーン中の時間に関するファクトすべてをリストにする。
- 二つの幕と幕またはシーンとシーンの間の時間に関するファクトすべてをリストにする。
- テキストからシンプルに推論して、時間に関するクエスチョンすべてに答えを出す。
- シーンごとに、時間に関する設定を細かく決定する。

このチャプターのチェック・リスト

- □ 各シーンまたは幕の《直前の状況》の時系列スケッチ
- □ 直前の状況の即興用リスト
- □ 二つの幕と幕の間またはシーンとシーンの間の出来事の時系列スケッチ（これは二つの幕またはシーンの間で二十四時間以上が経過している場合に行なう）
- □ 二つの幕とシーンの間に起きた出来事の即興用リスト
- □ 各シーンのタイムプラン

Chapter 3

Investigating
the big ideas
of the play

戯曲の大きなテーマを調べる

この章では、作家と素材の関係と、何について書かれた戯曲なのか、どんなジャンルの芝居なのか、といった戯曲の全体像を見ていきます。三つのステップがあります。

1. 作家と戯曲
2. 戯曲を支えるテーマ（主題）
3. 戯曲のジャンルまたはスタイル

1 作家と戯曲

作家がすでに亡くなっている古い戯曲に取り組む場合、まずその作家についての基礎的事実を調べて、こう問いかけます。――「その事実は戯曲の謎解きにどう関わっているか？」。例えば、チェーホフに関するキー・ファクト（重要な事実）は以下のようになります。

医者である。
短篇小説の作家である。
劇作家である。

メリホヴォと呼ばれる荘園屋敷を所有していた。
二十歳代後半から結核に罹(かか)っていた。

これらの事実を『かもめ』の謎解きにどう使うのか――。

登場人物の一人ドールンは医者である、なので彼の職業に関係する部分はすべて正確であると想定できます。同様に、薬、病気、科学に関する言及もすべて正確であると考えて良いでしょう。例えば、ドールンの身体的症状やソーリンの健康状態、さらにはマーシャがアルコール中毒やうつ病でもある可能性の精神的原因について、描写は正確なはずです。もちろん、どんな作家でも劇中で特定の病気を描こうとする際には、その病状について充分にリサーチするわけですが、それでもリサーチと実際の経験でははっきり違いがあるものです。ドールンを演じる俳優は、チェーホフがいつどのようにどのくらいの期間勉強し医師の仕事をしたのか、その詳細が書かれた本を読むと、役の経歴づくりに利用できます。作家の伝記を通して、当時の医者の仕事がどのようなものであったかという明確な知識も得られます。

短編小説の作家として、チェーホフは物書きのむずかしさを理解していたはずです。コンスタンチンのようにキャリアを始めるむずかしさと、トリゴーリンのようにずっと高いレベルをキープし続けるむずかしさ、その両方の問題を理解していたはずです。チェーホフは一八九五年にはおもに短編小説家としての名声を得ていましたから、アルカージナやトリゴーリンが有名であることによって受ける影響についても理解していたはずです。トリゴーリンやコンスタンチンを演じる俳優はチェーホフの伝記から、彼がどのように作家としてのキャリアを始めたのか、収入はどのぐらいあったのかなどなど、調べることができます。

劇作家でもあるチェーホフが語る演劇に関する話題は、裏づけのある信頼すべきものであり、彼は新しいスタイルを模索することがいかにむずかしいかも理解していたでしょう。コンスタンチン同様、彼は処女戯曲『イワーノフ』で失敗を経験しており、初期の作品を創作した由来やその反響について読むことは、コンスタンチンを演じる俳優に役立つはずです。

荘園の所有者としては、彼もソーリンと同じく農場経営の非効率に苦しみました。ですが、チェーホフはソーリンより積極的に経営者として実務に関わったので、金を蓄え穀物倉を守ろうとするシャムラーエフにも共感したでしょう。戯曲のなかでコインの両面が正確に描かれます。ソーリンとシャムラーエフを演じる俳優は、チェーホフがどのように荘園を運営したのかを調べると、当時の農場経営について理解を深められます。

不治の病気を患っていたチェーホフは、死について他の作家より深く考察します。彼の死に対する考えは、コンスタンチンの二度にわたる自殺未遂や、徐々に近づくソーリンの終末や、ニーナの赤ん坊の死など、劇中に明らかなかたちで現われています。しかしまた、劇の前段階や劇中で、あまり明確な描写のない隠れたかたちでも、いくつもの死が存在しています。アルカージナとソーリンの両親は他界していますし、アルカージナの夫も同様です。ニーナの母親は比較的最近に亡くなっており、メドヴェジェンコの父も亡くなっています。ポリーナとシャムラーエフの子供は一人だけですが、当時は有効な避妊方法が不足していたことを考え合わせると、マーシャ出産のおりの合併症や、その後の流産や子供の夭逝などを暗示します。劇中では、ポリーナがじめじめした気候のなかで、ドールンの健康を心配しますが、それはドールンが何らかの病気、たぶん結核であることを暗示していて、そう考えればなぜ彼がイタリアでの休暇で貯蓄を全部散財したのか説明がつきます。死というテーマ自体も戯曲のなかで数回語られています。一読目ではそのテーマがあることを見過ごしてしまうかもしれません、しかし二回読めば、たびたび出てくる言及が、当時の高い死亡率のせいだけではないとわかります。作家が不治の病と戦っていたという事実があるのですから、当然その点に留意して戯曲を読むべきです。

次に、戯曲のなかで特に詳しく語られている事柄を、作家の人生から探します。これには、登場人物のモデルになっている実在の人物や、作家の人生で実際に起きた出来事で戯曲にも出てくる事柄などが含まれます。伝記を読みながらそれらを見つけていきます。『かもめ』でもチェーホフが実際に知っている人物が参考になっています。例えばニーナはチェーホフのガールフレンドの一人「リカ」が、またトリゴーリンはチェーホフからリカを引き離した友人の「ポタペンコ」がモデルになっています。チェーホフは女優から文字の刻まれたメダルをもらったことがあり、一方、友人の画家レヴィタンが実際に自殺未遂を起こしています。

また戯曲を書いた時期に、作家の人生にどんなことが起きていたのか。そのことは、なぜこの戯曲が書かれたかを知るヒントになるでしょう。最後に、作家が戯曲について述べている新聞記事やインタビューの内容をすべてメモします。しかし、作家が主張することと実際の戯曲中の素材とはつねに違いがありうるので、彼らの言葉には気をつけて接すること。私はマーティン・クリンプの『アテンプツ・オン・ハー・ライフ』について調べたときにそのことを痛感しました。私は劇中登場する描写をリストにして、何が使われているか何回も数えました。意外にも一番繰り返された描写は子供でした。マーティン本人に、劇中一貫したイメージは何だと考えているかとたずねたところ、彼は確信を持って戦争だと言い、次に灰皿、そして最後に飛行機と答えたのです。私が読んだところでは子供だと思うと伝えると、彼は両手で頭を抱え下を向いてしまいました。これは彼にとって予想外の結果だったようですが、指摘されてすぐ、子供たちの体験を戯曲の中心に据えていたことに自分でも気がついたようです。

すでに亡くなっている作家についてリサーチをするのと、存命の作家とともに作業をするのでは明らかに大きな違いがあります、そして「はじめに」でも書きましたが、存命の作家との関わり方については本書の目的とするところではありません。存命の作家に、彼らの人生と戯曲の内容との関連を質問することは可能ですが、少ないながら私の経験から言えば、直接的な答え、もしくはいかなる回答も得られないものと承知しておくべきです。作家によっては、作品の背景になった内密の個人的な動機を明かさない人もいますし、それはもっともなことです。もしくは、彼ら自身がそのことを自覚していないこともありえます。彼らのプライバシーを尊重しましょう。

戯曲を書いた人物の何らかのイメージを作ろうとする試み――そしてなぜその戯曲を書いたのかを考えることは重要なことで、例えばシェイクスピアのように、事実に基づいた情報がほんのわずかしかない場合もしかりです。はるか昔に亡くなった作家について、小さな断片的情報でも思いをめぐらして一時間ほど過ごすと、戯曲解明の光となりえます。もし作品についての情報がまったく存在しない場合でも、どんな人物が書いたのか、その人物の情熱がどこに潜んでいるのかを想像するだけでも、無駄にはなりません。

最後に、戯曲や作家についての評論文を読むことについて、その批評が演劇の制作プロセスを確かに理解している人物の書いたものでない限り、おすすめしません。文芸批評はあなたの戯曲解釈を曖昧で、一般概念化したものにしてしまう可能性があります。このルールにはつねに例外がありますし、論文や本によっては戯曲や作家についての非常に貴重な情報源となるものもあります。物故作家の伝記は、戯曲を書いた人物についての情報を得ること、そして俳優が登場人物の経歴を作成する手がかりとして、その両方ともに役立つものだと私は思います。

サマリー

- 作家の人生について、簡潔な事実リストを作る。
- これらの事実がどのように戯曲解明のカギとなるか考える。
- 劇中、特に具体的に語られている事柄に関連のある細部を、作家の人生から探す。
- 戯曲が書かれた当時、作家の人生に何が起きていたかを調べる。
- 存命の作家から、彼らの私生活に関わりのある直接的解答は得られないものと承知すること。
- 作家や戯曲についての評論文は注意して読む。

2 戯曲を支えるテーマ（主題）

劇中で語られ行なわれることのすべては戯曲を支えるテーマによって決まります、ですからテーマを確実につかむ必要があります。ですがこのテーマを確認することと、演出家が戯曲解釈のコンセプトにたどり着くことは違います。ここで言うコンセプトとは演出家が戯曲に対して課すものです。テーマは作家が意識的もしくは無意識的に、戯曲の執筆中にフォーカスしていることです。そして忠告を一つ。戯曲を支えるテーマの調査を、ただ文芸批評に回帰したり、とりとめのない抽象的なディベートに没頭する免罪符と勘違いしないこと。そのプロセスはもっと単純なものです。

ほとんどの戯曲は三〜四つのテーマを含んでいます。ゆっくりと繰り返し戯曲を読んで、これは何についての戯曲なのか？　と問いながら探っていきます。その答えを簡単な文で次のように出します。「これは時の経過についての劇である」または「死についての戯曲である」といった感じです。周りくどい言い回しや複雑な回答は避けます。答えをすべて書きとめます。この作業過程の終わりには五～一〇の答えが可能性として上がっているでしょう。テーマは登場人物のほぼすべてに当てはまらなければなりません、また劇中の主だったアクションがテーマの特定に関与していなければなりません。あなたが考えるテーマが登場人物およびアクションとどう関わっているか調べます。

私が初めて『かもめ』を読んだとき、登場人物の多くが不幸な恋愛をしていることに衝撃を受けました。そしてこれがテーマなのか調べるべく、以下の考察を書きとめました。

アルカージナ：彼女とガヴリールがもはや一緒にいないというファクトは、二人の不幸な関係の結果かもしれない。劇中トリゴーリンへの愛は、彼とニーナが関係した結果、不幸なものとなる。
コンスタンチン：ニーナへの恋は報われない。
ソーリン：ニーナへの恋は報われない。
ニーナ：トリゴーリンへの恋は、最初の関係が終わってしまった後は報われない。
シャムラーエフ：ポリーナへの愛はたぶん、ある意味不幸である、なぜなら彼女はドールンに恋していて、マーシャはシャムラーエフの子ではない可能性があるから。しかし、シャムラーエフ本人の言動からはそのように考えていると示唆する証拠はない。
ポリーナ：ドールンに恋しているが、不幸な関係である。
マーシャ：コンスタンチンへの恋は報われない。
トリゴーリン：ニーナへの愛は第三幕と第四幕の間で消滅していて、その後アルカージナと復縁して幸せなのかどうか？
ドールン：アルカージナへの愛は報われない可能性がある。また、五十代にしていまだ未婚である、これは彼の人生の不幸な一面を暗示しているかもしれない。四十代で起こした恋愛事件によってたぶん誰かを不幸にした。

メドヴェジェンコ：マーシャと結婚はしているが、彼がマーシャを愛すほど、彼女は彼を愛していない。第四幕では二人は明らかに不幸なカップルである。

ヤーコフ：恋愛に関して、彼が不幸であるという証拠はない。

十一人中八人の登場人物が恋愛関係で不幸です。さらに二人（ドールンとシャムラーエフ）も不幸である可能性があります。とはいえ、これについては戯曲のなかに明確な記述はありません。劇中私たちは、恋愛中の人、恋に落ちる人、不幸な恋をしている人々を繰り返し目にすることになります。実に多くの登場人物が不幸な恋愛の影響を受けていて、また劇中のアクションにもインパクトを与えていることから、私は「不幸な恋愛」が明らかにテーマの一つであると決めました。

作家の人生を調べた結果から、死／病気というテーマで試運転してみようという考えもありうるでしょう。

アルカージナ：たぶん夫を亡くしている。また母親と父親が亡くなっている（ずいぶん前ではあるが）

コンスタンチン：二回自殺を図る。二度目は完遂。

ソーリン：劇中ずっと病気であり、第四幕では心臓発作を起こしていて、死期が近いことを暗示している。

ニーナ：母親は劇が始まる以前に亡くなっている。また彼女の幼い息子は劇中に亡くなっている。

シャムラーエフ：元軍人だったので、軍事活動に関わって人の死を目撃している可能性がある。第二子がいないということは彼の生殖の問題のヒントになりうる。

ポリーナ：子供は一人のみ、これは当時としては稀（まれ）と思われる。たぶんほかに子供を亡くしているのではないか？

マーシャ：喪中であるかのごとく、黒い服を着ている。

トリゴーリン：劇中、幼い息子を亡くしている。
ドールン：仕事柄、病や死とつながっている。
メドヴェジェンコ：劇の始まる以前に、父親は死亡している。
ヤーコフ：彼は病や死というテーマには何のつながりもない。

コンスタンチン、ソーリン、ニーナ、トリゴーリン、ドールン、メドヴェジェンコは死と病にまつわる直接的な体験をしています。ほかの人物については死と病に関する直接的体験があるかもしれないが、具体的な証拠はありません。すべての登場人物に当てはまっているわけではないので、このテーマを含めるかどうかは選択次第です。

私が稽古場で使うべく抜き出した四つのテーマは、「夢破れる」「不幸な恋愛」「家族」「芸術」です。大きなテーマを俳優が把握しやすいように、シンプルで具体的なフレーズに要約していることに着目してください。ですが、テーマを探るプロセスを、複雑な状況を内容が曖昧になるほど単純化することと誤解しないように。どちらかといえば、「劇の裏にある知識的構造を効率的に図式化すること」と捉えてください。プロセスの最後には、あなたがどのテーマに最も共感するか自問します。ですがプロセスの最中はその一つだけでなく、必ずすべてのテーマについて精査すること。

次に、最も重要と思われるテーマ（主題）を選ぶことで、何についての戯曲なのかを理解します。カギとなるテーマが他のものより明らかに際立っていることもあります。しかしもしそうでなければ、戯曲に立ち返って、すべてのテーマを心にとめてもう一度読んでみましょう。アクションを調べるとたいがい答えにつながります。例えば『かもめ』では、私は最も重要なテーマを「夢破れる」と決めました。戯曲を再読してもなお主題を選び出せなければ、題名がヒントになるかもしれません。題名に関わる劇中の記述を抜き出して、それらが主題の方向性を示唆していないか調べます。例えば、かもめについて述べられている部分をすべて見ていくと、それがニーナに関わるものばかりではないことにすぐ気づくはずです。かもめは夢や理想のシンボルであり、劇中撃ち落とされ剝製にされて、砕けた夢のシンボルとして膨（ふく）らんでいきます。

このプロセスでテーマを正しく分析できると、作家の頭脳を奥深く理解できます。そしてあなたが素材をどのように解釈するとしても、テーマを尊重することは非常に重要です。実際に俳優との稽古でテーマをどのように具体的に使うかについては、チャプター10で解説します。

サマリー

- 戯曲を支えるテーマを書き出す。
- テーマを探りながら、そのテーマが登場人物の大多数に当てはまるか、または劇中のアクションのかなりの部分がテーマの分析に関与しているかを見定めて、自分の選択が正しいかをチェックする。
- 自分が最も共感するテーマ（主題）を抜き出す。
- 最も重要なテーマ（主題）をセレクトして、何についての戯曲であるかを見つける。

❸戯曲のジャンルまたはスタイル

観客が目にする世界観と、そのなかで登場人物が互いに影響しあうルールは、スタイルとジャンルによって定義されます。これから演出する戯曲のジャンルとスタイルを研究することで、素材と正確にコミュニケーションを図ることができます。象徴主義（シンボリズム）から諷刺劇、ブラックコメディーから笑劇（ファルス）まで、ジャンルはそれぞれ独自の歴史と論理（ロジック）を持っています。例えばリアリズムであれば（ジョン・オズボーンの『怒りをこめて振り返れ』など）、登場人物の言動はドキュメンタリー映画のように、リアルな生活と同じ論理に忠実に従うでしょう。シュールレアリスムであれば（アウグスト・ストリンドベリの『夢の劇』やパブロ・ピカソの『しっぽをつかまれた欲望』など）、登場人物は夢のなかの論理に沿って、そこでは平凡と異様（幻想）が同じ場所に疑うことなく共存します。

西ヨーロッパの演劇ではリアリズムと自然主義（ナチュラリズム）がジャンルとして優勢です。この二つの用語は絵画・文学の分野ではそれぞれ異なるものを指しますが、演劇では互換性があります。西ヨーロッパの俳優は特に異なる演出を指示されなければ、戯曲にリアリズムのルールを自動的に適用するということを頭に入れておいてください。しかし、演出家が初めから取り組みのルールを明確にしておけば、俳優は多様なジャンルに対応できる能力を持っているものです。

ジャンルの決定は、作品の上空にぼんやりと浮かぶ知的な雲かのごとく、演出家の頭のなかだけで漂うものであってはいけません。観客の目に見える具体的なアクション／事象に変換されていなければなりません。どのように変換すれば良いか考えましょう。例えば、私は『かもめ』をシンボリズムで演出すると決めました。これはパフォーマンスのあらゆるステップで繊細な扱いを必要とする選択でした。例えば第四幕、コンスタンチンが窓を開けると風が部屋に吹き込む、という舞台演出があります。リアリスティックなプロダクションであれば、これは人目を引かないささやかなモーメントとなるでしょう。しかしシンボリズムのプロダクションでは、この出来事を強烈に見せることですべての登場人物と、そして観客も、チェーホフが意図する怪しい前触れのような不安を感じるはずです。そのイベントにもし名前をつけるとすれば、「コンスタンチンがまもなく死ぬことを作家が私たちに知らせている」と、そのままに表現できるでしょう。私は風のメカニズムについて調べた結果、彼が窓を開けたあとに爆発音を響かせました。突風を出す装置を窓の後ろに置いて、カーテンを大きくうねらせます。グラスの乗ったお盆が風に飛ばされてテーブルから落ち、コンスタンチンの原稿用紙が部屋中に舞います。もしこれがリアリズムであったら、このような見せ方にはならないはずです。もっと控えめなモーメントになり、窓をほんの少し開けるだけ、紙もたぶん一枚だけ、はらりと床に落とすでしょう。

また俳優のために、ジャンルに関する具体的なガイドラインをリストアップすると良いでしょう。例えばシュールレアリスムであれば次のようなリストを書きとめます。

夢のなかにいるようだ。奇妙なことが起っても、誰もリアルな生活で言うようなコメントをしないかもしれない。
欲しいものを猛烈に追求する。

話をしている相手にしばしば誤解される。
オブジェクト（物）はその物としての価値以上に誇張された、重要な意味合いを持つことがある。
宇宙の自然科学の法則が変化することもある。

時には、ジャンルを的確に切れ味鋭く狙えない場合もあります。例えば『かもめ』のあるシーンを読んでこれはリアリズムだと考え、そのあと別のシーンを読んだらシンボリズムだと感じるかもしれません。肝心なのは、両方の可能性を心にとめて戯曲を読み、どちらかの視点で、劇のアクションのなかにジャンルの具体的な証しとなるものは何があるかを探します。その上ではっきり一つのジャンルを決めたら、作品をつくるときに最後までそれに徹します。

さらに、この前後のチャプターで述べている作業は、どのジャンルの戯曲にも適用可能です。俳優はピカソの戯曲『しっぽをつかまれた欲望』で「大足」役を演じるとしても、それが誰の「足」なのか、どうして切り離されてしまったのか、アクションの各段階で何を望んでいるのか、しっかり理解していなければなりません。これはとても重要なことです。

サマリー

- 演出する戯曲のジャンルを探る。
- すべての戯曲をリアリズムとして演出してしまわないように注意すること。
- ジャンルの知的概念を、観客の目に見える俳優のアクション、または状況に具体的な変化をもたらすような事象に変換する。
- ジャンルを演じるための具体的なガイドラインをリストアップする。

このチャプターのチェック・リスト

- □作家の基本的事実のリストと、その事実は戯曲の解明にどのように利用できるかについての簡単なメモ
- □物故作家の人生が戯曲にどのような情報を与えているのかを考証
- □戯曲を支えるテーマ（主題）のリスト
- □ジャンルのメモ
- □ジャンルを演じるための具体的なガイドラインのリスト

Chapter 4

Analysing the action of the play

戯曲中のアクションの分析

この章は台本の準備と、戯曲に書かれたアクション（芝居の動き）の分析についてです。五つのステップがあります。

1 自分の演出台本をレイアウトする
2 幕とシーンに名前をつける
3 イベント
4 目的・意図
5 キャスト用の台本を準備する

1 自分の演出台本をレイアウトする

ここまではテキストに何も書き込みをしていません。ただ台本の特定のポイントごとに、《直前の状況》のような情報を書いた紙が複数枚、差しはさまれているはずです。

ここからテキストの分析に入り、初めて自分の台本に直接書き込みを入れていきます。その前に、台本のレイアウトをどうしたいのか考えます。書きたいことをはっきりきれいに書き込むのに充分な余白があるように、そしてまた稽古場でプレッシャーを感じるなかでも、ページをサッと見渡して、必要な情報を素早く簡単に見つけられるように工夫しましょう。きれいできちんとレイアウトされた台本は正確な演出をする助けになるとともに、俳優にあなたがしっかり準備できているという印象を与えます。

古典戯曲を演出する場合、出版されている本は書き込みをする充分な余白がないので、絶対にそのまま使わないように。少し拡大してコピーをとってからファイルに綴(と)じます。Ａ４サイズの用紙に、両面コピーはせず裏面は白紙で空けておきます。見開きにして白紙のページ、つまりテキストの隣のページとなる裏面の白紙部分に、戯曲に関する分析メモを書き込みます。右側のテキストのページにも充分な余白を取って、そのほかのメモを書き入れます。新作戯曲の場合は通常充分な余白を取ったレイアウトになっていて、印刷ページと白紙ページが見開きになっています。そうなっていない場合は、作家にレイアウトを変更してよいか訊(き)いてみましょう。

サマリー

- 出版物になっている古典戯曲の場合は、テキストをＡ４用紙に片面印刷で拡大コピーする。両面印刷は避ける。
- 新作の場合、もし文字が小さめだったり、レイアウトがきつめだっりしたら、作家にレイアウトや文字間隔を変更してもよいか許可をとる。

2 幕とシーンに名前をつける

第一幕とか第一場といった単語は、俳優にとってはそのシーンで何をするのかを特定する手がかりにはなりません。もちろん、俳優がリアルな世界ではない戯曲の世界にいる、という事実は明示していますが。そこで、劇中実際に起きることを描写し、何を演じるのかを俳優に具体的に提示するような、新しいタイトルを各幕各シーンに創作します。

タイトルは、その幕またはシーンにいる全員の行動に関係していること、またその幕またはシーンの一部ではなく全体を通して起こっていることを描写するものでなければなりません。タイトルはシンプルな文にします。また登場人物の名前を主語にするのではなく、名詞で始まる文にします。この方法であれば一人の人物に偏ることなく、皆がタイトルとつながることが可能です。最も大切なことは、俳優各自が焦点を当てて行動に移せる事柄を、直接的に想起させるタイトルをつけることです。例えば『かもめ』なら、第一幕は「（コンスタンチンの）劇の発表会」と名づけます。アマチュア芝居であろうと即興芝居であろうと、芝居見物がどんなものかは誰でも見当がつきます。腕時計をチェックし、プログラムを手に取り、他の観客を眺めたりします。第三幕を「（アルカージナとトリゴーリンのモスクワ行きの）出発準備」と名づければ、全員が何かしらの用事や事柄を得ることになります。移動中に食べるスモモを用意する、本にサインをしてもらう、さよならを言うタイミングを伺う（うかが）、荷造りを手伝いスーツケースを運ぶ、腕時計で時間を見る、などなど。

気をつけなければいけないのは、自分が特に興味ある事柄だけを引き合いにして幕のネーミングをしないように。例えば『かもめ』第二幕を「トリゴーリンとニーナは関係を封印する」としてしまうと、二人以外の人物は誰もその出来事に関与していないので、タイトルを演じることができません。代わりに「セレブリティーゲストたちのもてなし」とネーミングしてみます。こうするとそのひと幕を通して、ニーナとトリゴーリンのシーンのアクションも含めて、全員が何をしているか表現できます。一方「崩壊と分裂」のような、芝居によって出てきて欲しい作用・結果を描写したネーミングにならないように。これでは抽象的過ぎて、俳優は実際的なレベルで反応できません。同様に、例えば「誰もが不幸な恋愛をしているように見える」というような、あなたが特定したテーマ（主題）を使ったネーミングも不適切です。これは曖昧かつ漠然としすぎていて、結果、一般論化された曖昧な演技を誘発してしまいます。

何が起きているのかを把握するのはむずかしいこともあるので、すべてに的確なタイトルを見つけるのはなかなか簡単ではありません。できるだけ簡潔な表現で、かつすべての登場人物に関係のあるものを探しましょう。タイトルはその幕やシーンを一定の方向に向かって演じられるように、キャストを導くものだということを意識してください。タイトルの選択は、演出メモ（解説）を与えるようなことであり、シーン稽古に付加的効果をもたらすはずです。

以下は私がつけた『かもめ』の各幕のタイトルです。

第一幕：「コンスタンチンの劇の発表会」
第二幕：「セレブリティーゲストたちのもてなし」

第三幕：「アルカージナとトリゴーリンのモスクワへの出発準備」
第四幕：「ソーリンに最期の別れを告げる集まり」

タイトルを決めたらすぐ台本の「第一幕」という文字に消し線を引き、新しいタイトルに書き換えます。タイトルはそこで何が起きているのか思い出させるもので、キャストのみならず演出家にとっても有益です。シーンや幕にはたくさんのディテールが詰まっていて霧のように行く手をふさがれ、このシンプルな要点を見失いがちになるものです。

サマリー

- 幕ごとに、何が起きているのかを表わす簡単なタイトルをつける。
- 自分の台本の第一幕といった表記を、考案した新しいタイトルに書き換える。

3 イベント

ここでいう《**イベント**》とは、「**劇中で登場している全員に影響を与える変化が起きている瞬間**」です。イベントは生活のなかで普通に起きる出来事を指すきわめて単純な単語です。日常で何かしようとしている最中に、何事かが起きて状況が変わってしまい、しようと思っていたことが変化する例はよくあります。それは一人でいるときに起こるかもしれないし、誰かと一緒にいるときかもしれません。例えばカップルがソファーで幸せそうに座って、さっき見た映画の話をしていたとします。突然男が女の膝を枕にして、「このまま続けるのは無理なんだ」と言ったとします。女は一瞬フリーズしてからワインをすすります。彼女は座りなおして彼の膝枕を押しやり、「出て行ってちょうだい」と言います。男は「本当にごめん」と言います。この場合のイベントは、男が女の膝に頭を載せて「このまま続けるのは無理なんだ」と言った時点であり、その瞬間に二人の望むことが急激に変化します。最初は二人とも素敵な晩を過ごしたいと思っていました。イベントを境に女は男に出て行って欲しいと考え、男は女に許して欲しいと考えます。

イベントには異なるさまざまな形式があります。突発的かもしれませんし（例えば、家族で食事中に誰かが窓に石を投げ込む）、または緩やかに起こること（例えば、人里はなれた建物にいる数人のグループが、外にストーカーがいると徐々に気がつく）などです。この「緩やかな」イベントは、外の砂利道を歩くザクザクという足音が微かに聞こえて始まり、その後誰かが玄関ドアの鍵をこじ開けようとするはっきりとした音に至るものであるかもしれません。イベントに対する反応はスローか急激か、強いかまたは弱いか、いろいろありえます。

単純に言ってしまうと、芝居とは複数の人物に起こる連続した変化です。《イベント》の定義を満たすには、変化はそのシーンにいる全員に何か実体のある方法で影響を与えていなければなりません。『かもめ』のイベントの簡単な例で言うと、コンスタンチンが自分の劇を上演途中でやめてしまったときが挙げられます。その場にいる全員が彼の行動に影響を受けます——彼らが口に出してリアクションしたかしないかにかかわらず、です。

テキストの分析とは、こうした変化がいつ起きたかを探すことです。戯曲全体を読んですべてのイベントを抜き出します。イベントを見つけるのは結構むずかしく、慣れるまで時間を要します。先に言っておくと、登場と退場はすべてイベントです。これが出発点です。初めはイベントをすべて見つけられなくても心配しないでください。大切なのは、あなたが劇中の変化を探し始めた、ということです。普段から実生活でのイベントを研究して、変化がどう起きているか、そしてそれが人の行動にどう影響しているかに注目してみましょう。

探し当てたイベントをもとにして、立ち稽古をする際にテキストを細かいセクションに分けることができます。演出を始めた当初、私はテキストを小さいセクションに分けたかったのですが、方法がわかりませんでした。そこで勝手に台本の二ページか三ページごとに線を引きました。私はこのセクションを「ユニット」とか「ビート」と呼び、そんなふうに分けてリハーサルしました。しかしその区切りは演出する私にとってもキャストにとってもしっくりとせず、役に立ちませんでした。なかにはシーン中の俳優の気持ちの流れを途中で断ってしまう誤った区切りができて、まったくの足枷となってしまったのです。ところが、私はタチアナ・オリアーからイベントについて習ったとき、イベントを各セクションのブックエンドと考えてテキストを区切っていけばいいのだと、まさに閃きました。例えばマーシャとメドヴェジェンコの登場からコンスタンチンの登場までを、私は最初のリハーサル・セクションとしました。

イベントによって俳優の演技が変化するばかりでなく、多くの場合にシーン展開のテンポも変化して、観客が目にするものに影響を与えます。ですから、イベントを使って戯曲の構成を考えることで、俳優だけでなく観客に対しても同じぐらい、情景が明確に伝わります。イベントは本書全体を通して最も重要な演出ツールであり、パフォーマンスの構造全体の形、種類、生き生きしているか否かを左右します。二〇〇〇年にタチアナに教えられたときそれはまさに啓示であり、その後私が作品を組み立てて形づくる技量を格段にアップさせてくれました。イベントを使ったこの戯曲分析方法は、日常生活で普通に目にする出来事を、シンプルに観察した過程をもとにしているので、俳優にとっても便利で役に立つと実証済みです。

台本にイベントを囲って記入するときは鉛筆を使うこと。のちのちのリハーサルで、俳優が微妙な間違いを指摘して、イベントの位置を変更する――もしくは追加する必要が出てくることもありえます。

テキストにはどこにイベントが位置しているかを示す、小さくて繊細なヒントがつねに含まれています。左記の例文中の最初のイベント（マーシャがメドヴェジェンコに自分はあなたを愛していないと告げる）が、かぎタバコにまつわる二つのアクション（動作）によってはさまれていることに注目してください。一つ目はマーシャがメドヴェジェンコに愛していないと告げる前に、自分自身を勇気づけるためにほんの少しタバコをかぐとき、二度目は自分がメドヴェジェンコに与えてしまったショックをやわらげようとして、マーシャがメドヴェジェンコにかぎタバコをひとつかみ勧めてなだめるような仕草をするとき。それから、饒舌（じょうぜつ）な性格のメドヴェジェンコがイベントの直後、おしゃべりをぴたりとやめてしまうというファクトがあります。最後に、イベントの後に注意深く挿入された間（ポーズ）があります。これらがイベントの的確な位置を割り出す大きなヒントです。

以下、最初の二つのイベントを台本にどのように書き入れるかの例です。

第一幕

メドヴェジェンコ　どうしてあなた、いつも黒い服を？

マーシャ　これは人生を弔う（とむらう）喪服なの。私、ふしあわせな女だから。

メドヴェジェンコ　どうして？（考えこむように）わからないなあ。だってあなた、健康でしょう。お父さんは、大金持ちじゃないにしても、暮らしに困りはしないでしょう。ぼくなんかあなたよりずっと苦しいんだ。月給は二十三ルーブルしかない――そのなかから退職積立金をさっ引かれる――でもぼくは喪服なんか着ませんよ。

（二人は腰をおろす）

マーシャ　お金の問題じゃないわ。乞食にだってしあわせな人はいるのよ。

メドヴェジェンコ　理論上はね。だが実際はそうはいかない。おふくろとぼくと、妹二人と小さな弟と――それで入ってくるのはたったの二十三ルーブル。飲んだり食べたりしないわけにはいかないでしょう？お茶や砂糖だっているでしょう？　それにタバコだって？　お手あげですよ。

マーシャ（仮説舞台のほうに目をやって）もうすぐはじまるのね、お芝居。

メドヴェジェンコ　ええ。コンスタンチンが書き、ニーナが演じるお芝居が。二人は愛しあっている、そして今日、二人の魂は一つに溶けあい、一つの芸術作品を創り出そうとしている。ところが、ぼくとあなたの魂にはなんの接点もない。ぼくはあなたを愛している――あなたに会いたくてたまらなくなり、家を出てしまう――そして毎日五キロの道を歩いてきては、また五キロの道を帰って行く――その報いとして与えられるのは、あなたに無視されること。ま、それも当然だ。ぼくには金がない――家族はおおぜいだ……自分一人食っていくことさえおぼつかない男なんてだれが結婚する気になってくれます？

マーシャ　つまらないことを。

（かぎタバコをかぐ）

愛してくださるお気持ちは嬉しいわ、けど私は同じ気持ちになれないの。それだけのことよ　**イベント**

（タバコ入れをさし出して）どうぞ？

メドヴェジェンコ　結構です。

（間）

マーシャ　むすわねえ。今夜はきっとひと雨くるわ。あなたって、いつも理屈をこねるか、でなければお金の話ね。

どうやら人間にとって最悪の不幸は貧乏とお考えのようだけど、私にとってはボロをまとって乞食でもするほうがずっとしあわせだと思うわ、もしも……ま、どうせわかってもらえないだろうけど……。

(下手にソーリンとコンスタンチン登場)

イベント

話題が変わることをイベントと取り間違えないよう、気をつけること。例えば、マーシャがメドヴェジェンコに「もうすぐはじまるのね、お芝居」と言います。これをイベントと思う人がいるかもしれませんが、私はそう思いません。これはマーシャの意思の強調です、すなわち、最近告げられたメドヴェジェンコのプロポーズの話題をかわそうとするものです。また登場人物の経歴を調べた結果から、このようなエラーを回避することもできます。例えばメドヴェジェンコの「ぼくはあなたを愛している」という台詞をイベントと勘違いしたとします。しかしこれに先立つシーンの出来事を調べると、メドヴェジェンコはこの芝居の始まる以前に、すでにマーシャに愛していると告白し、結婚を申し込んでいることがわかります。マーシャは彼の愛の言葉にもプロポーズにも返事をしていません。このプロポーズ以降、彼は毎日徒歩で彼女に会いに行き、返事を待っています。そして「愛してくださるお気持ちは嬉しいわ、けど私は同じ気持ちになれないの。それだけのことよ」という彼女の言葉――つまりイベントの台詞――がプロポーズ以降彼が聞いた最初の具体的な返事です。

イベントを割り出したら、シンプルでわかりやすい名前をつけましょう、例えば「マーシャがメドヴェジェンコに愛していないと告げる」など。「告げる」のような淡々とした単語を使います。これは俳優がこのモーメントでいずれかの演技を選択するにあたって、色づけや影響を与えたり、登場人物に対する先入観を持たせたくないからです。このマーシャとメドヴェジェンコのシーンには他にも登場人物がいることに目をとめてください。すなわち、下働きの男たちが幕の後ろで音を立てて作業しています。このシーンのイベントや目的・意図を調べる際に、彼らが何をしていて、どんな芝居をしているか、そしてそれがイベントの分析に沿っているかもまた考えなければなりません。例えば、イベントが起きたときに下働きの男たちの動きが変化する、たぶんバンバンと音を立てていたのがサンドペーパーをかけるような静かな作業に変化する、と決めると良いかもしれません。また、誰に何が聞こえているのか簡単に決める必要があります、それはこのシーンに出ている人がシーンをどのように演じ、イベントにどのようにリアクションするかに影響してくるからです。イベントを鉛筆の線で囲ったように、イベントの名前も鉛筆で記入します。繰り返しになりますが、名前の表現方法などはのちのちリハーサルで俳優と台本を見ていくなかで、わずかであったとしても変更はつきものです。

すべてのイベントがはっきりきれいな直線で記入できるわけではありません。台詞やト書きの途中から始まったり、もしくは別の台詞の途中で終わるものもありえます。上演台本中の関連部分に沿って、直線でなく曲線で囲わなければならないケースもあります。肝心なのはイベント中の台詞とアクションを正確に囲うことです。

以下は『かもめ』第一幕のイベント・リストです。もしあなた自身でイベントを探す練習をしたいのであれば、ここから先の部分を読む前に戯曲の第一幕を読んで、自分で探した結果と以下のリストを比べてみてください。


マーシャがメドヴェジェンコに愛していないと告げる。

ソーリンとコンスタンチンが見物席に近づいてくるのが聞こえる。

コンスタンチンとソーリンが見物席にいるマーシャとメドヴェジェンコに会う、そしてコンスタンチンはマーシャとメドヴェジェンコを邸内に戻す（マーシャとメドヴェジェンコに会うのと、彼らにあっちへ行けと言うのは一瞬のうちに起こるので、一つのイベントと見なす）。

マーシャとメドヴェジェンコが見物席を出て邸内に行く。

ヤーコフがコンスタンチンに自分は下働きの男たちとひと浴びしてくると告げる。

ヤーコフと下働きの男たちが泳ぎに出かける。

ソーリンがコンスタンチンになぜアルカージナがご機嫌斜めなのかたずねる。

コンスタンチンとソーリンに足音が聞こえる。

コンスタンチンはニーナの足音だと気がつく。

ニーナが登場。

コンスタンチンがニーナとソーリンに「もう始まる時間だ」と告げる。

ソーリンが皆を呼びに邸内に戻る。

ニーナとコンスタンチンがキスする。

二人に足音が聞こえる。

ヤーコフがコンスタンチンに自分は幕の後ろにいると告げる。

ヤーコフが劇の特殊効果を準備しに行く。

コンスタンチンとニーナに皆が近づいてくるのが聞こえる（私はこのイベントをニーナとコンスタンチンが退場する理由として加えた）。

コンスタンチンとニーナ退場。

ポリーナとドールンが劇を見に邸内から出てくる。

ポリーナがドールンにアルカージナをどう思っているか問いただす。

二人は人々が近づいてくるのに気がつく。

アルカージナ、ソーリン、トリゴーリン、シャムラーエフ、メドヴェジェンコ、マーシャが到着。

コンスタンチンが仮設舞台の影から登場。

仮設舞台のかげから角笛の音。

幕があがる。

鬼火が現われる（これはヤーコフと下働きの男たちによる舞台効果）。

ヤーコフと下働きの男たちが湖に赤い光を二つ映し出し、劇中の悪魔の接近の前触れとする、同時に硫黄の匂いを漂わせる。

コンスタンチンが劇を中断する（このイベントは幕が降りて初めて完了する）。

コンスタンチン退場。

湖の反対側で誰かが歌い出すのが聞こえる。

アルカージナがコンスタンチンの話題に戻す。

マーシャがコンスタンチンを探しに行く。
ニーナが幕の後ろから現われる。
ドールンが幕を上げるように勧める。
ヤーコフが幕を上げる。
シャムラーエフが冴えない冗談を言う。
ニーナが自分の出発を告げる。
ニーナ退場。
ソーリンが皆にじめじめしているので邸内へ入るよう勧める。
ドールンを除く皆は邸内へ入る。
コンスタンチン登場。
コンスタンチンがニーナはもう帰ってしまったことに気がつく。
マーシャ登場。
コンスタンチンがマーシャに自分を追いかけ回さないように言う。
コンスタンチンがニーナを探しに行く。
ドールンがマーシャのかぎタバコの箱を茂みに投げ捨てる。
マーシャがドールンにここに残るように頼む。
マーシャがドールンにコンスタンチンを愛していると告白する。

次に、各幕の最も重要なイベントはどれであるかを調べて、それを《メインイベント》に指定する。メインイベントを特定することで、演出家と俳優の両方が、各幕のすべてのイベントの重要度をどのように測れば良いかわかってきます。以下『かもめ』のメインイベントです。

第一幕：劇の中止
第二幕：馬を出すのを拒否
第三幕：馬車到着の知らせ
第四幕：アルカージナを伴って駅からトリゴーリンの到着

私が第一幕のメインイベントの表現を「コンスタンチンが劇を中断する」（第一幕イベント・リストで使ったフレーズ）から「劇の中止」に変更していることに気づきましたか？　人物の名前ではなく名詞で始まる文にイベントを書き換えることで、全員がその内容と関わりを持つことができます。もし推敲せずに「コンスタンチン」という名前から始まる文でこのイベントを示すと、残る十人ほどの人物が、このイベントはコンスタンチンの「見せ場（モーメント）」であると捉え、反応を充分に考察しないかもしれません。登場人物全員が充分かつ明確に演じてこそ、イベントは意味があるのです。

もし複数シーンが一列に続いている構造（幕で分かれていないもの）の現代戯曲を演出する場合は、キー・イベントを選ぶ前に全体的な劇の流れを見てみましょう。一幕または一連のシーン内の一つのイベントを残りのイベントの上位に据えることで、作品全体の輪郭が見えやすくなります。演出初心者にありがちな落とし穴の一つは、劇中のすべてのモーメントを均等に扱って、パフォーマーの演技が単調な水平飛行になってしまうことです。そうならないように、俳優と観客の両方に劇中の最も重要なイベントを示しましょう。

最後に、どんな戯曲でも劇が始まる以前に何らかの出来事が起きています。そこから連鎖反応が巻き起こり、劇中のイベントへとつながっていきます。これを《**トリガー・イベント（引き金となる出来事）**》と呼びます。『かもめ』のトリガー・イベントは、トリゴーリンとアルカージナの荘園訪問の通知です。それは屋敷にモスクワから手紙が届いて、来訪のニュースを皆が知る、そのモーメントです。この結果、次のイベントが巻き起こります。

コンスタンチンは芝居を書く決心をする、彼はニーナに出演を依頼する、アルカージナが到着、見物席が作られる、
ニーナがトリゴーリンに会う、などなど。

もしトリゴーリンとアルカージナが荘園で休暇を過ごそうと決めなかったら、コンスタンチンは芝居を書かなかったかもしれず、トリゴーリンはニーナに会わなかったかもしれず、コンスタンチンはかもめを殺さなかったかもしれず、ニーナが家出してモスクワに行くこともなかったかもしれない、などなど。

トリガー・イベントを特定する際に、その結果派生するイベントの順番も考えて、簡単に書きとめておきます。『かもめ』なら以下のようになります。

二週間以上前：アルカージナがトリゴーリンに実家の荘園で休暇を過ごそうと説得する。
二週間前：トリゴーリンを夏休みに連れて帰るというアルカージナからの手紙が、朝食の時間に屋敷に届く
コンスタンチンが芝居を書き始める。
メドヴェジェンコがマーシャに求婚する。
一週間前：コンスタンチンがニーナに劇の出演を依頼する。
三日前　：アルカージナが屋敷に到着。
コンスタンチンがシャムラーエフに、下働きの男たちに仮設舞台を作ってもらう必要があることを話す。
コンスタンチンがニーナと劇の第一回目リハーサルをする。

このメモを作ったあとで、即興試演をすると良さそうなイベントに星印をつけます。

一つ忘れてはいけないのは、トリガー・イベントの選択には絶対的な正解は存在しないこと、テキストを読んで自分が感じた印象を頼りに決めるしかない、ということです。例えば別のイベント「コンスタンチンが芝居を書くと決心する」をトリガー・イベントにするべきという主張があるかもしれません。ポイントは、あとに続くシーンを最もダイナミックに創造するのに役立つかどうか、そして全員のアクションに整合性を持たせられるかどうかです。これは演出家が判断しなければなりません。適切なトリガー・イベントを選ぶことで、俳優は正しい扉から戯曲に入っていくことができます。

新しいスタイルを発想・考案しながら作品を創作する場合にも、イベントは大いに貢献するはずです。ストーリーをプロット（筋立て）にしようと考える代わりに、起きるであろう「変化」を構想することにフォーカスします。こうした画期的な出来事・変化を中心にして素材をまとめていきます。これはオペラの演出でも有効です。特に各幕のメインイベントを特定することで、歌手にとってもその幕で何が大切なのか、ランクづけしやすくなります。

この作業を完了すると、あなたの台本にはすべてのイベントが線で囲まれて、名前がつけられているはずです。テキストは小さいセクションに分割され、その区切りを利用して立ち稽古をします。セクションを使って稽古スケジュールを立てる方法については、チャプター11で説明します。

さてこれで、次は目的・意図について調べる準備ができました。

サマリー

- 戯曲を読んでイベント、すなわち発生した変化をすべて抜き出す。
- 各イベントを簡潔な文で書き出す。
- 各幕または一連のシーン中のメインイベントを選ぶ。
- 戯曲の芝居が動き出すきっかけとなる劇前イベントを特定する。
- 即興に使えるイベントにハイライトで印をつけておく。

4 目的・意図

《目的・意図》とは「**登場人物が何を望んでいるか、そしてそれを誰にして欲しいのか**」を示す言葉です。登場人物の目的・意図はイベントが起こることによってのみ変化しますから、ここで行なう目的・意図の分析は、当然自分で調べたイベントをもとに展開します。リハーサルが始まるまでに、各登場人物がイベントとイベントの間で何を望んでいるのか、そしてそれを誰にして欲しいのかを正確に調べておきましょう。

登場人物の目的・意図を特定する際は、表面的な言葉（台詞）の細部を通して、その台詞（またはト書き指定のアクション）の動機となっている思考や欲望を探し出します。目的・意図を特定することは、レントゲンを撮って皮膚の下にある骨格を見ることに似ています。

たとえその登場人物がイベントとイベントの間でしゃべっていなくても、それでもその人の目的・意図を見つけなければいけません。人間は他者へ強いインパクトを与えるために、能動的な手段として沈黙を使うことが良くあります。

私はこうした目的を特定する準備を非常にむずかしいタスクであると感じていて、しばしば先延ばしにしてしまいます。というのも、目的・意図の調査分析は俳優と一緒に行なう稽古の中心であると、私自身わかっているからです。しかし目的・意図をあらかじめ調べておくことは、「なぜ私の役はこんなことをするのか？」とか「なぜ私の役はこう言うのか？」という、演出家が俳優から受ける最もむずかしい質問に対応する手がかりになります。もし私が目的を調べる事前準備を怠れば、人物の動機付け（モチベーション）について長いディベートになって、貴重な稽古時間を無駄にすることは明らかです。もちろん、目的・意図を調べておいたからといって、議論することを完全に排除するわけではありません、しかし、その議論がより有益で扱いやすいものに限られるのは確かです。

次に目的・意図を調べるときのコツをいくつか書きます。

まず、話題の変化を新しい目的・意図と間違えないように気をつけること。登場人物は一つの目的を達成するために、繰り返し話題を変えることがあります。例えば、『かもめ』の幕開きのシーンで、マーシャは「もうすぐはじまるのね、お芝居」といって話題を変えます。しかし、これはメドヴェジェンコを恋愛話から逸（そ）らさせるという彼女の全体的な目的の作戦の一つに過ぎません。

第二に、目的・意図は必ずシチュエーションの必然によって形成されていなければいけません。幕またはシーンのタイトルを思い出してみると、登場人物の目的・意図が突然はっきりと見えてくることがあります。

第三に、単純な対立構造を含んでいるとシーンが上手く展開する、ということを覚えておきましょう。そこで、お互いに反駁（はんばく）する、もしくはダイナミックに影響しあう複数の目的を確保します。例えば、マーシャを演じる俳優には「メドヴェジェンコにプロポーズの話題から逸らさせる」という意図を演じるように指示したら、メドヴェジェンコには「マーシャにプロポーズの返事をさせる」という目的を与えると面白くなるかもしれません。そのシーンにいる全員に同一の目的や意図を与えないこと。

第四に、もし何を考えているのか、感情を特定するのに手こずったら、その登場人物は自分が求める希望的成果を、頭のなかでどのようにイメージしているかを考えてみます。この成果、言い換えると未来のイメージは、ほかの人物の言動の変化とつねに関わりがあるはずです。例えば、その人物は話している相手に何か特定のこと、座るとか、困惑しないとか、屋内に入るといったことを望んでいますか？　第一幕でコンスタンチンが自分の芝居を中断したとき、彼はゲストに気まずい思いをしたまま静かに座っていて欲しいのか？　それとも席を立って非難ごうごう彼を罵（ののし）って欲しかったのか？　もし前者だったとしたら、彼の目的は「皆をばつの悪い気分にさせる」ことです。もし後者であれば、彼の目的は「皆をいらいらさせる」ことです。

最後に、登場人物自身は、自分が何をしているのかをつねに認識しているとは限らず、それゆえ目的・意図を特定する作業がよりむずかしくなることを覚えておいてください。これについてはチャプター11で、目的・意図について俳優とどのように稽古するかを説明する際に、さらに詳しく書きます。もしそれでもまだ目的・意図を見つけるのが困難ということであれば、今からチャプター11に飛んで、一巡目のシーン立ち稽古について書いたセクションを読んでみてください。人々が日常どのように活動しているかを観察し、目的・意図を特定する練習をします。人が言葉の裏でどのように他者と影響しあって自分の望みを成しとげているかを観察し、または、あなた自身が他の人と話したり交わったりするときにあなたの目的は何なのか、注目してみてください。

さて、目的を特定したら、それを書きとめます。きれいな文にする必要はありません。イベントに名前をつけたときと同じ要領で、シンプルな単語で、感情的でない淡々とした言葉を使いましょう。あとで俳優と稽古をするなかで文は練り直せます。目的・意図は鉛筆で書きとめ、稽古中に変更できるようにします。目的・意図が変化するのはイベントが起きたときのみ、ということも忘れずに。すべてのシーンごとに、その場に登場している全員の目的を見つけなければなりません。『かもめ』のマーシャとメドヴェジェンコの最初のセクションでは、目的・意図は以下のようになります。

マーシャ：メドヴェジェンコにプロポーズの話題から逸らさせたい。
メドヴェジェンコ：マーシャにプロポーズの返事をさせたい。
イベント：マーシャがメドヴェジェンコに愛していないと告げる。
マーシャ：メドヴェジェンコの気分をよくさせたい。
メドヴェジェンコ：拒否されても自分には応(こた)えないとマーシャに納得させたい。

次に、各人物がどのように自分の希望をかなえようとしているかを見ていきます。登場人物がありとあらゆる手段を使っていることに気づくはずです。登場人物が望むこと——目的——と、どのように成しとげるか——作戦または方法——とを混同しないように気をつけます。リハーサル開始前に登場人物の手段（作戦）をすべて記録する必要はありませんが、際立って特別なものはメモしておきます。

「登場人物が一人の場合、目的はどのように見つけたらよいか？」という質問があるかもしれません。第一に、一人の登場人物が芝居を実際に見ている「観客」に直接語るというのはきわめてまれです。なので、モノローグを演出する場合、登場人物が実際誰に語りかけているのかを考えます。登場人物は自分自身に語っているのか、それとも誰かほかの一人もしくは複数人にか？　その人（もしくは人々）は想像上の人かまたは実在(リアル)の人か、亡くなっているのか生きているのか？　その人（または人々）はどこにいるのか？　こうした質問に答えが出ると、登場人物は聞き手に何を望んでいるのかを考えることができます。その上で、シーン稽古で俳優は、一人もしくは複数の話し相手を想像する練習が必要になります。

このイベントと目的・意図を調べるプロセスには、私がいつも一緒に仕事をしている俳優たちから提案された究極の改良点があります。曰く、多くのイベント、特に複数の台詞にわたってイベントが起きている場合には、そのイベントの最中に目的・意図が存在したほうが良いのだ、と。その俳優たちが指摘するのは、もし「拳銃で武装した男が突然現れる」というイベントなら、その最中に目的を演じる時間はないが、一方「徐々に秘密が暴かれていく」というイベントの場合（例えばマーシャがコンスタンチンへの思いをドールンに語るというような）、俳優はイベントの「最中」にもう一つ別の目的を演じる時間があるというのです。複数の台詞にわたって起きる一つのイベント中に目的がない状態というのは、俳優にとっては演じるものが何もない状態であり、自分の次の目的を手に入れるのを待ってただそこに立っているだけ、と感じてしまうのです。あなたが初めてこの手法を試す場合は、少なくともイベントとイベントの間にある目的だけは最低限準備しておくことを推奨しますが、もし複数の台詞か数秒にわたって起きるイベントがあったら、その最中にある目的を特定してみるのも良いでしょう。
この作業が完了すると、あなたの台本にはイベントと、イベントとイベント間にある目的・意図が（イベントの最中に発生する目的も同様に）書き込まれていることになります。

サマリー

- 戯曲を通し読みして、イベントとイベントの間の目的・意図を特定し記述する。
- 話題が変わるのを新しい目的・意図と混同して間違えないようにする。
- もし目的・意図を特定するのがむずかしければ、幕またはシーンのタイトルを思い出す。
- 登場人物同士でダイナミックに影響しあう目的・意図を選ぶこと。
- 日常生活で人々の行動を観察して、目的・意図を選定する練習をする。
- 冷静で簡潔な文で目的・意図を書きとめる。
- 登場人物が目的・意図を達成するために、それぞれどのような「作戦」を使うか注目する。

5 キャスト用の台本を準備する

稽古用台本の準備とは、俳優が読んだり使ったりしやすいような台本を作ることです。メモやイベント、目的・意図を書き込む余白も含めるように工夫します。出版されている戯曲本は読書用にレイアウトされていて、リハーサルのツールとして使うことを想定していません。古典劇の舞台制作に使う場合はこのことも踏まえて、どの版を選ぶかを考えます。出版本をコピーして使う場合は、全体を拡大するのか、メモ用の空白ページを挿（はさ）むのか、決めていきます。

ほかにも、ト書きと台詞の言い回しの指定について、原本のどこを残し、どこをカットしたいのかを決めます。演出家によっては、役の動きやアクションをあらかじめ決めてしまうことを避けるために、テキストからト書きをすべて削除することもあります。そういう演出家は台詞の前にある「(怒って)」とか「(涙を流して)」のような形容詞的語彙もすべて外します、なぜならこうした記述が俳優に、お決まりの感情表現を誇張して演じなければというプレッシャーを与えかねないからです。一方、作家が書いたすべてのト書き、句読点、形容詞をテキストに残す演出家もいます。またそれ以外にも、演出家自身の戯曲解釈や手法と相容れない情報のみ台本から外したい、ということもあるでしょう。例えば、私は『かもめ』の冒頭のト書きから「観客席」という単語を削除しました。私は俳優たちに、観客席ではなく演じている登場人物や、彼らが存在するシチュエーションをより意識して欲しかったからです。また同じ理由で、「上手（かみて）」「下手（しもて）」という単語もはずしました。しかしながら、作家が存命の作品に変更を加えるのは、作家の許可を得た場合のみとすること。

本書で書かれているリハーサルプロセスでは、俳優が台本を片手にシーンの立ち稽古をすることは絶対にないはずなので、手に持って歩き回りやすい台本を用意する心配はいりません。ですが、もし俳優に台本を手に持って稽古して欲しいと考えるのであれば、持ちやすいように台本のレイアウトや綴じ方を考えます。とはいえ、ほとんどの俳優が、おのおの独自の工夫をして稽古場にやってくるものです。

台本は必ずリハーサル開始前までにキャスト全員に届け、彼らがあらかじめテキストを読んで理解する時間をつくること。俳優はたいてい、自分の台詞にマーカーを引いたり、該当箇所にメモや質問を書いたりして稽古用に準備してきます。稽古初日に割付やレイアウトを変更した新しい台本を渡されたら、彼らは前の台本から新しいものに情報を書き写す時間がまた必要になってしまいます。

最後に、稽古場の全員が同じ台本を持つようにすること。古典を制作する際に、たまに皆と異なる翻訳やバージョンを持ってくる人がいます。誰かがページ割の違う台本を持っていると、どこのページの話をしているのかいちいち探して、稽古時間をロスしてしまいます。

サマリー

- キャストのために、読みやすくて、書き込みのできる余白を考えた台本を準備する。
- 自分の戯曲解釈や手法と相容(あいい)れないト書きはテキストから外す。
- テキストから作家の書いたト書きや、台詞の言い回しの指定を残すのか外すのか、検討する。
- 俳優に台本を手に持って稽古して欲しい場合は、台本の綴じ方を工夫する。
- 存命の作家の戯曲で、稽古台本に変更を加えたい場合は、作家と慎重に相談をすること。
- 読書用とは異なる、上演用台本として俳優が使いやすいレイアウトを考え、リハーサル開始前までにキャストに配ること。

このチャプターのチェック・リスト

このチャプターに書かれた作業を完了した時点で、台本には以下のものが加味されているはずです。

- □ 各幕または各シーンのタイトル
- □ 各イベントを区切るラインと、簡潔な文で表わされたイベントの説明
- □ 各幕のメインイベントのメモ
- □ イベントとイベントの間にある登場人物の目的・意図を簡潔に表わした文
- □ 演出家にとって使い勝手の良いレイアウト
- □ ト書きと台詞の言い回しの指定を残すか削除するか、その決定

Chapter 5

Deepening
work on character

登場人物（役）を深める

この章では登場人物（役）を掘り下げる作業と、即興の準備を始めます。三つのステップがあります。

1 登場人物の自己評価
2 関係性
3 即興の準備

1 登場人物の自己評価

チャプター1で登場人物ごとの履歴書を創りました。経歴から登場人物の外側を理解して、彼らの人生で何が起きたかを見ることができました。今度は登場人物の内側に入り、彼らの目を通して世の中を見ます。そのためには彼らの思考回路（構造）を考える必要があります。

私たち人間の思考は、頭のなかにある文章、または映像が集まってできています。その文章と映像は人生のどこかの時点で脳に記憶されます。人の思考には比較的新しいものと、古いもの、また互いに矛盾するものもさまざまあり、私たちの態度に異なる影響を与えます。私たちの思考は人生の新しい刺激や出来事に呼応して逐次変形していきます。こうした思考によって、私たちは人生の出来事にどのように対応するかを決定します。例えば、ラウンドアバウト（環状交差点。車は放射線上の複数の道から交差点に一方通行で進入・走行する）で一台の車が割り込みをする場面を、別の二台のドライバーが目撃していると想像してください。最初のドライバーは、同乗者に向かって「まったく！　まともな運転を習ってないのか！」と言いつつ彼自身が乱暴な運転を始めます。二人目のドライバーもまったく同じ状況に遭遇しつつも、同乗者に向かって「可哀相に、きっと病院の予約に遅れそうになっているか、家で緊急事態が起きて急いでいるに違いないよ」と言って何事もなかったように運転を続けます。同じ出来事に対するリアクションから、二人のドライバーの異なる思考回路が明らかになります。最初のドライバーは「人生は苛々(いらいら)することばかりだ」と思考し、二番目のドライバーは「人生は単純で易しい(シンプル)」と思考します。こうしたリアルな日常の行動を観察するのと同じように、戯曲の登場人物の思考回路を見つけ出すことができます。演出家が登場人物のカギとなる思考を突き止めることで、俳優がより正確な人物像を創りあげ、イベントに対しても矛盾のない反応ができるように、彼らを導くことができます。

最初に探すのは、劇の始まる前に登場人物は自分自身についてどう考えているか、という思考です。登場人物が自分について語っている部分をすべてリストにします。テキストの引用は一字一句変えずに書き写して、後から確認したくなることもあるので、引用の後ろにページナンバーを書いておきます。行動も言葉同様に人の思考を明らかにしますので、（もしあなたがト書きを採用するのなら）ト書きからも関係のある情報を加えます。配役表の上位から順に調べていき、個人的な贔屓のないようにします。時として、何を加えて何を加えないのか判断がむずかしいケースがあります。引用が適切かどうか怪しいときは、とりあえずリストに加えておきます。以下はアルカージナの引用リストです。

第一幕

お遊びならどんなわけのわからないたわごとだって聞いてあげるわよ、

第二幕

それはね、私が働いているから、世の中のことに気をつかっているから、いつもいそがしくしているからよ。あなたはどう？　泥沼にはまったようにじっとここにいて、どう生きているかもわかってないでしょう……それにね、私は将来のことなど見向きもしないよう心がけている。年をとることも死ぬこともくよくよ考えたりしないの。どうせなるようにしかならないんだもの。

ああ、この愛すべき田舎の退屈さ以上に退屈なものってあるかしら！　暑くて、静かで、だれもなんにもしないで、みんな哲学ばかりしている……こうして皆さんといっしょにいるのは好きだし、皆さんのお話をうかがうのも楽しいわ、でも……ホテルの部屋でセリフを覚える――これにまさるものはないわ！

第三幕

それでもねえ……（作者註：コンスタンチンの）着るものぐらいならなんとかなるけど、外国旅行となると……いいえ、いまのところは着るものもだめ。（きっぱりと）私、お金がないんだもの！（ソーリンは笑う。）ないのよ！

（涙ぐんで）お金がないのよ、私！

そりゃあ私、お金あることはあるのよ、でも女優だもの――衣装代だけで破産しかねないわ。

私にはお金がないの。私は女優よ。銀行家じゃないわ。

（身ぶるいして）私だって人並みの女よ、そんなこと私に言わないで。

私、そんなに醜いおばあさんになってしまったの、ほかの女の話を平気で私に聞かせるなんて？（彼を抱きしめ、キスする）

あなたこそ私の人生の最後の一ページ！（ひざまずく）私の喜び、私の誇り、私のしあわせ……（彼の膝を抱く）たった一時間でもあなたに捨てられたら、私耐えられない、気が狂ってしまうわ、私の大切な人、仰ぎ見る人、私の王様……。

第四幕

……花籠が三つに、花輪が二つ、それに、これ……。（胸のブローチをはずしてテーブルにほうり出す）

私は豪華な衣装をつけていたの……少なくとも着こなしなら私、自信があるわ。

（銃声におびえて。テーブルに向って腰をおろしながら）ああ、こわかった！　あのときのことを思い出して……

（両手で顔をおおう）一瞬、気を失うんじゃないかと思ったわ……。

次にこの引用を精査し、「わたしは～だ（I am ～）」という文に名詞や形容詞を付け加えて完成させます。「話者が自分のことをどう考えているか、最も簡潔な思考は何か？」と問いながらこの作業をします。書きとめた引用すべてにこの問いをかけて、答えとなる正確な単語を探します。例えば第三幕、トリゴーリンがニーナと駆け落ちしたいと言うのを聞いたアルカージナのト書きに「（身ぶるいして）」とあるところから、彼女が「自分は老いてきた」とも感じているという印象を受けます。このようにして、最終的に登場人物ごとに四～五つのカギとなる思考をリストアップします。アルカージナの思考は、「私は悪い母親で、逆境に強く、老けていて、立派な芸術家で、つまらない人間で、貧乏である」となります。外野にいる人物からの評価は混ぜずに、その役の頭のなかに入り込み、役の目線で考えます。そしてその役が使いそうな言葉を使うところから始めます。

登場人物の自己評価を特定するのがむずかしいときは、経歴のスケッチを見返して、その人物に思考が生じたと思しきイベントを探します。例えば、アルカージナが新人女優だった頃、一八七三年にポルタヴァの農業見本市（祭り）で公演するという辛（つら）い経験をしていて、その後モスクワでアパート住まいをしていることにフォーカスしてみると、「わたしは貧乏だ」という思考が彼女の自己評価のなかに強く現われているはず、という証明になります。

サマリー

- 劇中、登場人物が自分のことについて述べている部分をすべてリストアップする。
- リストアップした引用を要約し、シンプルな名詞／形容詞を加えて「わたしは～だ」という文を完成させる。
- 登場人物の自己評価を特定するのがむずかしい場合は、経歴のスケッチを見返し、人生のどの出来事によって、どのような思考が起こりうるかを探す。

2 関係性

リハーサル開始前に、劇が始まるまでに登場人物は互いに相手をどう見ているかを整理しておきます。この作業を通してテキストを登場人物の相関関係図として読むことで、一人の役の視点からのみ演出してしまう齟齬を避けることができます。

配役表の先頭から順に、一人の登場人物がほかの人物について語っている部分をすべて書き抜きます。一役ごとに一ページをあて、以下のようなヘッドラインで引用をリストアップして整理します。

アルカージナはコンスタンチンをどう考えるか
アルカージナはソーリンをどう考えるか
アルカージナはニーナをどう考えるか……などなど

それぞれの引用の後ろに該当部分のページナンバーを書いておきます。主要な役と召使のような小さな役との関係も含め、必ず全員の人物間の関係性を調べること。もしその役が相手について何も、または少ししか語っていないときは、その二人が一緒に登場しているシーンを調べて、何か追加の情報を引き出せないか見てみます。もしくは、テキストから得た関係性の一番単純な印象をとりあえず書きとめておくと良いでしょう。ここでまた覚えておいて欲しいのは、それぞれの関係性を示す引用には、こうでなければならぬというような明確なものはありません。このリストはつねに演出家次第で多様な内容になるはずです。

このプロセスの後に、すべてを簡単な形容詞や名詞に要約して、「コンスタンチンは〜だ」「ソーリンは〜だ」「ニーナは〜だ」などの文を完成させます。この方法で思考を整理し書きとめることで、登場人物の頭のなかを実感できます。この作業をすべての役について順番に行ないます。以下、アルカージナがソーリンとコンスタンチンに与える評価・考えです。

ソーリンは兄で、ケチで、死にかけていて、落伍者である。
コンスタンチンは重荷で、冴えない人物で、無職で、居候で、愛しい息子である。

登場人物も現実世界の私たちと同様に、相手について矛盾した気持ちを抱えていることに注目してください。アルカージナが自分の息子をどう考えているかを見ると、まさにそのことがわかります。こうした矛盾は、例えば俳優が役の首尾一貫しない言動を演じる際の助けになるので、取りのぞいてしまわないように。

劇中で、登場人物間の相互作用が短い、または存在しない場合もあります。こうしたケースでは互いがどう思っているかを判断するのはむずかしくなります。そこでただシンプルに、彼らが最も明らかに考えそうなことをリストにします。例えば、ポリーナとアルカージナはほとんど交わることはありませんが、それでもアルカージナはポリーナについて何か考えていたはずです。少なくとも彼女はポリーナを家政婦で、シャムラーエフの妻で、自分と同年代だと捉えているでしょう。第二幕でアルカージナはポリーナとともに街に行き、第三幕ではポリーナが旅の途中で食べるようにと渡したスモモを、アルカージナは持っていくのを忘れます。以上のことをどのように煮詰めて簡潔な文にするか、一例として、次のようになります。

ポリーナは使用人で、悪い母親で、古い友人で、歳とっていて、いじめられっ子で、鈍い。

サマリー

- 登場人物が相手をどう考えているかを整理してリストを編集する。
- リストアップした引用を簡単な形容詞と名詞の文に要約する。

3 即興の準備

即興の目的は、登場人物の劇中（すなわち現在進行）の言動を裏づける過去のイメージを視覚的に創りあげることです。『かもめ』のマーシャとメドヴェジェンコには幕開きのシーンを演じる前に、メドヴェジェンコがプロポーズしたときの共通の視覚的イメージが必要ですし、その裏には二人が初めて出逢ったときのイメージも必要です。また同じシーンで、メドヴェジェンコには自分の家族との生活の様子や、父親の死または失踪のいきさつのイメージも必要です。同様にコンスタンチンは第一幕で母親についてソーリンと長い話をするので、その話を裏づけるために母親の過去の様子の視覚的イメージが必要です。母がネクラーソフの詩を暗誦するところや、病人の世話をするところ、芝居をしているところの視覚的イメージが必要です。即興によってそうした出来事を再現し、そこで何が起こったのかがあたかも実際の記憶のように、具体的かつ長持ちする心象として、俳優の心にとどまるはずです。そうした視覚的イメージをつかむことによって、登場人物が過去の話をどのように語るか、また劇中の人間関係がどのように演じられるかが決まってきます。シーンとシーンの間に起きた出来事の即興は、そのあとに続くシーンに良い刺激を与えます。

これまで調べた役の経歴、トリガー・イベント、直前の状況、シーンとシーンの間に起きた出来事が、即興として有効なアイテムリストになります。長いリハーサル期間のある理想的な環境ならリストアップしたすべてを試演することが可能ですが、リハーサル期間が短いならカギとなる出来事を選ばなければなりません。何を選ぶかが重要です。もし時間が本当に少なければ、即興の素材をたくさん含んでいることが多いトリガー・イベントにフォーカスします。『かもめ』のトリガー・イベントを見ると、以下のような出来事（もしくはその抜粋）の即興ができるでしょう。

モスクワでアルカージナがトリゴーリンに、夏休みを自分の実家で過ごさないかと話す。

トリゴーリンを夏休みに連れて帰るというアルカージナからの手紙が屋敷に届き、朝食の席でポリーナ、ソーリン、シャムラーエフ、コンスタンチン、マーシャがその話をする。

コンスタンチンが書斎に座り、トリゴーリンとアルカージナが到着したら見せる芝居のスケッチを書き始める。

コンスタンチンがニーナに芝居の出演を依頼して、二人が台本を読み合わせる。
ポリーナ、マーシャ、召使いたちがトリゴーリンとアルカージナの到着前にしておく仕事の段取りをする。
コンスタンチンがシャムラーエフに仮設舞台を造る手伝いを頼む。
アルカージナが屋敷に到着。

稽古時間に余裕がなくてこのなかの三つしか即興ができなかったとしても、俳優の劇中の演技にこれが大いに役立つはずです。

即興を演出する最良の方法は、構成をきっちり提示することです。私が初めて演出したとき、ほんのわずかしか指示を出さなかった結果、大変長い即興になってしまいました。そのなかではたいしたことは何も起こらず、俳優は役から出たり入ったりしていました。こうならないように、即興といえども戯曲に書かれたシーンと同様に捉えて、直前の状況、イベント、目的、場所、時間といった明確な要素を俳優に提示します。提示する情報が具体的であればあるほど、即興はうまく行きます。そして、俳優はあなたが想像する以上に、多くの情報処理能力があるものです。演出家が即興を明確に構成できれば、即興の芝居と戯曲のシーン稽古の距離が近くなります。いざシーンの立ち稽古となったときに、俳優は即興をしているのと同じような感覚でのぞめるでしょう。

以下、メドヴェジェンコがマーシャにプロポーズするシーンの即興用プランです。

場所：ソーリンの屋敷の書庫
時間：一八九三年、八月、日曜日、午前十一時。とても暑い
直前の状況：メドヴェジェンコは前日マーシャから借りた本を返すところ。本はシェイクスピアの『ハムレット』。
メドヴェジェンコは一番いいスーツを着て、家から三マイル歩いてやって来た。ちょっと暑くて汗をかいている。
メドヴェジェンコの家族は彼が昼食には戻ってくると思っている。今朝彼は母親と毎週の家計費について言い争いをした。母親は特に彼のタバコ代について怒っていた。マーシャはインテリであることをコンスタン

チンに印象づけようと、書庫でショーペンハウワーの本を読んでいる。――コンスタンチンは前夜この哲学者を話題にしていた。暑かったのでマーシャは窓を開けた。彼女は母親の手伝いで昼食の準備を始めるまで、一時間自分の時間を過ごす。コンスタンチンはいつも午前中に狩猟をする。シャムラーエフは畑で収穫の準備をしている、ポリーナは台所にいて、ソーリンは自分の部屋で手紙を書いている。

マーシャの最初の目的：メドヴェジェンコに自分（マーシャ）を楽しませるように仕向ける。
メドヴェジェンコの目的：マーシャにプロポーズを聞くムードにさせる。
イベント：メドヴェジェンコがマーシャにプロポーズする。
マーシャの二番目の目的：メドヴェジェンコからプロポーズの返事を考える時間をもらう。
メドヴェジェンコの二番目の目的：マーシャからはっきりとした返事をすぐにもらう。

他にも、ニーナとトリゴーリンの関係性を見るのに、次のような簡単な即興もできます。

場所：ニーナの寝室
時間：一八九二年三月、午後四時三〇分
直前の状況：ニーナの継母と父親がちょうど街に買い物に出かけたところなので、彼女はトリゴーリン用のスクラップブックを作るチャンスができた。今朝彼女はモスクワから月刊の文芸雑誌を受け取り、それにはロシアの大草原で繰り広げられるかなわぬ恋愛を描いたトリゴーリンの新作小説「夏の月光のなかで」が載っている。彼女はそれを朝食の間に読み終えていて、今それを雑誌から切り抜き、トリゴーリン用のスクラップブックに貼り付けている。部屋は結構冷えている（小説のタイトル・内容も即興用にケイティが創作）。
ニーナの最初の目的：ひとりで楽しむ。
イベント：糊がスクラップブックの上にこぼれる。
ニーナの二番目の目的：パニックから自分自身を落ち着かせる。

　このように設定された即興は戯曲のシーンほどにはダイナミックなものではありません（たぶん見ていても少々退屈に思うかもしれません）が、俳優にはトリゴーリンが書いたもの、彼のステータス、ニーナにとってトリゴーリンがどれほど大切な存在なのか、という明確なイメージがつかめます。結果として、彼女は第一幕で「あのかたの小説、すばらしいわ！」や「あなたのお母さまは大丈夫、こわくないの。でもトリゴーリンさんがいらっしゃるんでしょう。」といった台詞を言いやすくなります。またニーナが初めてトリゴーリンに会うシーンも演じやすくなるはずです。

　これと決めた即興すべてを、同じ要領できっちりと準備しましょう。しっかりと設定された即興に一〇分間かかったとして、一方、同じ出来事について稽古場で説明して話し合いになれば、三〇分はかかってしまいます。そのことも考えたうえで、イベントの即興をいくつ行なうか決めましょう。即興を選定・計画したら、それぞれＡ４の紙に書きとめて、時系列順に並べて準備します。

サマリー

- リハーサル日程に応じて試演可能な即興を選ぶ。
- すべての即興の内容を揃えて、戯曲のシーンのように構成する。
- 稽古中に簡単に見つけられるように、各即興のプランをＡ４の紙にそれぞれ分けて書きとめる。

このチャプターのチェック・リスト

- □ 各登場人物の自己評価を描写した言葉のリスト
- □ 各登場人物がほかの人物をどう思っているのか、その評価をまとめたリスト
- □ 即興を試演できそうな出来事すべてのリスト
- □ 各即興プランを時系列順に並べる

Chapter 6

Building relationships with your production team

クリエイティブチームと関係を築く

この章は俳優以外の、プロダクションに関わるすべてのスタッフとのコミュニケーションの取り方についてです。七つの部門に分けます。

1 舞台美術（デザイン）
2 照明
3 音響（サウンド）
4 音楽（ミュージック）
5 ビデオ（映像）
6 ボイス
7 ムーブメント

クリエイティブチームがここに書いたものより小規模であったり、私がここで説明するような関係性を築くお金と時間がなくても、挫（くじ）けないでください。タイトな予算であっても、質の高いチームを維持する方法は必ずあります。大切なのはあなたが各部署の人材を、志（こころざし）をもって探すことです。新人演出家の頃は、腕の良い人材に来てもらうためにスケジュールについては妥協しなければならないか、さもなければ、誰かとにかく仕事に来てくれる人に頼むことも、覚悟しておくこと。

作品制作に入る前に、必ずクリエイティブチームと共通言語を確立しておきます。これは彼らと一緒に時間を過ごしてビジュアルイメージ、音響、音楽を共有しておくということです。演出家と舞台美術家との間では、簡単な単語（例えば「赤い」）や、雰囲気を描写する複雑な言葉（「地味な・陰鬱な」とか「鮮やかな・明るい」など）の認識に誤解が生じて、混乱が起きることがよくあります。そこで、展覧会や映画を一緒に見に行ったり、あなたの好きな画家や写真家の作品を共有することで、ビジュアル（視覚情報）を話し合うときの明確なツールとなる言語を構築します。照明デザイナーとは、あなたとデザイナー両方がこれはと思う照明の使い方をしている映画を見たり、独特な光と影の使い方をする写真家の作品をともに鑑賞してみます。音響デザイナー（あるいは作曲家）とは、デザイナーとあなたの双方が興味のある楽曲やサウンドを聴いて、なぜそれが二人にとって他の作品よりインパクトがあり、意味があるのかを分析します。こうしたミーティングやディスカッションを通して、共同作業をより円滑、かつ効率よくする簡略表現を生み出すことができます。もちろん、かなり先輩のデザイナーや作曲家が相手ともなると、駆け出しの演出家とそんなふうにゆっくり会話する時間を取ってもらえないかもしれませんが、お茶をしながら一緒におしゃべりする時間を何とかつくって、そして自分が好きなこと、またはしたいことを言葉ではなく、画像や音楽を使って伝えましょう。

　自分が準備作業で得たものを、可能な限りクリエイティブチームと共有しましょう。時間がない場合でも、芝居を構成するイベントは共有しておく必要があります。照明、音響、音楽、ムーブメント、装置（セット）、衣裳、すべての要素において、ターニングポイント（＝イベント）をシャープに際立たせるように、それぞれデザインされるのが理想です。舞台美術家とともに、どうしたらイベントの後に場面を確実に最大限変化させられるかを考え、そして各幕のメインイベントに関わる登場人物には、さりげなく目を引くように特別なデザインや色の衣裳を着せるべきかどうか話し合います。デザイナーのヴィッキー・モーティマーと私は、『かもめ』で第二幕の設定を庭ではなく、昼食が供される食堂に変更すると決めました。私たちはこの幕のメインイベント、すなわち「馬を出すのを拒否」によって場面の絵を最大限に変化させたかったのです。イベントの前、皆がテーブルについて最初のスープが供され食べ始めている。突然シャムラーエフが馬に関する知らせ（馬を出さないこと）を告げる。

全員即座に食べるのをやめ、スプーンを持つ手が途中で降ろされ、給仕がスープのたくさん残った皿をキッチンに下げる、そして客がばらばらと立ち上がる。アルカージナが部屋を出るとすぐに、使用人がアルカージナのモスクワ行きの準備のためにスーツケースを持って通り過ぎる。結果として、イベントと同時に視覚的な変化が起きました。変化は強烈で場面は生き生きとしました。またこの決定によって、俳優は例えばナプキンを畳む、スーツケースを運ぶ、部屋を出て行くなどなど、イベントに反応して体を使うたくさんの行動が取れるようになりました。照明デザイナーのポーリー・コンスタブルはイベントが起きると同時に照明を微妙に変化させて、まるで太陽に雲がかかったように、ほんの少しだけ部屋を暗くしました。音響デザイナーのギャレス・フライは、かろうじて聞きとれる程度のごろごろいう低音で背景音楽(アンダースコア)を付けて、イベント余波のアクションを強調しました。

装置、衣裳、照明、音楽、音響に関する作業は、自分が戯曲を詳細に研究し終えてから始めます。そうすれば重大なエラー、例えば、舞台装置模型で考えたときは機能したのに、実際に各場面を稽古してみると装置デザインが上手く機能しなかったとか、全編を充分に精査せずに十九世紀の戯曲を二十世紀の設定に変更して、大胆な時代錯誤の選択をしてしまう、などということを回避できます。

1 舞台美術(デザイン)

デザインにはおもに三つの機能・役割があります。

「時間」と「場所」を伝える。
観客の視線をカギとなるアクション(芝居の動き)やナラティヴ(物語)に向けさせる。
戯曲の印象やジャンルを伝えて俳優をサポートする。

演出家と舞台美術家の作業は三つの段階に分けられます。リハーサル開始前モデルボックス(舞台装置模型)ができるまで、リハーサル期間中、そして劇場入りしてからの三段階です。このセクションでは、第一段階について話します。二番目と三番目についてはチャプター9、11、12で後述します。

デザインが考案される工程は、物語の順番どおりというわけではありません。同時に複数の作業に取りかかって、最終的に首尾一貫したシェープに合体します。私がここで述べるプロセスは、二〜三か月かけて行なう理想的なかたちのものです。またデザイナーと作業する時間がそれほどなくても、以下に述べるタスクの多くはできるはずなので、安心してください。

最初に、具体的なシーンの解決は目的とせずに、時間をかけてデザイナーと戯曲の細部を探っていきます。例えば、背景リストのファクトとクエスチョンを調べていきます。ここではデザイナーと演出家両方が戯曲の細かいディテールに集中して、各自で異なるリサーチをこなします。演出家は登場人物の経歴に関係のある事柄をリサーチし、デザイナーはその時代の建築や家具についてのクエスチョンをリサーチします。舞台美術は場所、時間、直前の状況、各幕のタイトル、イベント（各シーンのメインイベントを含む）に関してきわめて正確に要件を満たす必要がありますから、こうした情報を共有することは特に重要です。情報を共有すると、最終的なデザインやコンセプトに組み込む必要のある細かいディテールが見えてきます。例えば、『かもめ』第四幕の部屋はとても寒い設定なので、暖房設備はどこにあるのか、そしてなぜそれが機能していないのかを決める必要があります。または十九世紀のウォーキング・ステッキについてリサーチすると、当時ステッキがファッションの一部となっていたことがわかります。そこからソーリンのステッキのチョイスにつながっていきます。たとえ時間が限られていても、あなたが調べた基本的な情報を伝えることがとにかく重要です（集中すればこれは三時間の打ち合わせでできるはずです）。

稽古場で俳優はこんな質問をしてきます。「この扉はどこにつながっていますか？」「私はどこから来たのか？」「この窓からは何が見えますか？」などなど。演出家は答えなければなりませんから、デザインのプロセス中に回答を見つけておくと、ずっと簡単なはずです。そうした質問を稽古まで放置しておくと、決定したデザインが芝居のアクションや台詞の細部に当てはまらないということも起こりえますし、問題の整理に貴重な稽古時間をみすみす無駄にしてしまいます。たとえシュールレアリスムといったジャンルや、十八世紀のオペラを演出する場合でも、役者や歌手はなぜ自分は他の扉ではなくてこの入り口を使うのかという理屈、つまり、自分はどこから来るのか、またはどこに行くのか、といった質問をしてきますから、演出家は細部にわたって考えておかなければなりません。また観客に対しても、作品の設定はどこかという理屈をはっきりさせておくことは重要で、さもないと観客は、「あの人たちはどこから来たの?」とか、もっと根本的な「ここはどこ?」といった疑問を抱えながら、作品を鑑賞することになりかねません。

チャプター1で場所のサークルの地図をどのように描くかを説明しました。デザイナーに芝居が展開される場所を描いたラフスケッチを見せます。この段階では観客が実際に目にするセットデザインはまだ決めませんが、各場面がもしリアルな場所であったらと仮定して考え始めます。『かもめ』の二つの幕（第三幕と第四幕）は同じ家の異なる部屋で展開します、つまり一つは湖を望む書斎、もう一つは食堂です。デザイナーと私はそれぞれの部屋のすべての登退場と、同時に、各人がどこから来る、またはどこに行くと書いてあるかを調べました。例えば第四幕では、マーシャ、ポリーナ、メドヴェジェンコがソーリンに頼まれてコンスタンチンを探します。俳優にも観客にも、ソーリンがどこにいて、皆はコンスタンチンがどの辺にいると考えているかを信じられる絵が必要です。すなわち、部屋のレイアウトは皆がコンスタンチンを探す場所や動線の理屈にかなっていなければなりません。私たちはこの二つの幕で使う両方の部屋（書斎と食堂）が、他の部屋（観客が見ることはありませんが）とどのようにつながっているか、そして家の周囲とどのようにつながっているか、という両面で整合性の取れる配置を考えました。

このプロセスが終了すると、芝居が展開する環境の詳細な図面が複数枚できあがっています。とはいえ、デザイナーがそれをセットデザインにそのまま応用することはまずないでしょう。

次に、観客がどの角度から各場所を見ることになるか、演技エリアを含めて考えます。『かもめ』のデザインをしたヴィッキー・モーティマーと私は、湖と屋敷と仮設舞台と荘園すべての位置関係を記した詳細図面を作った上で、コンスタンチンの余興芝居を見るゲストは、屋敷を背にして座って正面の仮設舞台を眺め、その仮説舞台の後ろに湖をのぞむ、と決めました。次に図面上の仮設舞台と屋敷の間にラインを引き、このラインがプロセニアムアーチのポジションとなりました。ということは、ナショナル・シアターで観劇している観客は湖がある位置に座っているということとなり、観客はニーナの背中と、その彼女の背中越しに余興見物をしている登場人物たちの顔と、背景には屋敷が見えています。

しかし、いつでもこうしたリアリスティックな図面にきっちりしたラインを引いて、一方に観客、反対側に芝居のエリアと振り分けられるとは限りません。劇場はそれぞれさまざまな形をしていますから、テキストから準備したリアリスティックな図面を、劇場舞台面に合わせて修正しなければならないことはよくあります。同様に、地理的にリアルな周辺一帯の図面からつねにシーンをデザインできるとも限りません。場合によっては図面を正反対にひっくり返す必要も出てきます。そうなるとつまり、リアリスティックな環境の下での理屈を決める以前に、劇場の設置面に合わせて舞台装置としての解決策をデザインしておく必要もありえます。いずれにしても、リアルな場所を切り取ったものとしてデザインを考えることは有効な出発点につながります。最終的にどのようなデザインに行き着いたとしても、芝居の設定となる場所や、その周辺がどのようになっているかを明確に理解した上でデザイン過程を経ることで、俳優は観客がリアリティーを感じる部屋なり環境に存在できるのです。

この段階で、登場人物がイベントごとにどのように場所（舞台空間）を使うか、そしてその場にあるすべての物（家具を含む）の配置を考えます。カギとなる重要なイベントまたは各幕のメインイベントが起きる場所について考えておくことは特に重要です。舞台装置と家具（置き道具）を決めることは、演出家が俳優を動かし、何が起きているかを観客に見せる仕事を始める——つまりすでに、間接的に戯曲の演出は始まっている、ということです。登場人物が芝居のシチュエーションの必然に沿って演じたときに、出入口と家具の配置は、カギとなるアクションがちゃんと見え、観客の視線をうまく集められる位置になっているか、チェックします。私の経験では、稽古で俳優に立ち位地を指示するのは最小限にとどめるのがベストなので、適切な位置は美術デザインの段階であらかじめプランを立てておきます。そうすれば俳優は演技がちゃんと見えているかを心配することなく、ただ役としての必然に従って空間を使うことができます。もちろん、理想にはつねに例外が存在するわけで、立ち位地や登場を盗まなければならない（調整すること）場合があります。それについてはチャプター11のブロッキングのセクションで詳しく書きます。

デザイナーは大体この段階で、スケッチ（素描）か白画用紙模型で美術案を提示しはじめてくれるはずです。模型には基本二通りあって、白画用紙模型（検討中の建築平面図を三次元素描したもの）と最終装置模型（観客が実際に見るセットデザインの縮尺レプリカで、すべての壁や床面が完備されたもの）です。デザイナーはよくステージエリアと観客席の両方を含む黒いボックスに模型を作ります。大劇場では舞台装置模型を美術製作場に届けて、美術製作スタッフへの指示・照会にも使います。白画用紙模型は製作コストが安く、また簡単に変更が可能であり、一方モデルボックスはそれ自体の製作に人手と費用が非常にかかります。タイトな予算の小規模カンパニーではモデルボックスを作れないこともあります。そのようなケースでも、詳しいビジュアル指示書が添えられてさえいれば、白画用紙模型だけでも大道具製作スタッフに必要不可欠な情報は伝わりますから、心配はいりません。白画用紙模型を見る段階で、他の異なる可能性（デザイン案）はないかどうか、勇気を出して聞いてみましょう。白画用紙模型の大きいセクションをはずして別の扉や新しい壁を追加して作って見せることは、デザイナーにとって比較的簡単なことです。また人形模型や主要な家具（置き道具）の模型をモデルボックスに置いて動かしてみると、各シーンの人の動きや配置をさまざまに想定できて、私には大いに役に立ちました。

必ず、劇場の見切れの境界線をきっちりと把握しておきます、そして可能であれば、デザイナーに模型上または平面図上にそれを示してもらいます。**《平面図》**とは**舞台装置を劇場の舞台設置面上にどのように据えるかを示した図面**です。**《見切れの境界線》**とは**舞台上の死角を示すラインで、観客全員から見える舞台上のエリアと死角との境界線**です。私は最近新作オペラの演出で、実際に見切れ線のミスをしてしまいました。リハーサルはすでに始まっていて、セットデザインもできあがっていました。——もちろん稽古場にセットのライン（場ミリ）は引かれていました（どこのオペラカンパニーでも同じようにします）。私はシーンごとに人の動きを付けていき、稽古期間二週弱を残す段階で、ステージングはすべてできあがっていました。とそこへ舞台監督が寄ってきて、とても丁寧にこうたずねました、「こんなに上手側に寄ったアクションを付けていいんですか？」と。ステージングに問題ありなどとは思ってもいなかった私は「なぜ？」と聞き返しました。彼は「小屋の半分から見えませんよ」と（「小屋」とはここでは観客席を意味しました）。私はすぐデザイナーに電話をして、恐ろしいことにデザイナーと私はそこでやっと、平面図に見切れ線のいくつかが書き込まれていなかったことに気がつきました。それから、リハーサルも押し詰まったこの段階になって、私たちはいくつかの場面の見せ方をかなり乱暴に変更しなければなりませんでした。あなたには、こうした経験をぜひとも避けていただきたいものです〔日本語では本来見せるべきではないものが見えてしまう場合に「見切れる」という言い方をします。また、観客から見えないエリア、つまり死角を「見切れ」とも言います〕。

舞台上で起きることが観客の目にどのように映るかを左右する、視覚に関する一定のルールを把握しておくと、演出の仕事に大いに役立ちます。プロセニアム形態の作品であれば、上手側から登場するのと下手側から登場するのでは違いがあります。大雑把に言うと、登場人物が下手から登場する場合は、上手から出てくるより強くて大きい印象になります、また二つの出入口間を移動する場合は、その人物のサイズが変化して見えます。俳優が下手から上手に歩いた場合、観客にはほんの少しだけ小さくなっていくように見えます。また俳優が上手から下手に歩く場合、ほんの少し大きくなっていくように見えます。これは我々が横書きで左から右に文章を読むことによる視覚的錯覚によるものです。このビジュアルの「ルール」を認識しておくと、劇中のカギとなる登場を強調したいのか弱く見せたいのかによって、その効果を利用できます。

『かもめ』第四幕ではニーナの登場を、上手側から出すか下手側から出すか決めなければなりません。この決定はシーン解釈に非常に重要なものとなります。つまり上手側から登場させてシーンの最初から彼女を脆（もろ）いものに見せたいのか、それとも下手側から登場させて、彼女を決然として見せたいのか。デザイナーのヴィッキー・モーティマーと私は、このプロダクションでは彼女に上手から登場してもらうことに決めました。

また、俳優自身もどちらの側から出るか次第で、わずかに小さい〔脆い〕存在であるか、わずかに大きい〔パワフルな〕存在であるかという気分を体感します。彼らは上手から登場して下手に向かっていくと、まるで丘を登っていくような感覚を味わい、逆に、下手から上手に動くと、丘を下りていくような気分になるはずです。デザイン過程でのこうした選択もまた、すでに間接的に俳優を演出しはじめている、ということになるのです。もちろんトラバースの舞台〔トラバースの舞台は劇場スペースの中央を横断する形で設置され、客席は二手に分かれ舞台を挟むように対面している〕や、張り出し舞台の作品であれば、客の座る側によって、意味は違ってきます。

次に、戯曲のジャンルやあなたが抜き出したテーマを検討します。ジャンルやテーマは芝居が展開する場所や周りの設計をどのように扱うかを大きく左右します。例えば、シュールレアリスムにしたら、芝居が展開する部屋を不安定なアングルに位置するとか極端な開帳（傾斜）舞台にしたり、またシンボリズムであったら（私が『かもめ』でやったように）、普通であれば時代調の品をちりばめる環境を取り払い、代わりにひび割れて朽ちた壁をむき出しにして不思議な予感を作り出すと決めることもあるでしょう。もし戯曲のテーマの一つが「権力の悪用」であったら（エウリピデスの『トロイアの女たち』のように）、舞台設定を巨大な工業施設にして文字通り登場人物を矮小化する、つまり大きな機械構造物のなかで登場人物を小さな点のように見せることも可能でしょう。テーマやジャンルについて考えるときに、他のビジュアル参考資料（映画、美術展、絵画または写真の複製など）をデザイナーと演出家が一緒に見ると、自分が言わんとする知覚的な事柄をより正確に示すことができます。

デザイナーと一緒に客席に座って、空の舞台空間を見てみましょう。そこで自分が思い描いている輪郭の、利点と落とし穴について話し合います。例えば円形スタイルにする場合、アクションを動かし続けなければなりません。なので、俳優が長い時間どっかり座ってしまう家具などを、舞台端に過度に置かないようにします。芝居のすべてが見える完璧な特等席というのは存在しません。ですから実際にいろいろな席に座って、自分の描くビジュアルをどうしたら観客全員に届けられるか考えます。これは見切れの問題ばかりではなく、観客全員がパフォーマンスに対して少しずつ異なる角度から、少しずつ異なる関係性を持って作品を見ている、そのことを認識することです。もちろん、メインイベントのようなカギとなるアクションは観客全員から見えることが必須です。それ以外の時間は、全員が戯曲の世界観やテーマに入り込める事柄を、何かしら目にしていることが大切です。劇場のさまざまな席のひとりひとりに、そして極端なポジションにいる観客にも、興味深い状況を提供する方法を編み出す必要があります。『アウリスのイピゲネイア』では、デザイナーのヒルダガード・ベヒトラーと私はセットを舞台の上手と下手両サイドそれぞれに、数メートルずつ延長してこしらえることにしました。舞台上の建物の世界観が続く各サイドでも芝居が行なわれますが、その部分は反対側の端に座る観客にしか見えません。私たちは客席のどんな位置からでも平等に、視覚的に興味深い何かが見られるようにしました。例えば上手側に座っている観客には、舞台下手の壁に掛かった長いアンティーク鏡と擦り切れた赤錆色の低いソファーが見えます。これは下手側に座った観客には見えません。しかし、下手の観客にも平等に興味深いディテール、すなわち丘をのぞむ小さなロビーと出入口が舞台上手に見えます。また劇場の音の響きも検討します。フリンジの小劇場であれば、ささやき声でも観客全員に聞こえるでしょう。しかし、ナショナル・シアターのリトルトン劇場の空舞台に立って、舞台先端から二メートル以上舞台奥に移動しただけで、文字通り叫ばなければ客席全体に声を届かせることはむずかしくなります。デザインによってこうした問題に対応できます。例えば、カギとなるアクションすべてを大きなプロセニアムステージの先端から一メートル半以内で設定し、それ以外の舞台面は朽ちた建物や遠い景観の雰囲気を創造するのに使ってみます。また別の選択肢としては、部屋に天井を施して（音が上に逃げるのを遮り）音響効果を高めることもできます。

このあたりで、デザイナーはモデルボックスの仕上げにかかります。普通、演出家は模型製作の過程で数回見ることができます。製作途中の模型を見るたびに、自分がどのような設計を選択したかを確認して、ディテールを微調整し、壁や床面の仕上げについて話し合います。通常この段階になって演出家が意向を完全に変えたりしないものですが、致し方なく変更という事例はあります。

同時に、照明によってセットデザインの効果をどのように高められるかを検討します。セットには自然光がどこから入るのか、明かりが注がれる窓、扉、もしくはなんらかの開口部を付け加える必要があるか検討します。その明かりはストーリー中の「時間」を表現します。もしくは、部屋に注ぐ明かりをどの角度や高さから欲しいかを考え、それに伴って、照明デザイナーが機材を置くために、装置の裏またはバックステージにどのくらいスペースが必要か考慮します。夜間のシーンではプラクティカル・ライト（実用の明かり）をどのように使って、どこに設置するか考えます。プラクティカル・ライト（実用の明かり）とは舞台美術上の明かり——キャンドルやスタンドランプや卓上ランプといった、実際に灯入れして見せる明かり——です。照明デザイナーにも早い段階でミーティングに参加してもらい、演出家と舞台美術家が目指そうとしている方向性を伝えて、照明デザイナーからのフィードバックをもらいましょう。効果的に照明を当てられないセットを建てても、何の意味もありません。照明デザイナーからの指摘を聞くのが遅すぎて、セットデザインの変更が不可能だったというのはよくあることで、すると劇場に入ってから問題が生じてきます。例えば、セットの部屋と劇場の壁が接近しすぎていて、照明デザイナーが窓の後ろに角灯(ランタン)を設置するスペースがなかったとか、天井を付けたために照明用の開口部がなくなってしまった、などが起きます。

セットデザインが終わったら、衣裳デザインの作業を始めます。これまで登場人物の経歴を話し合ったときに、すでに衣裳についての感触を得ているはずです。ここからはシーンごとに何を着るのか、出身階級や経歴、職業といった事柄によって決まってくる服装など、各役の衣裳ディテールを詰めていきます。それと同時に、服と舞台面の全体的な関係について、衣裳とセットの色彩、トーン、質感のバランスをどうしたいか考えます。この段階がすむと、布地見本が添えられた各人の衣裳デザイン画、または雑誌からの切り抜きを受け取ることもあります――これはデザイナーがどのぐらい時間があるか、もしくはその人の仕事の進め方次第ではありますが。

私は衣裳デザインの決定はいつも、キャストと稽古場で少なくとも一週間過ごしてからにしています。というのも、演出家もデザイナーも準備段階で気づかなかったディテールを、俳優各自が役の経歴を調べて指摘することがしばしばあり、そうした指摘が衣裳に影響を及ぼすことがあります。また衣裳の決定を遅らせることで、デザイナーが俳優の体型をよく観察し、形と色彩の両面で、どのように装わせるのがベストかを熟考する猶予ができます。言うまでもなく、俳優はそれぞれ自分の体型にコンプレックスを抱えていたりしますが、デザイナーは初期の採寸やコーヒーブレイクのおしゃべりで初めてそれを知りうるのです。ある俳優は自分の脚を、別の俳優は自分のお腹をとても気にしていたりするのです。このような懸念に対して衣裳デザインは敏感であるべきですから、リハーサル開始前にすべてを決めてしまうと、必要な変更を加えることがむずかしくなってしまいます。

ここから先のデザインプロセスは、リハーサルが始まってからにします。

サマリー

- デザイナーと一緒に、具体的なシーンの解決策にこだわって調べるというより、戯曲全体のディテールを探る。
- 出発地点として、芝居が展開する各場所を実在の場所と捉えて考えていく。

- 登場人物が各イベントで場所（舞台空間）をどのように使うかを順番に考え、家具やランプポストといった、その場に置くすべての物の配置を考える。
- 出入口や家具（置き道具）の配置は適切か、その配置で登場人物がシチュエーションの必然に応じて動いたとき、カギとなるアクションが観客から見えやすく、上手く視線を集められるかをチェックする。
- 白画用紙模型を使ってデザイナーと協議する。
- 見切れの境界線を確実に把握しておく。
- 視覚に関する基本的ルールを参考にして、演出の選択を考える。
- 戯曲のジャンルとテーマについて検討し、芝居が展開する場所をどのように扱うかを決める。
- デザイナーと空舞台の観客席に座り、検討中のデザイン案の利点と落とし穴について話し合う。
- 観客はそれぞれ異なる位置から舞台を見ていて、完璧な席というのは存在しない。
- 舞台装置模型をさまざまな位置からよく見て話し合う。
- 舞台装置をよりよく見せられる照明を考え、美術デザイン行程が完了してしまう前に、照明デザイナーにもプロセスに参加してもらう。
- シーンごとに登場人物が何を着るか、各役の経歴を考慮しつつ、舞台装置との全体的なビジュアルバランス・美しさを考える。

❷照明

照明には四つの主な機能・役割があります。

「時間」と「場所」を伝えて、舞台美術を補助する。例えば窓から低く溢（あふ）れる金色の明かりは夜明けを示唆し、一方、窓の高いアングルから差しこむ仄（ほの）かに黄色い明かりは都会や市街地の街灯を暗示します。

客席から芝居が確実に見えるようにする。すべての戯曲が明るい太陽の下の場面で構成されていれば可視性に問題はないが、戯曲の多くが暗い環境や、どんよりした雨の午後の設定であったりします。そうしたシーンに写実のみで照明をあてると演技は見えないので、俳優の顔やボディーに追加の照明をあててこれを補整します。

舞台上で目にすることを潜在意識(サブリミナル)に働きかけて強調する。例えば、シーンのカギとなるアクションが上手側舞台前方から下手側舞台後方へ動く際に、観客の視線が演技を追いやすくなるように、照明を微妙に調節する場合があります。こうした調節は、正確な時間の必然に沿って行なうと、最も効果的です。

芝居の雰囲気やムードを抽象的に変化させる。例えば、キッチンを陽当たりのよい安全な印象にも、または薄暗い危険な印象にもできます。

演劇照明の第一の機能——つまり「時間」と「場所」の提示は、リハーサル開始前に準備できるはずです。その他三つの機能は、俳優の登退場やアクションが稽古場で作られてから初めて実行に移せます。この四つの主要機能について照明デザイナーと確認して、自分がそのプロダクションで照明にどのような役割をして欲しいのかを話し合います。理想は照明デザインに四つの機能すべてが含まれることですが、たとえ作業時間が少なくとも、時間と場所が明確に示されていることと、観客に演技がよく見えること、この二つは確実に押さえます。三つ目と四つ目の機能に関しては、慎重な作業と時間を多く要します、そして駆け出し演出家の頃は、こうしたより奥深い機能を効果的に作品に盛り込むのは、まだむずかしいかもしれません。

時間、場所、直前の状況によってシーンの照明は決まりますから、あなたがそうした要素をどう決定したのかを照明デザイナーにも共有してもらいます。劇中のすべてのイベントを一緒に確認し、巧妙な照明の付け足しによってイベント中、もしくはイベント後に舞台面を変化させられるか話し合います。あなたが決めた戯曲のテーマとジャンルについても照明デザイナーと共有しておきます。最後に、舞台美術家との話し合いに、早い段階から照明デザイナーにも参加してもらいましょう。演出家、美術家、照明家の三者ミーティングをして、セットと照明で時間を伝える方法と、セット内にあるプラクティカル・ライト（実用の明り）を使って演技にフォーカスを与える方法を話し合います。

サマリー

- 照明デザインの四つの機能をどのように使うか考える。
- 時間、場所、直前の状況、イベント、戯曲のジャンルとテーマ、すべてに関する演出家の決定を照明デザイナーと共有する。
- 舞台美術家との打ち合わせに、照明デザイナーにも参加してもらう。

3 音響（サウンド）

音響には主な役割が四つあります。

「時間」と「場所」を描写する。この機能はセットデザイン・照明デザインと同様です。例えば、車が通る音を使って部屋の外に道路があることを示し、車のクラクションの反響音とオートバイがスピードを上げる音のコンビネーションで夜間の都会を連想させます。

シーン前やシーンとシーンの間で演奏して、場面の雰囲気やムードを作りあげます。

（劇中演技に）アンダースコア（バックグラウンド・ミュージック）を付けて変化や雰囲気を強調する。これは音響を抽象的に使う方法です。

舞台上の技術的な問題を隠す。例えば場面転換に時間がかかりすぎて、暗闇に座っている観客が退屈して手持ち無沙汰な様子を見せはじめたら、音響を使って待ち時間を短く感じさせます。

時間と場所を伝えるために音響は不可欠で、これは音響の一番大事な役割です。ですが他の三つの機能も満たすことができれば、プロダクションがかなりシャープになります。三番目の使い方──（劇中演技に）バックグラウンド・ミュージックを付けて変化や雰囲気を強調する──は最も複雑ですが、私の経験上、この本で紹介する制作プロセスと相性が良く効果大です。

抽象音を使うのはデリケートな手法であり、慎重なキュー設定と、考え抜かれた効果音素材の選択、そして繊細な音量レベルのセッティングが必要です。抽象音の使い方を学ぶには、映画を見てサウンドの使い方を正確に分析してみます。一作品の全体的な聴覚環境がいかに多種多様の構成要素によって創りあげられているか、きっと驚かされるはずです。映画では抽象音を使って異なる雰囲気を呼び起こしたり、芝居中で起きる変化──特に心理的な変化を先鋭化させたりします。例えば、映画監督のデヴィッド・リンチはサウンドを使って、サスペンスや恐怖から皮肉や嫌悪まで、幅広い雰囲気を創り出しています。サウンドの音量はサブリミナル（知覚されない程度）から大音量までさまざまですが、彼の映画ではほぼ全編を通して絶えず付いています。

また映画のサウンドでは、登場人物の頭のなかがどうなっているかという主観的な印象を伝えるのにも使われています。例えばロシアのエレム・クリモフ監督は『炎628』で、たった今鼓膜が破れてしまった人の頭のなかはどうなっているかを、サウンドを使って表現しました。またもう一人、ロシア人映画監督アンドレイ・タルコフスキーは複雑な聴覚パターンを使って、記憶がどのように脳にとどまるかを表現しました。

演劇でもこのようなサウンドを使って俳優の演技をサポートし、また題材の分析と解釈をシャープに伝えることができます。サウンドをとても低い音量レベルで流して観客のサブリミナルに働かせることもできますし、または、音量を大きくして意識的に聞かせる場合もあります。例えば抽象的なサウンドでイベントを強調します。イベント前やイベント中のアクションや、もしくはイベントの後で変化したアクションにアンダースコア（バックグラウンド・ミュージック）を付けて強調する選択もあります。または上記の三つのステップ（イベント前／イベント最中／イベント後）それぞれに異なる質のサウンドを付ける手もあります。ほかにも、サウンドを使って場所の雰囲気を鮮明にさせることもあります。キッチンやオフィスは安全な場所に見えますが、恐ろしげな低音をかすかに付け加えれば、ぞっとするようなロケーションに変化します。しかし大切なのは、サウンドは俳優の仕事を助けるものであることです。出過ぎて演技に取って代わるとか、害するものであってはいけません。また、このようなサウンドは観客と俳優の両方に作用します——その効果は身体的作用を及ぼし、人を文字通り不安定にして、気分を悪くさせることがあります。低い音量の抽象的サウンドは、俳優にとっては戯曲の世界に身をゆだねやすいという効果がありますが、このようなサウンドの使用は慎重かつ注意深く行なう必要があります。観客には抽象音を使っていることをできるだけ意識させないようにするべきです。楽曲やサウンドの盛りすぎは俳優の仕事を完全に損ない、結果としてシーンの内容を粗悪にしてしまうので、このツールには注意して上手にアプローチすること。もし俳優の邪魔をしているとか、観客の観賞に影響する——特に台詞の聞こえに影響があるようであれば、直ちに調整します。

また、完璧に静寂な劇場というのはきわめてまれです。音響デザイナーとともに客席に座り、目を閉じて空間が作り出すノイズを聴きます。そこに何を足して何を減らしたいのかを考えてみます。劇場によっては空調システムの音や照明機材のブーンという音、または劇場内に侵入する外の騒音でとてもうるさい所もあります。こうした邪魔なノイズを消す目的で、低い音量レベルの抽象音（サウンド）を使うことも検討してみましょう。田舎の草原のシーンを見ていて客席の下から地下鉄がゴトゴト通る音が聞こえてきたら、これほど興ざめな話はありません。たとえこのような雑音を「デザインされた」大きめのサウンドで置き換えなければならないとしても、少なくともそれは演出家が選択し、戯曲の世界観にマッチしたサウンドになるはずです。

サマリー

- プロダクションを補完するために、サウンドの四つの主要機能のうちどれを使うかを決める。
- 映画ではどのように抽象音を使って雰囲気を創りあげたり、イベントを強調したりしているかを研究する。
- サウンドは俳優の演技をサポートするために使い、演技を阻害することがないようにする。
- 空(から)の客席に座って音を聴いて、戯曲の世界観に合わない雑音は抽象音を使って消すことを検討する。

4 音楽（ミュージック）

音楽には主要な機能・役割が六つあります。


「時間」と「場所」を描写する。

シーンの雰囲気とムードを創りあげる。

芝居中の変化に音楽を付けて強調する。

設定を補足する、ダンスまたはパーティー場面など。

場面転換をカバーする。

同一、または類似の音楽素材をうまく使用することで、プロダクションに統一性を持たせる。つまり、まったく異なるシーンでも音楽によって同じ作品に属していると感じさせたり、アクションの根拠となる主題やテーマを暗示させます。これはプロダクションにとって音楽の最も大切な機能です。


プロダクション用にオリジナル音楽を作曲してもらう場合と、既存の録音素材を使う場合があります。作曲家と作業する場合、演出家が希望するものを作曲してもらうには時間がかかります。演出家と作曲家の両方が納得する楽想（音楽モチーフ）にたどり着くまでに、何回も草案（ドラフト）を作ってもらい検討していく必要があります。このプロセスには時間をかけて、辛抱（しんぼう）強く当たりましょう。また、作曲家は音楽を建築や絵画のように、それ自体で作品としての成立構造を持っていると考える傾向があります。プロダクションに合わせるために自分の曲を「切ってサイズをあわせる」ことに対して、作曲家それぞれ異なる感情を持つようです。それは画家が自分の新作絵画を、例えば右半分だけ展示することになって不安になる感覚かもしれません。なので作曲家にはリハーサル過程を、自分の作品を練りなおす投資のプロセスと感じてもらえるように、事前に仕事のルールを説明します。そうすれば極端なカットや突然の編集というほぼ不可避なプロセスも、クリエイティブな挑戦と感じてもらえるでしょう。

　作曲家の本能は、ほとんどの場合、強く深みがあって人を完全に惹（ひ）きつけて、しかも意外性のある音楽を目指すことだ、ということもまた理解してください。しかし演劇の多くのシーンにはこのような強烈さを組み込む余地はなく、時としてシーンにとって最善の音楽は驚くほどシンプルなものです。たぶん劇のコンテクストなしで聴くと平凡だったり、面白みに欠けたりするかもしれませんが、シーンに対しては機能を果たしています。このようなケースばかりとは限りませんが、仕事を始める前にこのことを作曲家に話しておくと良いでしょう。

　また、ミュージシャンが使う特別なスキルや言葉づかいに威嚇（いかく）され、怖気（おじけ）づいてしまいがちなものですが、心配はいりません。専門用語で伝えられなくても、あなたが追い求めるものを勇気をもって説明すれば、ほとんどの作曲家はそれを音楽にして表現することに慣れているものです。とはいうものの基本的なこと、例えば長調・短調がどういうものかとか、音階とアルペジオの違いなどに慣れておきましょう。きっと音楽家と話し合う際に、より効率よく進みます。

　録音された楽曲を使う場合に、サミュエル・バーバーのアダージョ、パッヘルベルのカノン、ヨハン・セバスティアン・バッハのゴルトベルク変奏曲のような、一般によく知られている曲で、ほかの映画や広告の情報・印象が付いてまわる曲は観客を混乱させて、作品を損なう可能性があります。もちろん、あえて皮肉をこめる目的で、こうした他の意味を含む音を使うという手もありますが。とにかく、もしこうした「あり物」の曲のみを使う場合は、全体の音楽的効果に気を配りましょう。稽古では個々のシーンに上手くはまる音楽を見つけられたと感じても、全体をつなげてみると何かが欠けていたりします。たぶん使っている曲があまりに折衷的であったり、もしくは特定の好みに偏って使いすぎていたりします。作曲家や音楽監督がスタッフのなかにいる利点は、彼らがこうした構成上の懸念に目を配ってくれることです。

舞台転換をカバーするために音楽を使うとき注意することがあります。舞台転換はしばしば予想より長くかかるもので、延びた空白を埋めるために、公演開幕ぎりぎりなってから音楽やサウンドを追加しなければならなくなることがたまにあるのですが、追加した音楽がそのあとに続くシーンにマイナスの効果――例えば演出家が意図していなかった雰囲気やトーンを創り出してしまうことがあります。なので、このような問題を想定して、あらかじめ聴覚的解決策を練っておきましょう。最後に、楽曲の使用権は早めに申請して、万が一著作権などが抵触した際に、充分な代替を探せるようにしておくこと。

助成金によって運営されている大きな機関の劇場や商業劇場の場合、作曲された音楽は通常、上演中にライブ演奏されます。その場合、バンドを客席に見せたいのか否かのチョイスがあります。また作曲家自身がミュージシャンとリハーサルする場合と、音楽監督がこのプロセスを行なう場合があります。生演奏を舞台上に出したい場合に気をつけなければいけないのは、ほとんどの楽器が出す音はかなり大きいということです。かなり小さな編成のバンドでもいとも簡単に台詞をかき消してしまって、したがってミュージシャンはほぼ常時、極端に静かに演奏しなければならない、ということになってしまいます。静かに演奏する生バンドの音というのは、大音量（通常の音量）で演奏し録音した音源のボリュームを落として聞く音とはまったく違います。それは自分が望む音ではない可能性があります。また気をつけなければいけないのは、ミュージシャンのギャラはとても高くて、あらかじめその予算が組まれていれば別ですが、大抵の場合はテクニカルリハーサル（舞台稽古）以前にはほとんど一緒に稽古できません。もしミュージシャンを入れての稽古が追加で必要なら、必ずプロデューサーに早めに申し入れしておくこと。

理想的なのは、作曲家または音楽監督と、音響デザイナーが互いに協力して作業できる環境です。両者によってもたらされたサウンドと音楽は緊密な聴覚的織物を編み出します。作曲家または音楽監督と、音響デザイナー、演出家の三者（または四者）ミーティングを提案して、上手に共同作品をつくりましょう。一緒にすべてのイベントをチェックして、サウンド（音響）と音楽で劇中の変化を一番効果的にサポートできる方法を相談します。

ですが、本来音楽というのはそれ自体で作品として成立する芸術表現の形態であり、普通であれば、表現としての目的を果たすために戯曲など必要としません。もちろん、舞台美術や音響デザインも芸術表現ですが、演劇をつくる他の分野の、大部分のデザイナーとは異なり、ほとんどすべての作曲家がごく普通に、（劇とは関係なく）演奏するだけで作品として成立する楽曲を作ります。作曲家個々の経験値にもよりますが、脚本に則（のっと）って補助的な役割をすることは、彼らにとってパラダイムシフトなのです。演劇畑ではなく音楽畑でおもに活動している作曲家を選ぶ場合は、このことを認識しておかなければいけません。

サマリー

- 音楽の六つの機能のうちの、どれを作品に求めるかを決める。
- 新しく楽曲を作曲して欲しいのか、もしくは既存の録音版音楽を使うのかを決める。
- 作曲家に時間を渡して、演出家が求める音楽の草案（ドラフト）を作ってもらう。
- 作曲家と作業を始める前に、あなたが稽古プロセスに沿って音楽をどのように進化させていきたいのか、そして音楽によってどのようにアクション／台詞を補完してもらいたいのかを説明し、その方法を話し合う。
- 自分が望んでいる音楽を、勇気を持って作曲家に説明する。
- 音楽理論（楽典）の基本的なものは自分自身も学習しておく。
- 自分のプロダクションの意図とは異なる、別の連想を抱かせる録音楽曲の使用は避ける。
- 場面転換をカバーするためにぎりぎりになってから音楽を加えるのは慎重に行なう。
- 助成金によって運営されている大きな機関の劇場や商業劇場の公演では、ミュージシャンを観客に見せるか否か検討する。

> 音楽と音響が互いに補完し合う聴覚状況を創り出すように、作曲家または音楽監督と、音響デザイナーが協力して仕事ができる環境にする。早い時期に、作曲家または音楽監督もしくは両方と、音響デザイナー、演出家の三者（または四者）ミーティングを提案する。

5 ビデオ（映像）

演劇界のメインストリームでは、ビデオの使用はまだまだ揺籃期にあります〔本書初版二〇〇九年時点〕——ですが、ザ・ウースター・グループやへジテイト&デモンストレイトのような前衛劇団では、八〇年代から幅広く、そして見事にビデオ（映像）が使われています。したがって、その裾野は広がっており、エキサイティングな探求の場です。演劇にビデオを取り入れる手法はビデオを使っている作品の数だけありますが、大雑把（おおざっぱ）に言うと大きく二つの機能があります。

戯曲の世界観やテーマを伝えてセットデザインを補助します。例えば円形ホリゾントに空を横切る雲の録画映像を使います。

俳優とほぼ同格のステータスで、映像がパフォーマンスの参加者となって演じる。例えば、録画またはライブどちらでも、人物のビデオ映像を文字通り俳優に置き換えて見せます。もしくは、一人の俳優が人物の上半身を「演じ」、その一方で、スクリーンに映し出された事前録画の映像が下半身の動きを見せる。この手法はザ・ウースター・グループの近作『フェードル』で使われました。

私は二〇〇六年、ヴァージニア・ウルフの小説『波』の翻案を演出した際に、初めて本格的にビデオを使いました。大きなスクリーンを設置し動画を映して観客に見せ、その動画は、スクリーンの下でキャストが照明、小道具、衣裳、サウンドを使ってライブで撮影しました。それは映画スタジオでの撮影と最終編集を同時に見ている感じです。私はこの制作過程で、ビデオを使う際のたくさんの教訓を得ました。

私は当初どちらかといえば無知なまま、ビデオを使おうと考えていました。ただ自前の小さなホームビデオをコンセントにつないで、ライブ映像をスクリーンに流せば良いと考えていました。画像処理プロセス技術の複雑さや、(いつもの「オート」ボタンの代わりに)異なる撮影モードを使ってなしうるライブ映像の繊細さなど、考えてもいませんでした。もしライブ映像に役を演じさせる、または複雑なスタイルで映したいと考えるのであれば、相応しいカメラ、メディアサーバー、プロジェクター、高精度スクリーンなどを買うか借りる必要が出てきます。また編集機器を操作したり、俳優がカメラや照明を動かすのを補助したりする要員を雇う必要も出てくるでしょう。

メディアサーバーはライブまたは事前録画映像どちらにも使い、画像のプロセッシングや、画像をぼかしたり、特殊効果を使って加工したりします(セピアやモノクロ加工、色彩すべての彩度調整など)。そして最も重要なこととして、稽古場には完璧なブラックアウト設備(完全消灯設備)、劇場と同様の照明状況(模擬)、さらにプロジェクターとスクリーンを提げる場所、これらすべてが必須です。

メディアサーバーシステムを使うことで、複数のプロジェクターなしでもマルチプロジェクションの効果を可能にします。相応なパワーのあるプロジェクターと適正なレンズを使えば、投影した映像で舞台上の広いエリアを覆うことができて、かつピンポイントの正確さで特定のエリアを隔離して見せることが可能です。『波』では、劇中で百以上のさまざまなカットを撮影しました。各カットは顔のクロースアップや、洗面器に滴り落ちる血や、洗濯ロープに掛かってはためくシーツなど、それらは個別に照明を当てる必要があり、またカットとカットの間でカメラの位置を調節する必要もありました。カットからカットへ急いで移動するのは非常に複雑で、俳優陣はかなりの量のテクニカルに関する情報を学習し、新しいスキルを練習する必要がありました。

もしこのような手法を使うと決めたら、稽古の進行がゆっくりになることは覚悟しなければなりません。一つの映像が映し出されるのにこんなにも時間がかかるものかと、私はいつも驚かされましたし、1カットをうまく撮るまでに数時間掛かることもありました。撮影をしていく際に、カットごとのカメラ、被写体、照明の位置関係を床に記す場ミリを誰かが必ず取る必要があります。私たちはせっかく素晴らしいカットがつくれたのに、床に場ミリをしておかなかったばっかりに、カットを再現するのに苦労するというミスを繰り返してしまいました。

投影されるライブ映像をつくるための照明と、演技に当てる照明とが矛盾する可能性を想定しておく必要があります。私たちは稽古では各カットの照明に実用の卓上ライトを使っていました。劇場入りすると、照明デザイナーは映像内の照明を損なうことなくスクリーン下の演技に照明を当てるのに苦労することになりました。まずは映像内の照明をどのようにしたいのかしっかりと計画を立てて、もし可能であるなら、照明デザイナーに稽古の過程すべてに参加してもらいましょう。照明デザイナーとビデオデザイナーはどちらも「明かり」という同じ媒体を使います。

プロジェクション・スクリーンの位置（もしくは投影する面のデザイン）を適切に設定するのも重要ですから、この件についてビデオデザイナーと舞台美術家が協力して仕事ができるようにします。最後に、劇場でのビデオ使用といえば、舞台後方の大きなホワイトスクリーンに投影するのが伝統的な形態でしたが、代案の検討も価値があります。映像が投影されていない間の素のホワイトスクリーンは観客にとっては気が散るものです。専用のスクリーンはバックプロジェクション（背面投射）かフロントプロジェクション（正面投射）かによって、明かりが透過もしくは反射するように設計されていて、とても精密な映像を映し出しますが、例えば壁のような非伝統的な投影面に映すとか、私が『波』で使ったブラックスクリーンのように異なる色をつけた専用スクリーンを使うと、ダイナミックで興味深い結果を導くこともありますから、覚えていてください。

サマリー

- ビデオ映像を背景として使いたいのか、それとも芝居にライブの参加者として使いたいのか決定する。
- 適切な機材をレンタルし、現実的な予算を組む。
- 稽古場にはブラックアウト設備（完全消灯設備）が備わっていることと、適切な照明機材をそろえて、スクリーンとプロジェクターを提げられる場所を確保する。

- 作業を始める前に照明デザイナーとビデオデザイナーとともに、映像のための照明と舞台上のアクションに当てる照明の差違に関して相談する。
- ビデオデザイナーと照明デザイナーには互いに協力して作業してもらう。
- 通常のホワイトスクリーンとは異なる投影面の使用も検討してみる。

6 ボイス

ボイスワーク（発声練習）の役割はおもに二つあります。

俳優が発する声が観客にはっきりと聞こえるようにする――私もそうなのですが、たとえ言葉（台詞）と同じくらい身体表現を重視するとしても、言葉がはっきり聞きとれることは不可欠です。

台詞を大声で発する過程で生じる身体的な緊張の兆候を取りのぞく。

もちろんこの他にもボイスワークの細かな効用はたくさんありますが、私にとって大事な機能はこの二つです。ただし断っておかなければならないのですが、私自身がボイスワークの経験豊富というわけではないので、結果的に私の作品では、特に俳優の声の聞こえやすさがしばしばおろそかになってしまいます。私が俳優にシチュエーションに没頭するよう求めるレベルが上がるほど、台詞が聞きとりにくくなる傾向にあります。この入り込む（没入する）ことによって、身体と声両方の、いわゆる典型的な演劇的表現が置き去りになります。小さなスタジオで行なうパフォーマンスではこのことは問題になりませんが、客席数五〇〇前後、またはそれ以上の劇場では問題となりえます。誰もが聞こえるレベルに声を上げる場合に、俳優の発する音はどんなに注意深く声をつくっても、かなり歪んだり、シャウトになってしまいます。さらに大きな問題点として、静かでソフトな音域でこそ表現できる精神的な細部や機微が、声を大きくする過程で平板になってしまいます。詳細な声の表現とボリュームのバランスを正しく取る方法に、私はしばしば悩みます。ですからこのことを心にとめて以下の部分を読んで欲しいのです。

ボイスワークにはさまざまなアプローチがあります。自分の稽古プロセスと哲学的に共鳴するアプローチ方法を探して、自分のやり方と相性の良いメソッドを持つ人物と仕事することが大切です。例えば、《目的・意図》を取り入れて稽古するなら、ボイスコーチにもキャストと訓練する際にその用語を使ってもらいます。稽古場以外でボイスコーチが俳優と台詞の練習をする際は、スピーチの目的・意図と時間や場所など、どのようなシチュエーションで話される台詞なのかといった情報をコーチに知らせておきます。俳優がボイスワークから戻ると、多くのケースで、自分自身の声の認識は高めているものの、シーン稽古でそもそも与えられていた他のタスクをかなぐり捨ててしまうのです。彼らの台詞はとても明瞭になって、音量も豊かに発せられるのですが、芝居のシチュエーションのなかで何をやっているのかという説得力が感じられません。シチュエーションと聞こえやすさのバランスと、性格描写と声の明晰さのバランスを、ボイスコーチと一緒に見つけなければいけません。また、台詞の理解が曖昧なことと不明瞭な発声はリンクしていて、それは演出家の責任であり、俳優の声の使い方ばかりが原因ではないことを覚えておいてください。

大劇場や大きなスペースでの公演の際は特に、稽古プロセスの初期から必ずボイスワークを組み込むようにします。助成機関の大劇場もしくは劇団ではしばしば、役に立つというにはあまりにも遅すぎるタイミングでボイスの専門家が稽古場に投入されます。例えばプレビュー期間中になって、台詞が聴き取りづらいという観客や制作サイドからの苦情によって、ボイスの専門家が投入されることがあります。もしくは、キャストの誰かに訛(なま)りや言語障害があって、専門家が参加してくることがあります。彼らは二〜三回の簡単なボイスセッションを個別もしくはグループ指導して、そして去って行きます。これでは逆効果になりかねません。こうした新しいインプットを簡単に呑み込む俳優もいますが、それによって傷ついてしまう俳優もいます。こうしたことを避けるためにも、定期的にボイススタッフによるセッションを組み込んで、俳優の筋肉を劇場のサイズに対応できるように鍛えてもらいます。声を大きく出すことが必要条件とならない小〜中サイズのスペースで行なう公演では、ボイスワークを取り入れるかどうかは柔軟に選択すれば良いでしょう。ですが、発声に関わる筋肉を定期的に鍛えれば、声の明晰さとスタミナを得られて、必ず俳優の強みになります。

とはいうものの、ボイスワークに強い拒否反応を示す俳優がいることも事実です。これは俳優の養成課程での体験が原因です。彼らは時として自分の声に対する批判にさらされ耐えてきたのでしょう、そしてもはや養成過程ではないのに、ボイスワークを苦手と感じるようです。また別の例では、仕事の現場で嫌な体験をして、同じようにボイスワークに対して強い拒否反応を示してしまう俳優もいるようです。なので、最初にボイススタッフをキャストに紹介するときに、彼らの役割についても丁寧にわかりやすく説明すると良いでしょう。

身体と発声は密接にリンクしています。もし身体が、特に首と肩が緊張していると、声に影響します。俳優は緊張すると詰まった声を発し、まるで大きなものが小さな漏斗（じょうご）を無理やり通るような音になってしまいます。するとその俳優を見ている人も息苦しさを覚えて、役に説得力を感じられなくなります。ですから可能であれば、つねにムーブメントとボイス両方のセッションをします。理想的にはボイスのスタッフとムーブメントのスタッフ両方がいて、同じ目標に向かって協調してセッションを行ないます。ムーブメントスタッフが身体的なウォームアップをグループ全員と行ない、それからボイススタッフが引き継いで発声のエクササイズを行ないます。

もしボイススタッフを雇う予算がなければ、毎日とか二〜三日おきなど定期的に俳優に時間を渡して、各自でボイスワークをしてもらうこともできます。ほとんどの俳優は独自のボーカルエクササイズを心得ていて、場所を与えられれば進んでウォームアップする機会に応じるでしょう。そんなに長い時間を割り当てる必要はありません——時間が切迫しているのであれば一日に一五分程度で充分です。このウォームアップに、次に述べるムーブメントを含めることもできます。

サマリー

- 自分の稽古プロセスと相性の良いメソッドを使うボイススタッフを探す。
- ボイスワークはリハーサル初期から導入し、公演期間開始直前や始まってからにならないようにする。

- ボイススタッフの予算がなければ、リハーサル期間中、定期的に俳優に時間を渡し、自分たちでボイスのウォームアップをしてもらう。
- ボイスワークに対する強い拒否反応が存在しうることを理解し、ボイススタッフと彼らの役割について丁寧にわかりやすく紹介・説明して、これに立ち向かう。
- ボイスとムーブメントのセッションは間をおかずに続けて一緒に行なう。もしボイスとムーブメントの専門家の予算がなければ、俳優に時間を渡して、それぞれのステップを各自で行なってもらう。

7 ムーブメント

ムーブメントの役割はおもに三つです。

稽古や公演の前にウォームアップをして身体をつくる。このウォームアップは一五分から一時間まで、稽古時間の許す範囲で割り当てます。ウォームアップは稽古プロセスのどのステップにおいても有益です。

演出上必要とされる特定の動きができるように準備する。例えば、エウリピデスの『アウリスのイピゲネイア』ではコロスは二時間半にわたって立ち詰めで、腰と脚に負担がかかりました。ムーブメント・ディレクターのストゥルーアン・レスリーはリハーサル期間中の毎日、起立姿勢の身体的スタミナを養うエクササイズメニューを組み立てました。これは怪我の防止と、パフォーマンスで要求される動きをやりとげる自信をキャストにもたらしました。

芝居で直接使われる特殊な動きの練習、またはダンススキルを養う。『夢の劇』では、キャストは振付家のケイト・フラットとともに毎日バレエとワルツの稽古をしました。この二種類のダンスは劇中の踊りのシークエンスで使われました。ダンスや特定のムーブメントを習得するのは時間がかかるので、リハーサルの適当な時期から始めておくこと。

演技の準備のためのウォームアップと、ゲームプレイの違いをはっきり区別することが大切です。ゲームとは競技スポーツ（サッカーやバレーボールなど）や児童ゲーム（鬼ごっこ、目隠し鬼、かくれんぼなど）を含みます。永年にわたって、シアター・プラクティショナーたちが児童ゲームを、それぞれのカンパニーや作品のニーズに合わせて改良してきて、その後そうしたゲームは多くの稽古場で定番のシアター・ゲームとして取り入れられています。俳優が互いの名前を覚えるのに役立つゲームや、カンパニーメンバー間の信頼関係を築くゲームなどがあります。ゲームはリハーサル初期の緊張をほぐし、稽古場の過剰なエネルギーを取りのぞくのには役立ちます。ですが、ゲームを正統なフィジカルウォームアップと混同しないこと、そしてゲームの効用は限られているので控えめに使うこと。特に正規のウォームアップをせずにゲームをして、俳優が怪我をしてしまうこともありえるので注意しましょう。さらに言えば、ゲームは稽古場に競争の環境を生み出し、俳優が互いを否定的に比較して、職場の士気に害となりかねません。私も駆け出し演出家の頃はたくさんのゲームを稽古場で使いましたが、しばしば俳優陣をまとめられないままゲームは終わり、続くシーン稽古の頃にはみな疲れきってしまいました。またステータス・ゲーム（グループ内で上下関係の順番をつけて意識するゲーム）を使って戯曲の解説を加えるのは、俳優が劇中の関係性を単純化して考えてしまうリスクがあるので、厳に勧めません。

新人の頃私は、ボーカルとフィジカルワークを自分で指導しなければならないと考えていました。両方のテーマについて、パッツィ・ローデンバーグやイェジー・グロトフスキといった方々が書いた複数の名著を読んで、そして本に書かれたエクササイズを俳優に実践してもらいました。ですが時がたつにつれて、このような特別な領域を俳優に直接指導するのは訓練を積んだ専門家に頼るか、さもなければシンプルに、ウォームアップは俳優自身に任せたほうが良いと気がつきました。ほとんどの俳優がどうやって自分の身体をウォームアップさせたら良いかわかっているのに、演出家が俳優の意思に反したボーカルやフィジカルエクササイズを強いたり、または本で読んだエクササイズを不正確に指導したりしたら、俳優の声や身体を深刻に傷つけかねない――つまりは、ムーブメントワークの役割自体を無意味にしかねません。

ムーブメントの専門家を頼むのであれば、その人のスキルやメソッドが自分の作品を補完してくれる人材を探しましょう。ムーブメントの責任者として依頼する前に、その人が関わった公演を見に行き、あなたはその作品が好きかどうかを確認しましょう。そのあとで、あなたが必要としていることを、細かく正確にその人と話し合います。面接の段階で、演出家がムーブメントスタッフに何を求めるのかをはっきりさせていなかったために、稽古進行が滞(とどこお)るということはしばしば起きます。仕事の依頼が決まったら、自分の演出プロセスを詳細に説明し、各ステップで彼らにどうして欲しいのかを話し合います。必ず自分の演出プロセスの用語を共有しましょう。そうすれば演出家とムーブメントスタッフとが、俳優を二つの異なる方向に引き裂くのを避けられます。もしムーブメントスタッフから、あなたが理解できない、もしくはイメージを想像できないエクササイズやテクニックの話が出たら、実際にそれがどのようなものなのかを見せてもらいましょう。最も肝心なのは演出家としてムーブメントスタッフに、稽古プロセスでウォームアップや必要な振り付け以外のことをして欲しいと思っているのかどうか、はっきりさせておくことです。その境界線がクリアになっていないと、ムーブメントスタッフがプロダクションの身体表現全般に不適当なアドバイスを始めかねません。

ムーブメントスタッフを雇う予算がなければ、稽古や公演の前に俳優各自でウォームアップをしてもらいましょう。さらにボイススタッフもいないのであれば、身体のウォームアップと発声練習を併せて行なってもらいます。この場合はグループ練習にしないことを勧めます。代わりに俳優が個々に練習できるスペースを提供し、稽古場で身体と声のウォームアップを同時に、各自が自由に行ないます。これは彼らがさまざまな演劇学校で受けてきたトレーニングを信頼して任せる、ということです。全体の稽古時間次第ですが、一五分から三〇分程度を割り当てます。

ウォームアップには演出家は関わらないことを勧めます。その時間あなたはウォームアップのあとに行なう稽古に備えましょう。ウォームアップ中の俳優がどのように声や身体を使っているのかを、稽古場にいてそっと観察すると、彼らについていろいろと知ることができます。

稽古でムーブメントワークを予定しているときは、相応しい服装で参加できるように、必ず前日までに俳優に伝えます。そして特に身体を酷使する作品の場合は、一日の終わりに一五分程度の「ウォームダウン」の時間をつくって、ストレッチをしたり、身体の緊張をほぐしてもらいます。これは肉体的にハードな作品ばかりでなく、精神的な苦痛を感じる情景を想像させる作品（例えば『トロイアの女たち』や『アウリスのイピゲネイア』のような、子供の死に関する場面が多く含まれるものなど）では特に重要です。こうした作品では、稽古や終演後に俳優の身体に多くの肉体的緊張が残ります。

サマリー

- ムーブメントの四つの主要機能のうち、どの役割をプロダクションに組み入れたいかを決定する。
- ムーブメントワークとゲームプレイの違いを正しく理解する。
- この分野の訓練を熟知していないのであれば、ムーブメントやボイスワークは自分で指導しない。
- 自分のプロダクションの役に立つスキルとメソッドを持っているムーブメントスタッフを探す。
- あなたがムーブメントスタッフに何をして欲しいのかを、彼らが仕事を引き受ける前に正確に知ってもらう。
- ムーブメントスタッフの依頼が決定したら、稽古プロセスのステップごとに何をして欲しいのか正確に知ってもらう。
- ムーブメントやボーカルスタッフが参加しない、もしくはその予算がないときは、稽古場で俳優各自が身体と声のウォームアップを併せて行なえる時間をとる。
- キャストがウォームアップをしている時間は、あなたはそのあとに彼らと行なう稽古の準備をする。
- 稽古でムーブメントワークを予定している場合は、相応しい服装で参加できるように、前日までに必ず俳優に伝える。
- 身体を酷使する作品や、精神的に苦痛を感じる情景を想像させる作品では、「ウォームダウン」を取り入れる。

Chapter 7

Selecting actors and testing points for rehearsals

俳優の選定とリハーサルの出発点を模索する

この章のステップは二つです。

1 キャスティング
2 ワークショップ

1 キャスティング

キャスティングとは、戯曲に相応しいと同時に、自分の稽古プロセスにも相応しい俳優を選ぶことです。役柄にはぴったりでも、あなたの稽古プロセスを受け入れない俳優を選んでしまったら、稽古の方法について繰り返し対立して貴重な稽古時間を無駄にされかねず、そうなるとあなたのやり方で稽古したいと思っている俳優は板ばさみになってしまいます。結果的に、俳優たちが同じ世界観に存在していない作品に仕上がってしまうでしょう。一方、あなたが提案する稽古のプロセスを踏んで作品を作ろうと望んではくれるものの役柄を表現できない俳優は、ほかのキャストと同じ世界観のなかにいても一人だけ役柄の信憑性がなくなってしまいます。バランスが大切です。

オーディションをするときは一人につき最低三〇分は時間をとります。ほとんどの俳優にとってオーディションは怖いものであり、なかなか自分の実力を発揮できないものです。彼らに長めに時間をあげることで、緊張して自分を出せない状況は緩和されて、結果、より良いオーディションができます。そして演出家にとっても彼らが役柄に相応しいかどうかを、もっと正確に見きわめられます。飲料水とコップを全員に用意しましょう——緊張すると脱水状態となり、発声が阻害されます。

オーディションは以下の四つのセクションに大きく分けます。

俳優の履歴書に書かれた仕事の話をする。
オーディションしている役柄と戯曲について、感想を訊く。
役柄と稽古プロセスについて、どんな仕事になるのか、あなたの考えを説明する。
戯曲から短いシーンを選んで、課題(タスク)を与えて演じてもらう。

俳優が部屋に入ってくる前に一人一人の履歴書をよく読んで、過去の仕事(作品)の話題を一つか二つ選んでおきます。理想は自分が何かしらその作品について知っているものにします(例えば、その作品の演出家や戯曲を知っているとか、プロダクションそのものを見ているなど)。戯曲を読んだことがあれば場面を一つ選んで、その俳優がどのように取り組んだか訊いてみます。俳優は自分が演じた作品の話題でリラックスできるでしょう。次にオーディションしている戯曲と役柄について、感想を訊きます。その返答によって、いま俳優が役柄と戯曲自体のどちらに、どのぐらい興味を持っているかが見えてきます。戯曲全体についての感想が特に出てこないようであれば、あなたの頭のなかで警戒のベルが小さく鳴るはずです。それから役柄について訊いてみます。ここでは、俳優と役柄の共通点が役を演じる邪魔にならないかに目を配ります。俳優によっては、カウンセリングに行ったほうが良さそうなプライベートの問題を、その役柄を使って解決しようとする人もいます。例えば役の話をしていて泣き出したり、自分の人生と役柄の人生の不適切な類似点を長々と披瀝(ひれき)してくるような俳優は問題ありです。戯曲や役柄についてのあなたのアプローチを語る前に彼らの意見を聞くことで、俳優が演出家の作品解釈に忖度(そんたく)して気に入られようとする試みを防ぐことができます。

次に、自分の稽古プロセスを簡単に説明して、その方法で気持ちよく稽古ができそうか俳優に訊いてみます。俳優はたいてい仕事が欲しいですから、あなたの稽古方法で仕事がしたいと言うでしょう。この質問にどう返事するかを注意深く観察します。言っていることと矛盾する要素はありませんか？　例えば、突然瞬(まばた)きをしたり、無意識に口元で手を動かしたり、脚がピクッと動くのが目に入ることもあるでしょう。自分のやり方を説明しておくことは先々の保険です。もしリハーサルが始まってからキャストが稽古方法について文句を言い出したら、オーディションであなたが言ったことを思い出してもらいましょう。

その後あなたが彼らに望む仕事を説明します。どんな仕事なのかをわかりやすく率直に話すこと。彼らを確保しようとして、実際と異なる思わせぶりな話で誤解させてはいけません。例えば小さな役のオーディションで実際より大きな役に見せかけたり、そのつもりもないのに役を盛ったりしてはいけません。同様に、俳優を確保するために稽古プロセスの説明を加減してもいけません。ムーブメントのセッションが自分の作品作りのコアであるのに、有名俳優が明らかに気に入ってない様子を見せたからといって、それを省いても構わないというようなふりをしないこと。このような嘘はリハーサルになってから俳優が何を求められているのかに気づいて、大問題となります。

最後にテキストの本読みに移ります。その際に、一緒に読み合わせをしてくれる人員がいれば、演出家はオーディションしている俳優に集中していられるので大いに助かります。あなた自身が一緒に本読みをすると、そうはいきません。キャスティング・ディレクターがいる場合は、通常彼らが俳優と一緒に本読みをします。いない場合は友達や、すでにキャストに決まっている俳優など、他の誰かに読んでもらいます。本読みには、一読で内容を把握できるシンプルなシーンを選ぶこと。理想は二人のシーンで、課題(タスク)は単純で明解なものに限定します。彼らの読みのできばえが良くても悪くても、率直に、かつ安心させるような感想を伝えましょう。一つの役のオーディションでは、どの俳優にも同じシーンの本読みとタスクをしてもらいます。条件を揃えることで、特にオーディションが延々と続く場合でも、公平かつ正確にキャスティングできます。一つの役のオーディションに複数の異なるシーンの本読みをすると、なかにはオーディションに適したシーンを読む人が出てきて、判断を誤ります。

まずは俳優に、内容を理解するためだけにシーンを通して読んでもらいます。役を演じて見せなければならないというプレッシャーをかけずに、ただ声を出してテキストを読む機会を与えます。次にいくつかシンプルなタスクを設定します。タスクには時間、場所、目的についての指示を含めます。以下、『かもめ』のコンスタンチン役オーディションのタスク例です。俳優それぞれに、第二幕で彼がニーナの足元にかもめを置く場面を読んでもらいます。「とても暑い日で五分後にランチが供される」という設定で三回読んでもらいますが、毎回以下のような異なる目的を演じてもらいます。

ニーナに罪悪感を持たせる
ニーナに彼女自身がしてしまった現実を気づかせる
ニーナを楽しませる

理想的には、三番目の目的は各俳優の想像力と柔軟性を見られるような変化球にします。

読み終わったら彼らに礼を伝え、プロダクションや稽古プロセスについて質問がないかたずねますが、ここで注意を一つ。この場面で、俳優から挑戦的な質問をされた場合に、上手くさばけるように準備しておきましょう。私はよく「なぜこの芝居を演出したいと思ったのですか?」「この芝居のどこに惹かれたのですか?」「この芝居をどのように上演しようと思っていますか?」といったたぐいの質問を受けるので、あらかじめ備えています。こうした質問に自信を持って簡潔に答えられるようにすることで、俳優から演出家としての信頼を得やすくします。結局のところ、オーディションというのは双方向のプロセスであり、演出家もまた俳優によって査定されるのです。

俳優が退室してから、自分の感想をそれぞれ二〜三分で書きとめておきます。一日中オーディションをしたあとでは、最初に会った俳優の正確な印象などは忘れてしまいがちです。一人終わるごとにメモをしっかりとっておいて、最後に簡単に読み返せるようにします。メモはオーディションに同席した人からのフィードバックを聞く前に書きとめて、他の人の意見に影響されない自分自身の正確な反応を残します。

意外なほどたくさんの俳優がディスレクシア（読書障害、失読症）を持っています。ですからオーディションで読んでもらうシーン（テキスト）は来る人全員にあらかじめ知らせて、誰もが実力を発揮できるように、公平なチャンスを提供します。

オーディション後の決定を下す際は、以下のポイントに留意します。

その役柄に適しているか
他のキャスティングとのバランス
自分の作品づくりに興味を持ってくれているか
一緒に仕事をする人たちとの相性

オーディションした俳優に対して、自分の直感や本能を敏感に研ぎ澄ませましょう。その俳優を気むずかしそうだとか、攻撃的だとか、何か情緒不安定だなと感じたら、その印象はたぶん当っています。そうした自分の直感をキャスティング・ディレクターやプロデューサーに説明や証明するのはむずかしいものですが、もし直感に従わなければ、プロダクションにダメージを来たすような配役のミスにつながりえます。気むずかしいとか害を及ぼしそうとわかっていながらキャスティングすると、オーディション中に自分の頭にネガティブな印象がちらちらしていたことをのちのち思い出して、必ず後悔することになるでしょう。

もしも怪しいなと感じたら、その俳優と仕事をした経験のある他の演出家に電話してみます。演出家はたいてい、とても著名な演出家でさえも、一緒に仕事をしたことのある人物について喜んで話をしてくれるものです。あなたの選択の保証となるか、疑いの確証となるか、電話をして聞いてみればよいのです。

自分より年上または経験の多い俳優をキャスティングする場合に、彼らの知識やステータスに威圧されないように心がけましょう。敬意を持ちつつ距離をとることは可能です。同様に、自分の演出力に対する不安に、あなた自身が振りまわされないように。新人演出家だった頃、年上の俳優をオーディションした私は、自分の演出力を彼らに納得させようと大層なエネルギーを注いでいたことを思い出しますが、そのことで私は、役柄に相応しいキャスティングか否かを判断すべき時間を、自ら奪っていました。オーディションで自信を持って、役に最も相応しい俳優を選ぶことに自分のエネルギーを傾けられるようになるまで、その後何年もかかりました。

サマリー

- 俳優一人につき、少なくとも三〇分かけてオーディションする。
- 彼らがこれまでに関わった作品についてたずねる。
- 戯曲や役柄について、感想をたずねる。
- どのような役柄(仕事)であるか明確に伝える。
- 自分の稽古プロセスを説明し、それで不安はないかを確認する。
- 戯曲からシーンを選んで本読みをしてもらい、簡単なタスクを演じてもらう。
- 第三者に同席してもらい、俳優と一緒に本読みしてもらう。
- 本読みするシーンをオーディション以前に俳優に知らせておく。
- 質問がないかたずねる、また挑戦的な質問をされた場合の対応も準備しておく。
- 俳優全員に同じ方法・条件でオーディションする。
- 俳優ごとに自分の感想・印象をメモしておく。
- 自分の直感に耳を傾ける。
- もし懸念があれば、その俳優と仕事をした経験のある演出家に電話して聞いてみる。

❷ワークショップ

観客に向けてプロダクションを準備して届けるためのものがリハーサルであるとすれば、ワークショップはアイデアを試してみるためのものです。自分のテキスト解釈のなかでグレーな部分を調べたり、稽古の新しいステップやツールを試したりする機会としてワークショップを利用します。ワークショップで得られた発見は、リハーサルの明確な出発点となるはずです。リハーサルでは自分の稽古方法やテキスト解釈をころころ変えるわけにはいきません。そんなことをすれば俳優は不安定なままとなって、観客の鑑賞に耐えうる強いパフォーマンスは創りあげられません。ワークショップでは耐久性のあるものを創りあげる必要はないので、好きなだけ切り刻んで変更もできます。

毎回、作品のリハーサルに入る前にワークショップをする習慣をつけましょう。作品を部分的に調べることで、有益な演出のアイデアや、再評価すべき稽古方法というものが必ず見つかるものです。『かもめ』のときは、コンスタンチンの余興芝居のスタイルについて、ムーブメントや音楽を使ったさまざまな方法を試してみました。『夢の劇』のときは夢の構成を研究し、舞台上でそれを伝える表現手段を探しました。またワークショップでは、リハーサルよりも、もっと冒険的な方法で、素材をあれこれいじりまわすことが許されます。例えば、チェーホフの『三人姉妹』では、心理的リアリズムに沿ってスローモーションとワルツを使う方法を研究しました。

ワークショップは、四〜六人の俳優で行なうのがベストです。偶数であれば、ペアを組んでタスクを設定することもできます。すでにキャストが決まっていたなら、カンパニーの人数次第で、全員もしくは一部を使って行ないます。キャスティングがまだなのであれば、自分がキャストに入れようと考えている俳優と作業をしますが、ワークショップをオーディション代わりに使ってはいけません。一方、以前一緒に仕事をしたことのある俳優を使ってワークショップをすれば、すでに気心が知れているので、より多くの作業をこなすこともできます。

ワークショップを始めるにあたり簡単な問いをいくつか準備して、俳優に具体的な課題を与えながら、答えを導きます。もし互いに相容れない、もしくは抽象的なディベートになったら、それを実践的なエクササイズに置き換えるように促します。例えばストリンドベリの『夢の劇』のワークショップのとき私は、(a)夢は何で構成されているか、(b)それをステージで伝える表現手段はどのようなものか、この二点を探るところから始めました。グループは俳優が六人でした。まず全員に、最近見た夢を思い出してもらい、次にその夢を芝居にしてもらいました。彼らはグループのほかのメンバーを使って自分の見た夢を再現してもいいですし、一人でつくっても構いません。稽古場はまったくの空舞台ですから、椅子や机その他、部屋にある道具を使います。

私は再現のエクササイズに加わっていない他のメンバーと一緒に、「芝居になった」夢を一つずつ観賞しました。一つ見るごとに、観客となっていたメンバーに夢の構成やステージングの方法について、気がついた点を挙げてもらいます。そして、夢の構成要素のリストをまとめました。例えば、夢を見ているのはつねに一人であること、夢を見ている人が覚醒しているあいだに出会う人物が本来の役柄とは異なる役で夢に現われることがしばしばあること、そして場所から場所に突然場面が飛ぶ（ジャンプカット）といったことに着目しました。それから、どのような性質の夢が芝居にするのに向いていて、また不可能なのはどんなものかも判明しました。例えば、家庭内（キッチンなど）を舞台にした夢は、屋外（海など）の夢より芝居にしやすいということがありました。次に、リストにした夢の特性を一つずつ研究していきました。例えば、ある日の午後はずっと、一つのロケーションから別のロケーションに突然場面を変えるための具体的な手法を、さまざまに考案しました。次に、家庭内のシチュエーションの夢を集中的に調べて、それからカール・ユングとジークムント・フロイトが語った夢を研究しました。

その後、研究の成果を戯曲に転用していきます。例えば、戯曲の登場人物（銀行家、作家、アグネス）のなかから夢を見る人物を選んで、三人それぞれがほかの人物の夢に出てくるとどうなるのかを考えて、短いシーンを試作しました。私たちはワークショップの冒頭で、「夢に出てくる人物のほとんどは、覚醒しているときの生活のなかで出会う人物である」ということに着目していました。そして気づいたのは、夢を見る人物それぞれの確かな経歴を創る必要があるということでした。そうすることで、夢に誰が出てくるかを具体的に決めることができました。

ワークショップが終わるころには、研究の成果を使って戯曲の夢の部分をどのように演出したら良いか、はっきりとしたアイデアを持つことができました。すなわち、水や空といった大がかりな設定は避けなければならないこと、突然場所が変わる場面転換（ジャンプカット）のエクササイズを通して、場面から場面に一瞬で移動できる舞台装置でなければならないことがわかりました。また、夢を見る人物を一人選定する必要があって、候補として銀行家役がベストとなりました。そして夢の世界をつくる前に、夢を見る人の正確な経歴を創りあげました。このようにワークショップは、最初に設定した二つの問いから派生したシンプルな論理をたどって行ないます。

新しい演出ツールを試すためのワークショップも、同様のフォーマットに沿って行なうことができます。例えば、自分がどこかで読んだか習ったけれど、稽古場で使うにはまだ充分に自信がないエクササイズやアイデアを試してみます。自分が研究してみたい事柄を、三～四つのシンプルな問いに要約します。目的・意図についてのワークショップでは次のような問いが出てくるかもしれません。

日常生活で我々は他人にして欲しいことを、どのように獲得・達成するか？
登場人物の目的・意図を、台本からどのように見つけるか？
目的・意図を台本上に、どのように表現して書き込むか？
芝居のすべての台詞やアクションを目的・意図と結びつける必要はあるか？

こうした問いによって、俳優と何を調べたら良いかフォーカスを定めます。そしてたとえ探検の途中で何をしているのか方向を見失っても、問いに立ち返れば、わかりやすい参照ポイントとなります。

サマリー

- ワークショップとリハーサルの違いをはっきりと区別する。
- 作品のテキストやステージングで曖昧な部分を抜き出す。
- シンプルな問いをいくつか用意してワークショップを始め、解答の糸口となりそうな事柄を試す。
- リハーサルに導入できる成果をリストアップする。
- ワークショップを利用して新しい演出ツールやエクササイズを試す。

Chapter 8

Preparing the rehearsal environment

リハーサル環境の準備

次の四つのステップについて書きます。

1 ステージマネージメントチーム（演出部）との作業
2 稽古場の選定
3 情報共有の経路を構築する
4 稽古場を準備する

1 ステージマネージメントチーム（演出部）との作業

稽古場を健全な雰囲気にしてスムーズな劇場入りを果たすためには、良いステージマネージメントチーム（演出部）をつくることが非常に重要です。文化が異なればステージマネージメントチームのアレンジ方法も異なります。ナショナル・シアターのような英国の大劇場ではステージマネージメントチームは三〜四名で、構成はステージマネージャー（舞台監督）、デピュティ・ステージマネージャー（舞台監督補）、アシスタント・ステージマネージャー（舞台監督助手）一〜二名。一方同じ英国でも小劇場（フリンジ・シアター）のプロダクションではだいたい一〜二名でステージマネージメントの機能をすべてカバーします。

チームが四名であっても二名であっても、そのうちの誰かが公演中のキュー出しをすることになりますから、良い人間関係を築いておくことが肝心です。このスタッフはデピュティ・ステージマネージャー（舞台監督補）と呼ばれ、すべてのリハーサル中、演出家とともに席に座って、台本を一冊持ち、そのなかに俳優の動きをすべて書きとめます。劇場に入ってからは、照明と音響のキューすべてを書きとめます。この台本を「the book」（マスター台本）と呼び、デピュティ・ステージマネージャーが照明と音響オペレーターへのキュー出しに使います。キューの出し方はパフォーマンス全体のリズムに影響します。ですからそのスタッフには上演の全体的なペースと、さまざまな登退場や音響キューのタイミングの小さなディテールに至るまで、演出家の芸術的狙いをはっきりと理解してもらわなければなりません。例えば、登場は出てくることを予見させてはっきりシャープに見せたいのか、もしくはゆっくり遅れ気味にしたいのか？　音響の入りは一瞬早くがいいのか、遅くがいいのか、特定の台詞に合わせたいのか？　などなど。

私はさまざまなデピュティ・ステージマネージャーと仕事をしてきましたが、人によってずいぶん違いがあることに驚きました。キューを出しているパフォーマンスのリズムのなかに、彼らのエネルギーやパーソナリティーが感じられるのです。二〇〇三年以降私はもっぱらピッパ・メイヤーというデピュティ・ステージマネージャーとほとんどの仕事をしています。彼女は強靭（きょうじん）な神経の持ち主で、私がどのようなリズム感を望んでいるかを完璧に理解し、キャストともとても密接に仕事をしてくれます。俳優がほんのわずか変化をつけても、彼女はそれを捕らえてキューを出す、それはもう芸術の域です。

もしあなたがスタッフを選べる状況であるなら、何人かと面接をしてみましょう。もしチョイスがないのであれば、リハーサルに入る前にデピュティ・ステージマネージャーと話す時間をとって、稽古場でどのようにいて欲しいのか、あなたがどのように稽古していくつもりなのかをきっちりと説明しておきます。そして舞台稽古が近づいてきたら、すべてのキューのタイミングとリズムの要望全般を正確に話し合います。デピュティ・ステージマネージャーがあなたのやり方やタイミングに勝手に合わせてくれるだろう、などと絶対に思い込んではいけません。もし仕事のやり方でウマの合うデピュティ・ステージマネージャーと出会えたら、次もその人を指名しましょう。

英国の大規模劇場の現場では、その他のステージマネージメント・スタッフの役割は、たいがい次のように構成されます。

ステージマネージャーは公演のランニング全体の責任者です。彼らは稽古場の外で作業するスタッフ、つまりプロダクションマネージャーや小道具バイヤー、各デザイナーといった人たちとの調整作業をするので、稽古場にいないことはよくあります。彼らは必要があればミーティングを招集して、稽古場で持ち上がった問題点を他のクリエイティブチームに伝えます。劇場に入ってからはテクニカルリハーサルを指揮して、毎公演中すべてが滞りなく進行するように、舞台裏にいます。

アシスタント・ステージマネージャーはおもに小道具や家具（置き道具）などの、記録・整理・配置を担当します。

（日本では舞台監督が緞帳（どんちょう）などの操作盤の操作をしますが、照明・音響は各オペレーターがキューと操作を直接行なうのが通例です。したがってデピュティ・ステージマネージャーの役割は異なり、マスター台本もほとんどのカンパニーで作りません）

リハーサルが始まる前に、演出部の数人もしくは全員とミーティングができると有益です。稽古場のシステムをまとめる方法は幾通りもありますから、演出部チームがあなたの特定のニーズに合わせて稽古場を準備し、役回りを遂行してくれれば大きな力となります。自分の稽古プロセスを説明して、ステップごとに稽古場をどのようにセッティングして欲しいかを伝えます。例えば、一緒に小道具リストをチェックして、どの小道具がいつどの段階で稽古場に必要かなどを相談します。小劇場でしたら小道具は演出部スタッフが自分たちで探してきますが、大組織の作品では担当部署に調達を依頼します。ムーブメントディレクターからの要望（例えばエクササイズ用のジムマットなど）を演出部に伝えるのも忘れないように。またどの時点で場ミリをして欲しいか、相談しなければなりません。

場ミリとはセットデザインを示すもの、すなわち床にビニールテープの線で印をつけて、セットの建築物の位置や背景の境界線を指し示すものです。通常演出部チームは、演出家がいらないと特に指示しなければ、稽古初日か二日目に稽古場の床に場ミリを貼ります。

悲しいことですが、演出部スタッフのなかには、駆け出し演出家の言うことを聞いてくれない、というか、異なる創り方に従おうとしない人もいるものです——演出家が若く経験も少なければなおさらです。与しやすい相手であるとは、あまり期待しないように。ですが、良い経験が悪い経験をはるかにしのいでくれますし、優れたステージマネージメントチームは、どんな演出家にとっても欠くべからざる貴重な財産です。

サマリー

- 作品のキュー出しをするスタッフとの人間関係をうまくつくる。
- 可能であれば、舞台監督補（キュー出しするスタッフ）の候補数名と面談する。
- 選択の余地がなければ、自分の稽古プロセスと要望を舞台監督補に会って説明する。
- リハーサルが始まる前に演出部とミーティングをして、自分がどのように稽古していきたいのかを説明する。
- 自分の特定のニーズに合わせて稽古場を準備してもらうように、演出部と確認する。
- たとえ演出部が初めからすぐに自分のやり方を支持してくれなくても、めげないこと。

2 稽古場の選定

どんなプロダクションでも、稽古場を好きに選ぶことはほぼできません。フリンジの小劇場での仕事であれば予算も乏しく、隙間(すきま)風のひどい教会のホールを借りるしかない、というのもよくある話です。ですがもし選べるなら、次の事柄を考慮して選定します。

セットの場ミリから周囲に一〜二メートルの余裕のある、充分な大きさの部屋であること。これによって俳優は舞台装置の始まるところ、もしくは観客から見える地点の数歩後ろから、演技を始められます。この物理的な助走路を通ることで、俳優は芝居を始める前に役柄とシチュエーションに入り込むことが可能になる、つまり舞台に登場した段階ですでに戯曲の世界に入り込んだ状態でいられます。また、登退場する際に稽古場の壁が邪魔してセットのドアや出入口の後ろに回りこめないと、説得力のある登退場の稽古がむずかしくなります。さらに説明が必要であれば、チャプター11の場ミリについてのセクションを読んでください。

稽古場の外に、ミルクを冷蔵して温かい飲み物がつくれる場所と、キャストが自分の所持品を安心して置ける場所を確保すること。稽古場の一角を仕切って、そのような機能を果せる場所をつくります。例えば部屋の隅を衝立で囲って、電気ケトルや冷蔵庫などを置きます。別の部分にカーテンを引いて、キャスト用の荷物置き場兼、休憩中にお茶を飲んでおしゃべりできる場所をつくります。稽古場はフリータイムとワークタイムの境が曖昧な場所であってはいけません。また皆の荷物で稽古場が雑然としていると、キャストの頭も雑然として、戯曲の世界感を想像しづらくさせてしまいます。

次に、部屋の空調がブーンと唸っていないか、防音・反響などが調節されているかをチェックします。また室温のチェック、冬であれば暖房器具があるか、夏であれば冷房かエアコンがあるかたずねます。稽古スペースとして使うエリアすべての室内灯を点けてみます。部屋によってはギラギラした蛍光灯がメインになっていて、稽古が長くなるとキャストの集中力を損ないます。もし室内灯が相応しくなければ、簡単な舞台照明を設置して良いかたずねて、それを替わりに使います。リハーサル中に舞台音響を使う場合は、音響機材を設置しても良いか、また夜間に機材を安全に保管できる場所があるかもチェックします。また壁に物を掛けられるかもチェックします。

演出家になりたての頃はどの稽古場も理想からかけ離れて見えて、今述べた機能を備えるどころか、その可能性さえもないと感じてしまうものです。私がロンドンのフリンジで演出を始めたころ、稽古場は凍えそうに寒くて帽子とコートにスカーフを巻いた上に、ずっと動き回らなければ寒くていられませんでした。また茹るように暑い押入れのようなところにほとんど裸にちかい服装で座って、台本で扇ぎながら稽古したこともあります。ほとんどの場合は、ただ我慢しなければなりませんでしたが、状況が許すようであれば少しでもましな稽古場になるように、少額ですが資金を集めるようにしました。すると、暑くなく寒くなく快適で清潔な稽古場は俳優の仕事の質をまさに高める、ということをいち早く学習しました——特に、俳優に無給で仕事を頼んでいる場合でも、彼らにプロフェッショナルの現場で働いているという意識を持たせてくれます。予算が厳しいと、稽古場にお金をかけるのは後回しになってしまいます。可能であれば少し目を向けて、例えば高価な衣裳一着と稽古場代のどちらを取るかというチョイスがあるのなら、稽古場にそのお金を回しましょう。

サマリー

- 稽古場は舞台セットの場ミリをするのに充分な広さを確保する。セットの出入口と稽古場の壁の間に少なくとも一～二メートルの余裕があること。
- 温かい飲み物などをつくれる場所と、俳優が荷物を安心して置いておける場所を確保する。
- 部屋の音響環境が話し声に適しているかどうかチェックする。
- 冬なら暖房、夏なら冷房設備がどうなっているかチェックする。室内灯も見て、もし稽古に適していなければ、他の照明機材を設置できるかたずねる。
- 舞台音響（サウンド）を稽古場で使いたい場合、音響機材を設置して良いか、また夜間に機材を安全に保管できる場所があるかをチェックする。
- 人を温かく迎え入れる稽古場環境は、俳優に少ない出演料、もしくはノーギャラで出演してもらう場合、特に真価を発揮します。予算リストのなかで稽古場の優先順位を少し上げておきます。

3 情報共有の経路を構築する

稽古場で起きたすべての事象の情報が、デザイナーや小道具大道具の製作者など関係者全員に確実に伝わることは必須です。大組織の劇場での仕事か、フリンジで公演する低予算の小さな劇団の仕事かにかかわらず、内容の優先順位を把握した、効率のよい、しっかりした情報伝達システムを定着させます。

一番目の情報伝達手段はリハーサルノート（覚え書き）です。舞台監督がプロダクション用アイテムの製作に関わっている全員に、日報として発信する連絡ノートです。それには稽古場で持ち上がった新しい事柄すべてがメモされていて、衣裳のアイデア、セットデザインの変更、新しい小道具発注などが含まれます。演出家も必ずノートを受け取り、それを読むこと。不正確なリハーサルノートが原因で、しばしば情報伝達の問題は起こりがちです。一からスタイルを発想・考案しながら創作していく作品や、稽古で台本に大きな変更を加える際は、必ず新規要素についての状況説明を記入してもらうこと。ただ単にこれこれの小道具が新たに必要になったという代わりに、それがどのように使われるのか、なぜ追加されたのかといった経緯もちゃんと説明するように頼みます。ノートを書く演出部スタッフの手間は少し増えてしまいますが、必ず関係スタッフ全員が新しい情報を明確に、かつ効率よく把握できるようにします。たとえ低予算のフリンジの仕事であっても、リハーサルノートを使って、稽古場の外で働いているスタッフと稽古場との情報共有の習慣を定着させます。これは資金が少ないときは特に、カンパニー全体をきちんと管理するのに役立ちます。また、たとえ皆に相応な賃金を払うことができなくても、プロフェッショナリズムの雰囲気を醸成します。

二つ目の情報伝達手段は、プロダクションマネージャーを議長とした定期的なプロダクションミーティングです。このミーティングは週一回、昼食休憩時か、一日の稽古終わりで行ないます。プロダクションの製作に携わる全員——小道具製作者、プロダクションマネージャー、テクニカルディレクター（技術監督）、照明スタッフ、音響チーム、ワードローブ（衣裳部）、ドレッサー、メイクアップ、などがミーティングに参加します。この場でリハーサルノートの不確かな部分を明らかにし、テクニカルな要求をすべて話し合います。なぜ新しい小道具や家具（置き道具）の変更・追加が必要になったのか、簡潔明確にしておくことが重要です。プロダクションミーティングで予算の問題があがったら、まず何が原因でそうなっているかを突き止めます。その後、解決に向けて何かできることはないかたずねます。この質問に対してどのような返事が来ても、またはむずかしいなりゆきになっても、即座に決定を下さないこと。まずはその場を離れて、建設的な解決策はないか考えてみます。必要であれば問題を片づけるべく、担当の関係者のみで小ミーティングを行ないます。たとえ予算が限られ、スタッフも少人数のフリンジでの仕事でも、プロダクションを創るために協力してくれる全員と定期的に会うように努力すると、必ず良い話し合いと方策が生まれます。

また、美術デザイナー、照明デザイナー、音響デザイナー、作曲家、音楽監督といったメインのクリエイティブメンバーと小ミーティングを定期的に行なうのも有効です。技術的にどう解決したらよいか即座に思いつかない創作上の案件について、インスピレーションを得る時間となります。さらに、新しいスタイルを発想・考案しながら創る作品では、アーティスティックノートを発信します。このノートは稽古場で作品がどのように進捗（しんちょく）しているかを詳細に説明するもので、リハーサル開始までに台本が完成していない作品の場合は特に重要です。

サマリー

- 大組織の劇場での仕事か、フリンジでの低予算の小さな劇団の仕事かにかかわらず、内容の優先順位を把握した、効率の良い、しっかりした情報伝達ステムを定着させる。
- リハーサルノート（覚え書き）のシステムを取り入れて、すべての新規素材について必ず明確に状況説明できるようにする。
- 議長をはっきりと立てて、効率を考えて優先順位をつけた協議項目（アジェンダ）を備えたプロダクションミーティングのシステムをつくる。
- クリエイティブチームと定期的にミーティングを行ない、技術的な解決策が即座には見つからない創作上の案件について、インスピレーションを得る。
- 新しいスタイルを発想・考案しながら創る作品では、リハーサルノートの補足としてアーティスティックノートを導入する。

4 稽古場を準備する

さて、理想的な制作環境下であったと仮定して、相応しい防音・音響調節が施されていて、舞台セットの設置面より広い、快適でほどよく暖かい稽古場が見つかったとしましょう。部屋の一角もしくは隣接したエリアにコーヒー・紅茶を淹れるスペースがあり、別のスペースには俳優が手荷物を置く場所があり、稽古初日は演出部スタッフに、コーヒー・紅茶とビスケットを買って準備してもらいます（稽古初日は無料提供とし、その後は稽古に参加する全員からカンパを募って、演出部スタッフにお茶場を仕切ってもらいましょう）。また、リハーサル前のミーティングで依頼しておいた家具（置き道具）と小道具を、演出部が揃えているはずです。願わくは、本番で実際に使われるものができるだけ多く揃っているとなお良いでしょう。その小道具等は部屋の隅か壁に沿って積み重ねて、部屋はきれいに片づけておきます。

次に、自分がリサーチした資料を置く机を脇に設置します。ここには事前にリサーチして得た資料や、デザインの過程で見つけた本や写真をおいて情報を共有します。俳優が稽古場に入る前に資料やデザインの素材を壁に張り出したくなるのは山々なのですが、そこをあえて堪えて、稽古初日は壁には何も貼らずにおいて、のちのち稽古が進んで、その資料に関係する話題になる時期を見はからって貼り出しはじめます。そのほうが俳優はそれぞれの資料の意味をより良く理解できます。その次に、必ず出演者全員が囲んで着席できる大きな机を準備してもらいます。部屋を片づけ清潔にして、リハーサルの準備がすっかり整っているように気を配ります。

私の経験から言うと、リハーサル開始当初は稽古場床の場ミリはまだ貼らないほうが良いでしょう。リハーサル前半の四〇パーセントは、芝居のロケーション（設定）を使った立ち稽古にならないからです。場ミリをいつどのように施すかについてはチャプター11で説明します。

サマリー

- 演出部スタッフに稽古初日のコーヒー・紅茶・ビスケットの用意をしてもらう。
- 小道具や稽古用家具（置き道具）は部屋の隅にきれいに積み重ねておく。
- リサーチした資料はすべて部屋の傍らの机の上に分けて並べておく。
- 必ず出演者全員が囲める机と椅子を用意する。
- 稽古場床の場ミリは、のちのち即興や戯曲のシーン立ち稽古が始まるまで、しばらく先送りするように演出部に依頼する。

Three Sisters by Anton Chekhov
Ivanov by Anton Chekhov

Easter by August Strindberg

PART TWO

REHEARSALS
リハーサル

第二部は、これまで準備してきたことを俳優とのリハーサルでどのように使うかについてです。リハーサルは俳優が時間をかけてゆっくりと、一歩ずつ作品を作り上げていく時間です。演出家に要求される主たるスキルは忍耐と長考です。たとえリハーサル期間が二週間しかなくても、プロセスは注意深く、穏やかに進行しなくてはなりません。それはさまざまな素材を一つずつ積み重ねて、家の基礎から屋根までを建築するような感覚です。素材を注意深く、論理的な手順で積み重ねなければ、建物はきちんと建ちません。ですから大ジャンプではなく、小さなステップで進みます。俳優が即座に結果を出せると期待したり、リハーサル序盤で出てきたものを、観客に見せる確定版であるかのように考えて意見を言わないように。つねに結果につながる一つのステップとして見守ります。また、初期のエラーや躓き(つまず)は気長に許容しましょう。俳優には役を創りあげて、シーンですべきことを練習する時間が必要です。演出家の指示に対して、俳優はいつも回答や結果を即座に出せるというわけではありません。二~三日待って成果が見えてくることはよくあります。それでもダメなら、成果が見えるまでひたすら指示を出し続けるべきです。同様に、シーンに何か大きな問題があっても、一発で解決しなければならないなどと考えないこと。それよりも、時間をかけて少しずつ削り(けず)取るように解決していきます。

またリハーサルというのは、初日から千穐楽まで質を保ったまま上演できる作品を創る作業であって、繰り返しの効かない、たった一回のエキサイティングなモーメントを創造するためのものではありません。ですから稽古プロセスは、すべてを一瞬で解き明かす神の啓示のような突然のひらめきを追い求めるものではないことを、正しく理解しておきます。俳優はよく「役が降りてくる」という話をします、それはまるで役柄という名の衣裳が一揃いどこかの部屋にセットしてあって、俳優が扉を開けてそれを身に着けるのを待っているかのような話です。私がかつて一緒に仕事をした俳優で、自分の役柄に対して毎日新しい、まったく違う提案をしてくる人がいました。ある日は自分の実年齢とテンポで演じ、次の日には年上の設定と速いテンポで演じて見せます。またある時は、うつ病か分離不安症といった精神疾患があるという、新たな診断を下してやってきました。最終的に、リハーサル終了の二日前で彼は「つかんだと思う」と言って、素晴らしい通し稽古を演じてみませました。この俳優は時間ぎりぎりにうまくいった選択のかげで、実は見事に役の経歴を創りあげていて、人物像は完璧に根拠のあるリアルなものでした。彼のこうした能力は例外です。リハーサル終盤になって自分の役が「降りてきた」と主張する俳優が観客に見せる演技はほとんどが薄っぺらで、それは初日から千穐楽まで薄っぺらなままです。それはどんな俳優であろうと、説得力のある人物像を創りあげるためには時間がかかるものだからです。直感的なひらめきというのは、往々にして一瞬の微かな感情に現われるので、毎日再現されることはほぼありません。確実で持続力のある役柄とシチュエーションを、徐々に築きあげることを善しとする文化を稽古場に根づかせましょう。

次の三つの章では、理想的な六〜八週間のリハーサル期間を想定しています。もちろん新人演出家であれば、さまざまな状況のなかで、二〜三週間の短いリハーサルということもあるでしょう。そのためチャプター10と11の最後に、短期のリハーサルを想定した稽古ステップの解説を付けました。短期リハーサル用の必須要素を見る前に、まず必ず、チャプターの本文を全部読んでください。とはいえ、理想より少ない期間でも、以下の章に書かれたテクニックを使って必要充分な素晴らしい効果を得られますし、たとえ時間が足りず、ここに書かれたエクササイズのうち一つ二つしかできなかったとしても、リハーサル開始前の下準備によって、あなたの演出力はすでに相当高められているはずですから、自信を持ってください。

Chapter 9

The initial few days of rehearsal

稽古はじめの数日

この章では俳優が参加する稽古初日からの数日間に注目し、自分の望む稽古の進め方をどのように立ち上げるかを説明します。正しい方法で始めれば、全行程をうまく組み立てることができます。最初の数日を誤れば、長引くダメージの原因ともなってしまいます。次の九つのエリアに分けて説明します。

1 俳優について自分の考えを整理する
2 俳優と仕事する際の黄金ルール12か条
3 稽古プロセスの共通言語を確立する
4 俳優の演技に対するフィードバックの出し方
5 稽古場での居方
6 俳優に台本を渡す
7 稽古初日
8 舞台装置模型のプレゼンテーション
9 音響、衣裳、小道具、家具(置き道具)、照明ほか舞台要素を稽古プロセスに導入する

1 俳優について自分の考えを整理する

稽古場に入ったときにあなたが俳優に抱く印象が、これから彼らとどのように稽古していくかを左右します。例えば、もし「俳優とは気むずかしいものだ」と考えていると、実際には存在しない何か問題を想像して、身構えた態度で稽古場に入っていくでしょう。もし「俳優とはスペシャルな存在だ」と考えていれば、自分が不利な立場なのではないか——自分自身はスペシャルな存在ではないのではないか——と心配しつつ稽古場に入って、彼らを初めから特別扱いしてしまうこともあるでしょう。

稽古が始まる前に、俳優をどう捉えるか、あなた個人の考えを整理しておきます。今ここでシンプルな形容詞を使って「俳優とは……である」というセンテンスを作ってみましょう。俳優の印象を、あなた自身の考えと同じものも、そうでないものも、思いつくすべて書き出します。自分の書いた形容詞が「想像力豊か」とか「勇敢」といったポジティブなものから、「手がかかる」とか「気むずかしい」といったネガティブなものまでさまざまあることに気がつくでしょう。時には「特別な人間」「芸術家」「本能的」のように、俳優を無比で特別な人種であるとする言葉を使う人もいるでしょう。また別のケースでは「恐ろしい」とか、彼らとどのように仕事をしたらよいか不安をあらわにする単語が出てきたりもするでしょう。俳優を描写するのに使った単語をすべて見てみます。「恐ろしい」「気むずかしい」「特別な人間」といった単語は、自分が未熟に感じられてしまいますし、自分を不利な立場に立たせてしまうので、取りのぞいてしまいましょう。代わりに、俳優と仕事をしやすくする新しい言葉を加えます。シンプルで明確な単語、「大人」や「熟練した職人」とか「信頼できる」などを使います。つねに客観的になるように心がけます。これはプロとしての仕事なのです。

ほかの職業も同様ですが、俳優という職業には一緒に仕事をするのがむずかしい人も存在していて、稽古場で問題を引き起こします。とある俳優は役柄を不適切に利用して自分自身の痛みを実演して見せようとし、またある者は役者であるという職業家意識に極端にこだわって、近道をして仕事をこなそうとします。演出の場数を多く踏むうちに、いろいろなタイプの問題にも慣れてきて、さらに、キャスティングの段階で特定タイプの俳優を見きわめて避けるとか、稽古場での挑戦的な態度や質問への対処が上手になっていくものです。

あなた自身が俳優にどういう印象を持つか整理しておくことで、扱いのむずかしい俳優の対応に早い段階から大いに威力を発揮し、健全な精神状態で彼らに相対することができるようになります。経験豊富な熟練の演出家であっても、気むずかしいとか厄介な俳優を——必要であったから、もしくは判断ミスであったとしても——キャスティングしてしまうのは避けられない場合がありますから、それは仕方ないと諦めてください。悪い演出家との経験がしばしば俳優を気むずかしくさせてしまう、ということも事実です。稽古場の雰囲気が思いやりのある、終始一貫して矛盾のない、相手に敬意を持ったものであれば、彼らの衝撃的な態度をやわらげる大きな力となります。

とはいうものの、一緒に仕事をするのはどうしても無理、という人はどこの世界にもいるものです。彼らをどうにか演出しようとしても、ことごとく失敗してしまう。相応しい人物をキャスティングしていなかった。そうした場合は大事な二つのことを思い出してください。第一に、自分の演出プロセスは曲げない——気むずかしい俳優とそれ以外の俳優に対して異なる演出方法を取らないこと。そんなことをすれば、あなたは気むずかしい俳優のみならず、グループ全体の信頼を結果的に失ってしまいます。演出プロセスを一つ変えたところで、気むずかしさは取りのぞかれるものではありません。ですから、自分の武器はそのままに、敬意を持って、誰に対しても終始一貫した態度で相対しましょう。第二に、自分のメンタルスペースを気むずかしい俳優にすべて占領されないこと。自分の頭のなかで彼らが占めるスペースを減らして、その状況下で実現可能と思われることに気持ちを切り替えます。そして他の俳優や、改良できる事柄に集中します。勝てない戦というものもあるのです。

気むずかしいとか、ネガティブな俳優についてのアドバイスを書きましたが、俳優という職業が、不安を抱えた厄介な人の集まりだと誤解しないでください。俳優の多くは信頼のおける大人です。彼らは芝居の世界観とそこに生きる登場人物を創りあげるために、しっかりと働いてくれます。

サマリー

- 自分が俳優をどう捉えるかによって、彼らとの仕事がどのようなものになるか決まってくる。
- 稽古場に入る前に、俳優をどう捉えるべきか、自分自身の考えを整理しておく。
- 気むずかしい俳優と仕事をする精神的な準備をしておく。

2 俳優と仕事する際の黄金ルール12か条

一、忍耐力と長期的な視点で考える力を養う。

ゆっくり稽古をして、大ジャンプではなく小さなステップで進むこと。リハーサル序盤の俳優の演技を、観客に見せる確定版であるかのように考えて、性急な反応を見せてはいけません。これは最終的な結果につながる一つのステップとして見守ること。初期のエラーや躓きは辛抱強く見守ること。俳優には自分の役を創りあげてシーンのなかでしなければならないことを練習する時間が必要です。初日から千穐楽までの全公演の観客に向けて明確に伝わる作品を創りあげているのだ、とイメージしましょう。

二、首尾一貫する。

自分の言葉使い、目指す目標、態度、周りの人との関係性の保ち方を一貫させること。明確なけじめを持って、俳優一人ひとりと率直で節度のある人間関係を保つ。誰かを贔屓したりすれば、稽古場に競争が生まれてしまいます。台詞の数やテレビ・映画での知名度に関係なく、アンサンブルの人たちに対しても、明確で励みになるフィードバックを伝えること。このルールについては、後に出てくる二つのセクション「稽古プロセスの共通言語を確立する」と「俳優の演技に対するフィードバックの出し方」でまた詳述します。

三、自分の人気を気にしない。

俳優に気に入られることに腐心していては、確かな作品はつくれません。人気をゴールに設定すると、嫌われるのを恐れて、むずかしいことやハードルの高い注文を出せなくなります。俳優の演技を磨くことにフォーカスする代わりに、皆が楽しくいられるようにと時間を無駄に使ってしまいます。好かれることを目指したところで、それがかなうことはまずないでしょう。俳優には役を創りあげるというプレッシャーがあり、稽古のプロセスで演出家とは深く対立し、緊張した関係にならざるをえないものです。好かれたいという気持ちを、尊敬されるという目標に置き換えましょう——そして確かな作品を創りあげるというゴールに向かいましょう。

四、意見が対立したらテキストを仲介とする。

稽古場で演出家と俳優の間に何らかの意見の相違が起きたら、テキストを調停役と位置づけます。一緒に台詞を読んで作者の意図は何かをたずねて、テキストから得られる最もシンプルな印象を探します。こうすることで、俳優自身がしたいことと、演出家が望んでいることと、そして実際にそのページに書かれていることとの違いに、俳優も気づくきっかけとなります。「それはいい意見だね、だけどチェーホフはここで実際になんと言っている?」といったフレーズを使って俳優をうまく誘導しましょう。もしテキスト中心の作品ではない、新しいスタイルを考案し創造する作品を制作するのであれば、ストーリーボードもしくは演出家が狙いとするテーマを仲介に使います。

五、何かが上手くいかないときに短絡的に俳優のせいにしない。

エクササイズや即興、シーンの立ち稽古で何か問題がおきたときに、口に出す出さないにかかわらず、すぐさま俳優のせいにしてしまわないこと。代わりに自分の責任を考えましょう。立ち止まって何が起きたのか考えます。自分が言ったことに何か不明瞭な点はなかったか。例えば指示出しが性急すぎて、俳優はあなたの言っているポイントをつかめていなかったかもしれません。指示が抽象的過ぎだったら、俳優はそれをどのように具体的な何かに置き換えたらよいのか、わからないのかもしれません。指示を出すタイミングが悪いせいで、俳優がそれを実践するのをむずかしくしてはいませんか？ 時間ぎりぎりになって指示を出したことで、それを充分理解し納得できなかったのかもしれません。自分の機嫌や何かほかの心配事が、指示出しの妨げとなっていませんか？ 予算を気にしながらこうして欲しいああして欲しいと指示を出したとしたら、俳優は演出家の心配そうな様子に反応して、言葉は耳に入らないかもしれません。問題の原因となっていそうなことが判明したら、新たな指示を出して、もう一度シーンや即興を試してみましょう。たいていの場合、新たな指示によって問題は取りのぞかれるか、もしくは解決に向かい始めるはずです。

六、自分が間違えたら必ず謝る。

演出上のエラーというのは、あらゆる形・程度で起こるものです。例えば、俳優がどう演じたらいいのか混乱するような、不明瞭な指示を出してしまうかもしれません、またはシーンの立ち稽古に呼んだものの、当初の予定が遅れて、俳優を手持ち無沙汰のままずっと待たせてしまうこともあるでしょう。もし何か間違いをしてしまったら、即座に謝ります。謝罪はシンプルに短くして、さっさと次へと進みます。恥ずかしいとかプライドのために間違いを隠そうなどと考えないこと。そんなことをすれば俳優もその例にならい不健全な現場環境をつくりだし、皆が己は正しいというふりをすることにエネルギーを浪費してしまいます。一方、自分だけが気になった取るに足らない小さなエラーをいちいち謝罪し続けないこと。俳優に自信のない演出家だと映ってしまいます。

七、誰かを「イライラのはけ口」にしない。

誰かをイライラのはけ口にして、八つ当たりしてはいけません。稽古初日から誰かを不当に扱ってしまうとか、時間がたつにつれて徐々にそうした状況になってしまうこともあります。自分自身で気がついている場合も、誰かに指摘されるまで無意識にやってしまう場合もあります。演出助手や演出部スタッフ、または小さな役の俳優が八つ当たりの対象にされがちです。誰かにひどい扱いをすれば、あなたに対する皆からの敬意は徐々に失われていきます。また恐怖という環境を創り出してしまいます。俳優はいつ自分も突然、同じように食ってかかられるのではないかという恐怖を感じるでしょう。結果として、彼らは持てる創造力を見せることを諦めてしまいます。

たとえ正統な理由があったとしても、演出家がネガティブな感情に強く支配されてしまうと、俳優を不安にさせます。ネガティブな感情には、怒りやフラストレーションや諦めが含まれます。こうした感情は物事を明確に判断・説明できなくさせて、演出の判断に影響を与えます。ネガティブな感情にとらわれそうだと感じたら、コーヒーブレイクをとりましょう。いったん感情をなだめて、その後稽古を再開します。もし同じネガティブな感情を繰り返し感じるようであれば、稽古場以外で自分ひとりで解決します。こうした感情が繰り返し起こる原因を突きとめて、のちのち稽古中にその感情が起きそうな気配を察知したときに気持ちを鎮(しず)める術を身につけます。

八、俳優に時間のプレッシャーをかけない、そして自分自身も時間を無駄にしない。

時間が少ないとか足りないというプレッシャーを、たとえその通りであっても、絶対に俳優に与えてはいけません。とりわけ短い稽古期間では時間は心配の種となり、演出家は「四週間しかないので本当に急いで稽古しないといけない」などと言ってしまいがちです。すると俳優はきっちりとものを創りあげたり探求したりする時間はないと感じてしまいます。彼らはプレッシャーにさらされ、追い詰められて「やっつけ仕事」をしてしまいます。彼らは近道を選んで、誠実に段階を踏んで稽古することを避けてしまいます。時間がないかもという不安は自分のなかだけに留(とど)めておくこと。時間を無駄にする俳優には正面から対峙(たいじ)して、休憩時や稽古終わりに静かに注意します。彼らがしていることがどういうことか――例えば休憩のたびに稽古場に遅れて戻ってくるとか――そしてそれが全体にどのような影響を与えるのかをきっちり指摘して、改めるように丁寧に頼みます。時間を無駄にする俳優を甘やかしておいてはいけません。と同時に、あなたも稽古場で腕時計ばかり見ないように。演出部スタッフに頼んで稽古場のどこか、人に気づかれずに簡単にチラ見できる位置に掛け時計を設置してもらうと、時間の不安を皆に抱かせることなく、あなた自身は時間をしっかり管理できます。

あなた自身も時間を無駄にしないこと。演出家になりたての頃は、自分の考えを説明したり、演出プロセスを正しいと説いてまわるのに貴重な時間をみすみす浪費してしまうものです。エクササイズの裏にある意図を一〇分もかけて俳優に説明したりしてしまいます。この説明の一〇分間は自分の未熟さに対する不安の表われです。俳優にただエクササイズをするように頼むだけでよいのです。エクササイズや演出プロセスの意図を質問されたら、まずは課題をやってみるとそれがきっと質問の答えになるはずだと、しっかり伝えましょう。エクササイズをまずやってみれば、十のうち九つは問題も解決するものです。もしそれでも解決しなければ、エクササイズが終わってから、できるだけ簡潔に、短く説明すればよいのです。

短期稽古の場合は、自分の演出スタイルと稽古プロセスのすべてを時間の観点であらかじめ練っておきます。省いたり短縮できる部分はないか——つまり、改善の余地のある弱い部分はないかを検証し、より効率よく柔軟な時間の使い方ができるようにします。そうすればあなたが時間の制約を心配していることをキャストに悟られることもなく、前もって時間の節約ができます。もう一度言います、稽古場で腕時計を絶えず見ないこと。代わりに、先ほど述べたように、壁に時計を掛けること。

九、俳優が観客をどう考えているかに気を配る。

もちろん、演出家と俳優は観客の存在をつねに意識しておかなければなりません——作品はとにかく観客のために作られるものです。とはいえ、俳優が観客をどう考えるか、有益な考えと有益でない考えとがあります。「観客に役を明確に演じてみせたい」「観客とは、ただこっそりとこちらを見ているだけの存在だ」と考えていれば良いのですが、一方で、演じる最中に観客を意識しすぎて演技をゆがめ、妨げとなる考え方は良くありません。

例えば俳優が「観客に感銘を与えたい」と考えると、不自然にゆっくりとした動きや、仰々しい声を出してしまうかもしれません。または観客から目立つように立ち位置をずらしたり、リアリティーのない声を張りあげてしまうかもしれません。また一方で、「自分は観客を退屈させてしまう」と考える俳優は、不自然な速さで芝居をしてしまいます。こうした俳優たちは観客の存在によって、不安か自意識過剰になってしまうことがあるのです。彼らの手は震え、演技をコントロールできなくなってしまいます。結果、その役柄は場面に相応しくない余計な動きや声を出して、観客を混乱させます。

俳優のアクションやしぐさが役柄としてのものなのか、それとも彼らの自意識から出るものなのかを識別する技を会得（えとく）しましょう。例えば、自意識の強い俳優は鼻の下を指で繰り返しこすったり、話すときに手で口元を隠したり、つねに髪をかきあげたりします。こうしたちょっとした癖を繰り返すのは、演じている役柄のための表現ではありません。自意識によるアクションやしぐさに気づいたら、すぐさまそれを俳優に直接指摘するのではなく、時間、場所、関係性といった指示を出し続けます。こうした指示により俳優は芝居に没頭しはじめて、自意識によるしぐさは徐々におさまるはずです。それでもなお自意識を取り払うことができない場合は、俳優が観客をどう捉えているのかを話し合い、無用な考え方をトーンダウンさせましょう。

十、俳優の私生活と、仕事／作品の境界線をはっきりさせる。

俳優に、私生活と仕事の境界線をはっきりと引くように促します。言っても言わなくても、俳優は役の人物像を創りあげるために、実人生での体験を引き合いにする傾向はあります。もしあなたが彼らのそうした様子に気がついて、それが作品に役立ちそうなら、その個人的な体験を詮索しないでおきましょう。しかしもし、俳優が稽古場を精神科のカウンセリング・ルームにしようとする兆（きざ）しが見えたら、直ちにやめさせる方法を見つけてください。何が問題なのか率直に忠告してもいいですし、親近感による思い入れや印象に関する話をして、見当違いなプライベートの感情を役柄にこじつけるのを止めさせます。俳優が私生活の話を始めたら——もちろんそれが、愛する人が不治の病だとか、仕事が手につかなくなるようなシリアスな話でなければですが——できるだけ早く会話を切り上げます。忘れないでください、あなたは心理カウンセラーの資格を持っているわけではありませんし、自分の手に負えないことはすぐにわかるはずです。演出は芝居を明確につくることであって、俳優の個人的な問題に取り組むことではありません。俳優と交流を深めるにしても、一線ははっきりと画すこと。一緒に酒を飲み過ぎない、ガードを下げない、関係を勘違いさせるような個人情報は明かさないことです。

十一、土壇場（時間ぎりぎり）の指示出しは避ける。

俳優に五つの指示を出して、短い時間でその指示を消化するように伝えておいたとします。彼らは準備をして、シーン稽古が始まるのを立って待っています。そこに演出家がノートブックを携えて席に着いて演技を見る準備をしてから、突然立ち上がってこう言ったとします。「ああそうだ、もう一つありました、時間経過にフォーカスするのを忘れないでください」。そして俳優はシーンを演じます。するとこの開始直前の指示が俳優の気持ちのなかで最上位を占めて優先的に演じられ、先に出していた五つの指示はすべておろそかになってしまいます。なおかつ消化する時間もなかったので、追加の指示さえ薄っぺらに演じられてしまいます。ですから土壇場で思いついたことがあっても、今これからシーンを演じようとしている俳優に伝えてはいけません。代わりに手元に書きとめておいて、次回そのシーンを稽古するときに伝えます。

十二、気丈に振る舞う。

どんな稽古プロセスでも、演出家が人前でか陰でかにかかわらず、気後れしてしまう瞬間があるものです。例えば、俳優を的確に役柄に入り込ませることができず、打ちのめされた気分になることもあるでしょう。俳優が台詞をなかなか覚えず、不意にその役は彼には無理なのではないかと感じられてしまうかもしれませんし、最初の通し稽古が構造も筋の明快さも中途半端な、大失敗となってしまうこともあるでしょう。

このような危うい瞬間をいかに乗り越えるかで、観客が目にするプロダクションの成功の可否が分かれます。挫けてしまうのか、決意を新たにして気丈に振る舞うのか――。堂々と振る舞ってみてください。そのほうがプロダクションに関わる全員のためになります。皆も問題を認識し、そして演出家がその解決に向けて仕事をしているのだと理解してくれるでしょう。覚えておいてください、演出のスキルアップとともに、こうした気後れしてしまうような、危うい瞬間の対処にも慣れていくものです。そのことをわかっていれば、難局を切り抜けていけるでしょう。

また、稽古場が突如、予想もしなかった恐怖の場と化す瞬間があります。俳優二人のプライベートな関係(まったくあなたの関知するものでなくとも)が目の前で爆発したり、あるいは俳優の一人がほかの誰かをずっと傷つけたりして騒動になります。こうした出来事はたいてい怒鳴るか泣き出すか、感情が突然爆発するのが特徴です。キャストの誰かがターゲットになることが多いのですが、演出家に危険が及ぶこともあります。このようなことが起こってしまったら、自分が責任者であるということを忘れずに、もしコントロール不能となってしまったら、とりあえず休憩を取るのが得策です。まずあなたひとりでもいいし、もしくは信頼できる誰か(舞台監督か事件に直接関わりのない俳優でも)と一緒に稽古場を出て、建物の周りを二~三周散歩します。何が起こったのか分析をして、事件に関わっている全員に、ここはプロの職場なのだということを気づかせる一番良い方法は何か、自分にできることを考えましょう。

サマリー

① 忍耐力と長期的な視点で考える力を養う。
② 首尾一貫する。
③ 自分の人気を気にしない。
④ 意見が対立したらテキストを仲介とする。
⑤ 何かが上手くいかないときに短絡的に俳優のせいにしない。

⑥ 自分が間違えたら必ず謝る。
⑦ 誰かを「イライラのはけ口」にしない。
⑧ 俳優に時間のプレッシャーをかけない、そして自分自身も時間を無駄にしない。
⑨ 俳優が観客をどう考えているかに気を配る。
⑩ 俳優の私生活と、仕事／作品の境界線をはっきりさせる。
⑪ 土壇場（時間ぎりぎり）の指示出しは避ける。
⑫ 気丈に振る舞う。

3 稽古プロセスの共通言語を確立する

私の演出では特殊な言葉を駆使します。なので、俳優にわかりやすく、正確に、それを説明する必要があります。たとえ稽古で特殊な言葉を使わなくても、自分の演出方法を俳優に説明する術を考えておくことは有益です。演技について話す際に、無意識に独特なボキャブラリーを使っているかもしれませんから、自分がどんな単語を使っているのか、そしてそれを稽古場に導入するための一番良い方法を、リハーサルに入る前にしばし考えてみましょう。

自分の演出用語を稽古初日から導入して、千穐楽まで使いつづけるのがベストです。そうすれば俳優にとっても指示の確かな判断基準となり、目指すべき一定の目標を示してくれます。導入方法は、キーワードを文章のなかで繰り返し使うのでも、稽古中の関連個所で繰り返すのでもかまいません。もしくは単純に、演出中に使う言葉を早い段階で皆に説明しておくのもありです。必ず導入する単語の意味を具体例とともに説明します。あなたの意図がわかるように、作品のテキストからか、または普段の生活から例を引用します。例えば、登場人物を使って《親近感による思い入れ》という言葉を説明します。一例を挙げると、『かもめ』のアルカージナにはカギとなる四つの側面があることを示します、すなわち彼女は女優であり、母であり、愛人であり、妹でもあります。親近感（による思い入れ）を演じるとは、役が持つ四つの側面すべてではなく、そのうちの一つか二つだけを演じてしまうことです。戯曲のなかでその役が完全に機能するためには、四つの側面すべてが揃っていなければなりません。

稽古場で俳優はさまざまな言葉・言い方で自分の演技術について語ります。それぞれの言葉は彼らの修業過程とこれまでの経験が反映されています。あなたが自分の言葉を（そして演出方法を）彼らに導入する際に、それが演技を語る唯一の言語であるかのような一方的な言い方をしてはいけませんし、実際にそれは正しくありません。むしろ、「いくつもある言語のひとつではあるが、この仕事の期間中はそれを理解し受け入れてくれれば、一緒に作品をつくる全員に有益である」と信念を持って伝えること。

この本の演出術の言葉として、早い段階で皆に伝えておくと良いキーワードをいくつか紹介します。登場人物を客観的に見ることができていない場合は《親近感（による思い入れ）》という言葉を使います。見解の相違や混乱が起きたら、作家が示す《印象》に聞き耳を立てて、注意深くテキストを読むよう指示します。自分の役やほかの役について《説明的》になり過ぎないように忠告します（「説明的」とは、シーンの解釈を極端に単純化し、登場人物について表面的で安易な決めつけをすること）。例えば『かもめ』での説明的な表現とは、「アルカージナはケチだ」や「ニーナは世間知らずだ」といったものです。こうした主観的な決めつけを基にした演技は平面的になってしまいます。シーンの立ち稽古には《練習》という単語を使います。「演じる」とか「稽古する」という代わりに「練習する」と表現することで、俳優は初回から完璧なシーンを演じてみせなければならないというプレッシャーから解放されて、じっくり考えられるようになります。役の過去の様子と未来の願望を具体化できるように、《過去の映像・イメージ》と《未来の映像・イメージ》について話をします。そのほか《目的・意図》《イベント》《時間》《場所》といった用語はリハーサル序盤の演技エクササイズでフィードバックを出す際に使うと最適です。これについてはチャプター10で詳しく書きます。

また、この本に書いてあるツールを使うために、こうした用語が必須というわけではありません。俳優によっては《目的・意図》とか《イベント》という言葉に反感を覚える人もいて、彼らにとってそれは自分がまるで実験室の試験標本になった気分にさせるようです。たぶんそうした単語が、彼らの思う人間的な振る舞いと結びつかないのでしょう。もし誰かが強い反発を示したら、その用語を使うのは止めて、あなたが掘り下げたい事柄をシンプルに表現してみましょう。《目的・意図》の代わりに「この役は何を望んでいるの？」とたずねます。《イベント》を質問する代わりに、「どこで登場人物全員の事情が変わる？」と訊いてみます。

次に、グレードや評価を表わす用語を確立します。例えば、稽古用ボキャブラリーから、良い、悪い、正しい、間違っている、といった主観的な価値観の言葉を排除します。演出家が親か道徳の裁定者であるかのようにこうした言葉を使うと、俳優との関係は妥当とは言えないものになってしまいます。代わりに《クリア／明解》《不明瞭》《的確な》《愛昧な》《フォーカスされている／焦点が定まっている》《ぼやけている》といった言葉に置き換えます。「それはすごく明解だ」という言葉が、俳優が受ける最上の褒め言葉となる文化を定着させます。こうした表現によって、演出家はそのパフォーマンスを初めて見る観客に近い役割を果たします。

演出家の言葉は状況に相応しいサイズにとどめます。素晴らしい、見事、といった大げさな褒め言葉を使って逆効果となることがありますし、繰り返し使うと価値が半減します。同様に、最低や大失敗、といった煽り屋がよく使いそうな言葉は、俳優にとって何の役にも立ちません。時々この手の言葉をちょっとした欠点に対して使う演出家がいますが、このような大げさな単語をきわめて些細な問題に対して使うことは、自分はどう演じているのかを、そして何をどうする必要があるのかを的確に計ろうとしている誰の役にも立ちません。

俳優が自分の演技をどのように描写するか注視しましょう。謙遜というか自虐的表現を使う俳優もいて、「何もかもダメだ」とか「タスクがまったくできなかった」とか「そう指示されても僕にはできっこない」などと言います。まれにこうした表現が正しい場合もありますが、ほとんどは適切でもなく役にも立ちませんから、あなたが見たままに、彼らの自己評価が正確な描写でないことをやさしく伝えましょう。「何もかもダメってことはないよ。時間と場所は正確につかんで演じていたと思うよ。でも意図をどう見せるかもう少し磨く必要があるね」などと伝えてみましょう。

演出家が俳優の演技の良い点と弱い点を的確な言葉で描写できるようになれば、稽古場の環境はより穏やかで適切にコントロールされていくはずです。そしてもし語気を改めて伝える必要が生じても、必ず「ちょっと」「少し」「わずかに」といった単語をつけて、問題の程度を穏やかに表現します。

最後に、ネガティブな意味合いを持つ専門用語は避けるように気をつけます。例えば、「台本をたたく（text bashing）」というフレーズは、稽古中に台詞を練習するという意味でしばしば使われますが、これは台本か俳優どちらかが何らかのかたちで打ちのめされている印象を与えます。これでは俳優がシチュエーションや役に入り込むための稽古プロセスの一つと感じるのはむずかしいでしょう。このフレーズを使う代わりに、シンプルな言葉を使って実際のタスクを説明します。普通に、「台詞を合わせる」とか、「練習する」と言いましょう。（「ダメ出し」という用語もこの話題にあてはまります。よってこの本ではなるべく、「ノート」や「ノートを出す」という言い方をしています）

サマリー

- 稽古初日に自分の演出方法の用語を伝えて、千穐楽までその用語を使いつづける。
- 話をするときにキーワードを繰り返し使うか、稽古中の関連個所でキーワードを説明するか、もしくは、自分はこういう用語を使うのだとシンプルに伝える。
- 自分の使う用語——そしてそれが示すシステム——は、芝居をつくる際に使われる唯一無二のものというわけではないことを強調する。これはただ、このカンパニーが今回の仕事のあいだ採用し、従う用語とシステムである。
- あなたが演技に対するフィードバックで使うキーワードを俳優に知らせる。
- その状況の程度に合った言葉を使う。
- ネガティブな意味合いを持つ専門用語は使わない。

4 俳優の演技に対するフィードバックの出し方

演技について俳優に的確に語れることが良い演出には不可欠です。そのための第一歩は、演技のエクササイズのあと、シーンの立ち稽古のあと、通し稽古のあと、本公演のあと、それぞれのフィードバックをつねに同じ基準で出すことです。稽古場でのノート（ダメ出し）の出し方と、舞台稽古でのノートの出し方、そして公演中のノートの出し方を変えると、問題が起こります。俳優と演出家の信頼関係は、あなたが話し方を変えたときに崩壊します。俳優は自分への話し方が突然変化したことを感じて、演出家の期待が変わったことを直感します。また、一貫した達成の目標と用語があれば、俳優の自己批評力が——そして長期的には自己演出力も向上する、つまり公演が始まって演出家がいないときでも、彼ら自身が個別またはグループで、自分の演技に、より正確なノートを出せるようになります。

以下、演技を見てノートをとる際にチェックすべき項目のリストです。稽古初日から千穐楽までのすべてのステップで、以下の要素すべてに目を配っていくと、作品は適切に、そして完全に仕上がります。

時間
場所
直前の状況
イベント
目的・意図
役柄（過去の出来事のイメージ、テンポ、自己評価、未来のイメージ、を含む）
関係性

このリストにある要素を俳優と実際に立ち上げていく方法については、チャプター10と11で説明します。

俳優の演技を見るときは、彼らが何をしているのかをとにかく正確に観察します。彼らの顔ばかりではなく、からだ全体を見なければいけません。目の動き、足がピクリと動くとか、椅子にどさっと座るさまといった、些細な身体的ディテールすべてに注意を払います。身体的ディテールを正確に観察するスキルは自分ひとりで訓練習得できます。時間、場所、イベントといった要素に関する情報は、詳細な身体的情報に多く含まれています。例えば、暑いと感じている人は、服をわずかにゆるめたり、座り方も微妙に調節したりするかもしれません。また直前に悪い知らせを聞いた人は、しばし身動き一つせずにじっと座って、それから身体を支えるようにテーブルに手をついたりするかもしれません。俳優が何をどのようにしゃべるかにも注意を払わなければなりませんが、人間の内側で何が起こっているかという情報は、身体的なことと言葉（台詞）が合わさって出てくる、ということを覚えていてください。台詞を聞くことばかりに集中してしまって、身体（動き）を見るのを忘れてしまうことが往々にしてあります。

稽古プロセスのどの段階でも、あなたが例えば時間と場所についての簡単な指示を出して、それに対して俳優が演技を見せてくれたら、必ずその場でフィードバックします。ノート（ダメ出し）は簡潔に、短いセンテンスで伝えます。例えば、「食堂に入って席に着くまでの目的がはっきりしない」とか「正午で、シーンの間中ずっと暑い、という印象が私には感じとれなかった」というふうに話します。詳細かつ具体的に。褒め言葉に批判を混ぜる、またその逆もあります、——例えば「スーツケースを運んでいるときは直前の状況がとても正確に演じられていたけど、荷札を書いたところで曖昧になってしまったよ」というふうに。

具体的で即効果が上がりそうな言い方が思いつかなかったら、そのノートは伝えないこと。これは俳優の演技の何が問題なのか、俳優に頭に入れておいて欲しい演出は何なのか、またはどこにフォーカスして演じて欲しいのかを、あなた自身が完全に把握できていないサインです。このような場合は、どう演じたら改善されるのかを特定すべく、まずもう一度シーンを見ます。

ノートはたとえ一行でもいいので、必ずシーンに関わった俳優全員、もしくはその場に呼んだ俳優全員に公平に出し、皆が自分の仕事や分担が価値あるものだと感じられることが大切です。もしキャストの誰か一人か二人へのフィードバックが、ほかの人たちよりつねに多くなっていたら気をつけてください。その俳優は自分が未熟で、まずい状況に嵌（は）まったと感じてしまい、結果その人の進歩を妨げてしまうことがあります。しばらくの間その人にはノートを減らしてバランスをとります。こうして俳優のプレッシャーを減らすと良い結果に結びつきます。出さずに貯めておいたノートは、時間をかけてゆっくり少しずつ伝えていくと良いでしょう。

フィードバックは演技がクリアなときもクリアでないときも、両方に出しましょう。演出家はとかくクリアでないことにばかりフォーカスして、うまく行っている部分へのフィードバックを忘れてしまいがちです。これでは俳優はやがて自信を失い、ポジティブなフィードバックがないことを、非難や悪い演技へのサインと誤解してしまうかもしれません。うまくいっている部分へのフィードバックを出す際に、クリアな演技につながった要因も伝えましょう。例えば新しい意図を演じたことでシーンがわかりやすくなっていたとか、バックヒストリーにある出来事のイメージがはっきりと出ていてシーンが明確になった、といったことを伝えます。俳優は明解な演技を何度も繰り返し演じなければなりません。見えた結果だけを描写するのではなく、明確さの要因は何であったかを彼らに指摘できれば、的確な演技がより効率よく繰り返しできるでしょう。ですが、正しい方向に向っていない演技に対してポジティブなフィードバックを与えて、間違った気休めは言わないこと。

フィードバックを出すときは部屋の隅で個別にひっそり話すのではなく、つねにグループ全体の前でオープンに伝えます。そうすれば全員がすべてのノートを聞いて、ほかの共演者が新しく選択した演技に対峙しても動揺せずにすみます。またオープンにすることで、あなたが全員を平等に扱っていることを見せ、依怙贔屓やヒエラルキーを排除できます。また個別にノートを出すと、ほかの共演者のせいにしてあなたのノートをかわそうとする俳優も出てきて、「Xさんが意図を演じてくれないから私はあなたが言うように演じられない」などと言い出します。もしくは個別面談を利用して、自分の個人的な問題を長々と話してくるかもしれません。その結果、あなたは場違いな心理カウンセリングをさせられてしまいます。ごくまれにこのルールを破って、グループではなく個別の対応を要するケースもあります。例えば、その俳優が指示を理解できず本当にもがいている、もしくはノートに抵抗し長い時間あなたに負担をかけてくるようなケースです。こうした場合は個別に話す時間を——ただし稽古場にいる時間内で——設けて、会話は要領をおさえ手短におさめます。

ノートや指示の受け止め方は俳優によってさまざまです。何も言わずに素早く理解する人もいれば、演出家の言わんとすることを正確につかむまで長い時間話し合う必要のある人もいます。演出家には忍耐が必要です。俳優がつかんで納得しなければ、ノートに意味はありません。ノートについて俳優がしゃべるのは、きちんとそれを消化し納得する方法の一つですから、話し合いを反発と誤解しないこと。

もし俳優がフィードバックに強い反発を示したら、いったん取り下げます。あなたの分析に何か誤りはなかったか、そのシーンやエクササイズをもう一度見てみます。もし誤りがあったらシンプルに非を認めましょう。なければもう一度問題を探ります。俳優の反発がテキストに書いてある以外のことを演じたい、ということに由来するのであれば、あなたがさらに丁寧にシーンを見たことを説明し、このノートがきっと役に立つはずだと、もう一度伝えます。もしくは、同じノートを異なる言い方で伝える方法を探します。自分は指示の通り演じていると俳優が言うなら、もう一度、今度はその部分をよりシャープに演じてみせてくれと頼みます。もしくは、自分の間違いでないことを確かめるためにその部分を注意深く見てみる、と伝えます。

フィードバックにかける時間は稽古段階によって異なります。例えば、シーン稽古の初期段階ではノートを出すのに一〇分以上かけるべきではありませんが、通し稽古（ランスルー）のあとでは一時間から二時間半かけることもありです。稽古場での通し稽古のあとと、劇場での上演のあとでノートを出すセッションについては、チャプター11と13で詳しく説明します。またその二章で、公演が差し迫ってくると俳優がノートを理解する能力にどう影響してくるかについても触れます。

書きとめたノートがあとからでも判読できるように、効果的なメモの取り方を工夫します。ノートを書きとめていて演技を見落とす危険もあります。またあなたがメモを取る動作に俳優のレーダーが反応します。どんなに集中していても、演出家のペンの動きが気になってしまう人もいることを認識しておきましょう。演技の妨げになりそうなら、ペンを走らせても良いタイミングが来るまでノートを記憶する練習をします。一つのノートを長い文章で記述しなくてすむように、速記法を工夫します。私の場合は、デザインの件であればdをマルで囲んだ記号〔ⓓ〕で表わし、《思考・考え方（thought）》であればマルで囲んだt〔ⓣ〕、《意図・目的（intention）》はiにマル〔ⓘ〕、《経歴（biography）》はbにマル〔ⓑ〕などなど、記号で書きとめます。何が問題点なのかはこまごま記述しません。メモ書きはあとで自分が読み返したときに問題を思い出すための短い「備忘録」です。もし自分の手書きが判読できなかったら、そのノートを伝えてはいけません。横にクエスチョンマークをつけて先に進み、一日が終わってからじっくり自分の手書きの解読を試みましょう。

上手にノートをとり、効果的にフィードバックを伝えられるようになるには時間を要します。他のプロダクションを観劇しながらノートをとる練習をします。このセクションの初めに述べたノートのチェック項目リストから一〜二つ要素を選び、それを心にとめて観劇します。気づいたノートを一時的に記憶するか文字で書きとって、演出の筋肉を鍛えます。またそうすることで、ほかの演出家の作品を安易に価値判断するのではなく、演出や演技の効果的だった点や弱点を正確に指摘できるようになり、結果あなた自身の演出スキルが向上します。

サマリー

- ノートの出し方は、稽古初日から千穐楽まで同じ基準で行なう。
- ノートをとる際にチェックする基本項目のリストを準備し、つねにそれに沿ってノートをとる。
- エクササイズや立ち稽古で実際に演技を見たら、俳優にそのフィードバックを出す。
- ノートは簡潔で具体的な言葉を使って出す。
- 批判に褒め言葉を混ぜる。
- 明確で具体的な言い方が思いつかないノートは出さない。
- フィードバックは公平に。
- 俳優の演技が明解で的確なときもノートを出す。
- すべてのノートをグループ全体の前でオープンに伝えて、必ず関わる全員にフィードバックをする。
- 俳優がノートを消化する方法は多種多様であることを理解する。
- 俳優がノートに反発したら、いったんそれを取り下げ、なにか自分に誤りがないかシーンをもう一度見直して調べてみる。
- 稽古の段階によって、フィードバックにかける時間は異なることを認識しておく。
- ノートを書きとめる効果的な方法を工夫する。
- ほかの演出家の作品を観劇しながらノートの取り方を練習する。

5 稽古場での居方

稽古場での演出家の座り方や態度が俳優にどんなインパクトを与えるか、演出家の多くが気づいていません。ある演出家は腕を組み椅子の背に寄りかかって座ります。これを見て俳優は演出家が演技を審査している、もしくは退屈しているのだろうと感じます。別の演出家は足を組んで前かがみに座り、片足をぶらぶら揺すっています。俳優はこれを見て演出家に、ピリピリして神経質な印象をもちます。また別の人は何回も腕時計を見ていて、すると俳優は稽古の時間が足りないのだと思うか、演出家が退屈しているという印象を持ちます。どの演出家もきっとそのような印象を与えるつもりはまったくなく、もしそのような指摘を受けたらきっと困惑することでしょう。しかしこのような座り方や態度は稽古に影響します。

俳優の演技を見るときに自分がどのように座っているか、彼らがより良く稽古できる雰囲気で座っているか、考えてみましょう。もし何か怪しいなと感じたら、まずは自分の姿勢を調節して、俳優の集中力や、できばえの変化を観察してみます。

サマリー

- 稽古場では俳優の演技や稽古に興味を持っていると思わせる態度で座る。
- 自分の座り方に気を配り、それが俳優のより良い稽古につながっているかを考える。

6 俳優に台本を渡す

理想を言えば、台本は稽古初日以前に俳優の手に渡っているべきです。もし演出家がキャスト用の台本を準備するのであれば（チャプター4で述べました）、リハーサルに先立って全員に配り、必ず全員が同じ台本で稽古するようにします。

もし演出上戯曲をカットしていたら、最初に集まって台本を読むときにその理由をしっかり説明します。異なるバージョンやほかの翻訳と比較して時間を無駄にすることなく上演台本を受け入れるように、俳優の了解をとりつけること。私の経験では、稽古場で台本は確定材料であることが好ましいです。異なるバージョンや翻訳といちいち比較していては、貴重な時間が無駄に費やされ、そうして得られる有益なものと言えばほんのわずかです。長い稽古期間がとれない場合、これは特に大事なことです。

リハーサル期間中にテキストのカットや変更をするのは、それがどうしても必要な場合——例えばストーリーが不明瞭であるとか、全体の構造が機能しない、などの場合に限ります。カットは最小限にとどめた上で、キャストに伝えるタイミングを慎重に選びます。悪いタイミングでテキストのカットを伝えると俳優を動揺させて、彼らの芝居を薄くさせてしまいます。カットをする前に、芝居が俳優の足元で安定するまで待ちます、そしてすべてのカット変更はできるだけ一回ですますように心がけ、以降はその変更を守って前に進みます。リハーサル中毎日カットを入れるような状況では、俳優は手堅く長持ちする芝居をつくりあげられないので、避けること。ただし、いま私は物故作家の戯曲へのアプローチ方法について述べています。存命の作家の台本を上演する際はまったく異なる対応が必要です。

サマリー

- 稽古初日にテキスト変更の理由を説明し、これ以降は手元にあるその台本が、作品をつくるための交渉の余地のない、確定の構成要素であることを明言する。
- テキストのカット・変更はどうしても必要と思われる場合に限ること。
- 稽古プロセス途中でカットをする場合は、芝居が俳優の足元で固まってくるリハーサル後半に、全カットを一挙にすっきり完了する。

7 稽古初日

稽古初日はとにかく全員の不安・緊張を効果的に取りのぞいて、確実に有意義な一日にすることが大切です。不安を感じたままでは、情報を正しく理解したり課題に正確に応えられなくなりますから、皆の緊張を軽減するためにできることをよく考えます。関係者を招待してフォーマルな本読みをするのは稽古初日の定番中の定番ですが、これは俳優にとっては実に恐ろしいもので、彼らは紙コップのコーヒーに向かってもごもご呂律（ろれつ）も悪くしゃべるか、染みついてしまった陳腐で念の入ったパフォーマンスを繰り広げます。

私の経験では、稽古初日の本読みはあまり役に立つとは言えないので、代わりに、誰にもスポットを当てない、シンプルでリラックスできる内容で一日を組み立てることをおすすめします。これは稽古の一日を無駄にして良いという免罪符ではありません。初日といえども正真正銘の稽古日として、不安に立ち向かうと同時に、有意義な稽古をすることは充分可能です。以下、稽古初日に有効な、私の提案です。

まずキャストに今日のメニュー発表から始めることで、各自がプランを立てられます。特に本読みはしない旨を伝えます。その後、身体に現われる緊張のつかえを軽くしてくれるような、ゆるめなムーブメントのセッションをします。もしムーブメントディレクターがいればその人に指導してもらえますし、さもなければキャストに二〇分前後時間を渡して、自分たちでウォームアップしてもらえば良いでしょう。このウォームアップに続いて、俳優同士のペアかグループ全体で、作品に関係のある何か身体を使うタスクをします。『かもめ』と『三人姉妹』の稽古では、ワルツとタンゴといったソーシャルダンスを習いました。これはカンパニーの堅苦しい雰囲気をほぐすと同時に、作品に必要な要素の稽古をスタートさせる意図もありました。皆が相応しい服装を準備できるように、その日にムーブメントの稽古をすることは必ずあらかじめキャストに伝えます。俳優によっては身体を動かす稽古用にいちいち着替えたい人もいますから、必ず着替え用のスペースも準備すること。男女同じ場所では苦情が出ることも考えておきましょう。

キャストが自分の役を読むかたちではなく、全員で台本を読みます。輪になって順ぐりに、一人が一台詞ずつ読んでいきます。ここでは必ずト書きもかっこのなかの形容もすべて読みます。俳優にはただテキストの意味をつかむためだけに読むよう促し、うまく聞かせようとする必要はないと伝えます。演出家も、舞台監督以下演出部スタッフ、そのほかクリエイティブチームのメンバーもこの本読みに参加して、プロジェクトに関わる全員の一体感を生み出します。『かもめ』の本読みを十人でするとしたら、第一場冒頭から以下のように読んでいきます。

参加者1　（登場人物表を読む。）

参加者2　ソーリン家の地所にある庭園の一部。広い並木道が観客席から庭園の奥にある湖のほうに続いている。その並木道は、家庭で上演される劇のためにいそいで作られた仮設舞台にさえぎられて、湖はまったく見えない。仮設舞台の左右に、潅木の茂み。椅子が数脚、ガーデン・テーブルが一つ。

参加者3　夕日がいま沈んだところ。仮設舞台の上、おろされている幕の向こうに、ヤーコフその他の下働きの男たちがいて、咳をしたり槌の音を立てたりしている。マーシャとメドヴェジェンコが上手から登場、散歩から帰ってきたところである。

参加者4　どうしてあなた、いつも黒い服を？

参加者5　これは人生を弔う喪服なの。私、ふしあわせな女だから。

参加者6　どうして？　（考えこむように）　わからないなあ。だってあなた、健康でしょう。お父さんは、大金持ちじゃないにしても、暮らしに困りはしないでしょう。ぼくなんかあなたよりずっと苦しいんだ。月給は二十三ルーブルしかない――その中から退職積立金をさっ引かれる――でもぼくは喪服なんか着ませんよ。

参加者7　（二人は腰をおろす。）

参加者8　お金の問題じゃないわ。乞食にだってしあわせな人はいるのよ。

参加者9　理論上はね。だが実際はそうはいかない。おふくろとぼくと、妹二人と小さな弟と――それで入ってくるのはたったの二十三ルーブル。飲んだり食べたりしないわけにはいかないでしょう？　お茶や砂糖だっているでしょう？　それにタバコだって？　お手あげですよ。

参加者10　（仮設舞台のほうに目をやって）　もうすぐはじまるのね、お芝居。

台本を最後まで読んでから、キャストを小さなグループに分けて、それぞれに合ったタスクを与えます。小さなチームで作業することで互いをよく知り合い、共同作業に慣れていきます。例えば、一つのグループには特定の場所のサークル（チャプター10で述べています）に関する情報を集めるように指示します。最後にあなたがリーダーとなって、作家についての短いセッションを行ないます。事前に調べておいた（チャプター3参照）作家の人生に関する三〜四つの基本的な事実を話して、それがどのように戯曲を読み解くカギになっているかディスカッションします。ただしこのエクササイズについては、存命の作家の作品を演出する場合は異なる対応が必要になりますので注意すること。

一日の終わりに、簡単なリサーチ・タスクを俳優の宿題にします。例えば、戯曲の舞台設定の時代に関する事実を三つ、調べてもらいます。『かもめ』のときには一八九〇年代後半のロシアに関する事実を三つ、マーティン・クリンプ作の『ザ・カントリー』のときには二〇〇〇年の英国医療業界に関する事実を三つ調べる宿題を出しました。こうしたタスクを設定する際は、模範解答例を伝えておきます。宿題は稽古場以外で俳優が作品について考える手がかりになるので効果的であり、リハーサル期間を通して使えます。俳優は、稽古時間以外でもつねに作品のことを考えています――そして時として、あまり役に立たないことも考えすぎてしまいます。例えば、劇中の些細な一瞬について悩みこんだり、やることすべてに自信をなくしてしまうこともあります。適切な宿題を与えて、演じるのに必要な要素で頭を満たす作戦です。ですが、「宿題」という単語は気をつけて使うこと。俳優によっては学校に通っていた頃の不幸な体験とこの単語がつながって、ネガティブな印象を抱く人もいます。この単語を軽く使ってみてもし強い拒否反応があったら、何か別の言い方を考えましょう。

演出家自身も稽古初日の緊張に打ち克たなければなりません。緊張でいつもより速くしゃべってしまうこともあります。思考と言葉がめまぐるしく加速してしまうのは、自分自身が話を一〇〇パーセント理解できていない証拠です。これでは俳優を混乱させてしまいます。緊張によって考えがあちこち飛んでしまったり、しゃべりすぎているなと感じることもあります。自分の緊張を隠そうとすると、さらに悪いことに、例えば自分の話に皆がどうリアクションしているか目に入らなくなってしまいます。

とあるワークショップで、若い演出家が稽古初日の緊張をどのように乗り越えたかを話し始めました。彼女は自分が有能で準備万端である印象を与えようと試みたそうです。私は、ワークショップの参加者をキャスト役にして、彼女にそのときの様子を再現してもらいました。彼女が与えようとした印象というのは不快で無礼なものでした。彼女はそのことを自覚していませんでしたが、それに気づくととても後悔していました。また緊張のために、皆の名前を覚えるといった本当にシンプルだけど大切なことができなくなってしまうこともあります。ですから自分自身も不安に対処できるように、稽古初日のプランはしっかり立てましょう。

第一に、エクササイズやワークアウトは充分な準備をして、どのような成果が得られるかわかっているものだけを行なうこと。第二に、あなたが自ら指導するタスクと、俳優が自分たちでできるタスクのバランスを考える。こうして一日のなかで自分が一息つける時間をつくります。最後に、互いのメンバー紹介のような外せないタスクがありますから、必ず前日にそうしたこともよく考えておきます。

ほぼどこの劇場でも、キャスト、演出部、クリエイティブチームと、劇場組織の芸術監督および制作事務方スタッフとの顔合わせをしたいと考えています。このようなイベントは実に大切で、劇場スタッフはキャストを歓迎し、キャストは劇場の廊下のあちこちで出会う人々の顔と職種を知ることができます。できればこれは稽古初日に行なわないように（そして特に一日の初めにするのは避けること）。このようなぎこちない社交習慣によって緊張が一〇倍にも膨れあがる可能性がありますから、一日の最後か、理想的には二〜三日たってからの予定にしましょう。その際、まず稽古プロセスに直接関わる人たちが互いに顔見知りになっておいて、そのあとで劇場または組織の職員（関係者）、もしくは制作チームに紹介するようにします。

稽古初日のこうした工夫・提案は、ほとんどの稽古環境で採用できますが、それでも本読み、顔合わせ、舞台装置模型のプレゼンテーションなどを稽古初日にしなければならないケースもあります。商業演劇の公演であったり、芸術監督がその後休暇に行ってしまうので初日にしか顔合わせができないから、といったケースです。

いずれにしても、稽古初日は皆が緊張するものだということに注意を払って、こうしたイベントを準備すること。キャストと「観客」が向き合って座るかたちの本読みは俳優にプレッシャーがかかりますから、キャストと聞く側の人々全員がテーブルを囲んで座ります。それから、俳優にはテキストの意味を理解することを主目的に読むように、そしてこの場で役を演じて読む必要はまったくないことを伝えます。こうして緊張を軽減し、完璧な本読みを見せなければという気負いをやわらげられるはずです。

サマリー

- 不安・緊張が稽古初日の最大の障害物だと認識する。
- フォーマルな本読みはしない。
- あらかじめ準備したエクササイズだけを使う。
- ウォームアップのムーブメントワークから一日を始める。
- その後全員で作品に関係のある何か身体をつかうタスクを、ペアに分けるか、グループ全体で行なう。
- 配役された役を読むのではなく、全員で台本を輪読する。
- 互いに親しくなれるように、キャストを小さなグループに分けて特定のタスクを割りふる。
- 作家について短く解説する。
- 宿題として一晩でできる簡単なリサーチ・タスクを出す。
- 演出家である自分自身の緊張を抑えられるように、稽古初日の予定を組み立てる。
- 顔合わせは稽古初日の最後か、その週の後半に行なう。
- 本読みなどを稽古初日に入れなければならなくても心配しないこと。ただ稽古初日は皆が緊張することを考慮して、注意深く予定を組む。

8 舞台装置模型のプレゼンテーション

装置模型をキャストに見せる第一の目的は、芝居をする場所の明確なイメージをキャストの頭にしっかりと刷り込むことです。キャストがモデルをじっくりと見て理解吸収する時間と、質問をすべて聞く時間を充分にとります。彼らが次にセットを見るのはたぶん劇場に入ってからになりますから、プレゼンをあわただしくすると、どのような環境で行なう芝居なのか、稽古中にイメージを補足しづらくなります。俳優が稽古場で想像していたことと、舞台上のセットに実際に立ってわかったことに大きなギャップがあると、劇場入りの重要な段階に及んで、俳優は自分の演技に確信が持てなくなってしまうでしょう。また、俳優はリハーサルが始まった緊張でセットの情報を充分に吸収する能力を阻害されてしまうので、模型は稽古初日には見せないようにしましょう。

私は以前、ラストシーンの部屋のデザインをまったく理解していなかった俳優と、稽古の最終週になってとにかく噛(か)み合わない会話をした経験があります。彼は五週間前の稽古初日に装置模型を見ていたはずなので、私は当惑し、「だけど、部屋の様子は模型で確認したでしょ?」と訊くと、彼曰く「そんなの、ピンクの開帳場(かいちょうば)に紫のスライド舞台があるのを見せられたってどうでもよかった。とにかくすごく緊張していて、何も目に入ってこなかったんです。その日一日の記憶はぼんやりしているんです」と。そのとき私は悟りました、模型のプレゼンテーションは稽古が始まって二~三日後まで延ばすべきだったと。

美術デザイナーによっては装置のプレゼンは神経をすり減らす仕事でもあるので、必ずデザイナーとよく打ち合わせしておきます。プレッシャーを軽減する一番良い方法として、演出家とデザイナーが共同でプレゼンテーションを行ない、一緒に説明をすることもあります。

装置模型のプレゼンは、公演制作に携わるスタッフに、作品のイメージを伝える目的で行なわれることもあります。スタッフへのプレゼンとキャストへのプレゼンは目的がまったく異なるので、できれば別々に行ないます。

ケースによっては、稽古過程で新しいスタイルを発想・考案しながら演出する作品の場合や、模型を作る予算がないという理由で、見せられる舞台装置模型がないこともあります。代替として、最終的な仕上がりの予想でしかなくても良いので、演出家が思い描く芝居の世界観を写真や模写の絵画を使うなどして、はっきりと見せる方法を探します。

サマリー

- 俳優が舞台装置の模型を見て理解吸収し、質問できる時間を充分にとる。
- 俳優によっては緊張してモデルの情報を充分理解できないことがあるので、模型を見せるのは稽古初日には行なわない。
- プレゼンテーションの一番良い方法をデザイナーと相談する。
- キャストへのプレゼンと、稽古場にはいないが劇場で作品に携わる全スタッフへのプレゼンは分けて行なう。
- 舞台装置模型がない場合でも、作品の方向性を示す何らかのビジュアル・インフォメーションを提示する。

9 音響、衣裳、小道具、家具（置き道具）、照明ほか舞台要素を稽古プロセスへ導入する

ナショナル・シアターのような助成金により運営されている大規模な機関・団体での演出でも、フリンジの小劇場での演出でも、劇場入りしてからの稽古時間は稽古場での時間より少なくなります。もちろんスウェーデンやドイツといったヨーロッパの国では異なる場合もありますが、英国やアメリカではこれが標準です。ですから効率よく迅速に舞台稽古を進めるために、全員に大きなプレッシャーがかかります。特にキャストは非常に短い期間でいくつもの新しい要素――照明、サウンド、装置、衣裳などなど――を理解吸収しなければなりません。新しい情報すべてが俳優にのしかかって、稽古場でせっかく慎重に積み上げた芝居が劇場入りして希薄になりがちです。稽古場のなるべく早い時期に、これらの要素をできるだけ多く導入することで、劇場への移行をスムーズ

にします。またこれによってテクニカルリハーサルの時間節約にもなるので、その分、稽古場にはとにかく持ち込めない要素や（例えば照明器具を吊るすとか大きなセットなど）さらに、ウィンドマシーン（送風機）や本火効果などの単純な要素に集中することができます。

音響効果――特に抽象効果音は、稽古をしている段階において組み込んでおかないと、俳優に不意打ちを食らわせることになるので、稽古プロセスの善きところで導入しておくべきです。例えば、稽古場の最終週あたりに音響卓と音響オペレーターを入れることを検討し、シーン稽古をしながら音響のきっかけ（キュー）をすべて付けていきます。このように稽古場のリラックスした環境で、音響をキャストの芝居に組み込むことができます。

衣裳と履物は、リハーサル期間中に少しずつ導入していき、俳優が公演で実際に使うものを身に着けて、歩き、動く練習ができるようにします。本番用の小道具・家具（置き道具）も、できる段階で持ち込んで稽古します。「本番用」という用語は、実際に本番のステージ上で使う小道具・家具（置き道具）を指します。多くの稽古用小道具は、実際の物ではなく代用品です。できるだけ多く、できるだけ長い期間、「本番用」つまりいずれ舞台で使うことになる小道具や家具（置き道具）を使って稽古をするのが理想です。稽古場の落ちついた環境で一回でも多く本番用を使って稽古を積むと、俳優は、劇場でプレッシャーのかかった環境でも、的確でスムーズに道具を扱うことができるようになります。とはいうものの、代用の小道具や衣裳であったとしても、ないよりはずっとましです。

稽古場に照明機材を無理に吊るしたりしないこと。稽古場には、複雑な照明設備や機材を吊るすバトンもオペレーターも備わっていません、また、（劇場入り前に）実際に上演する劇場の舞台を使って稽古ができることはほとんどありません。なので、最終的な舞台照明プランに似た状況を稽古場につくることは無理ですし、似たような照明を稽古場に施そうとしても、俳優をかえって混乱させてしまいかねません。

しかし、今書いたルールには、ビデオを使った複雑なマルチメディアパフォーマンスを制作する場合などの例外があります。そのような例外のケースでは、ブラックアウト（完全消灯）の状態がつくれて、実際の照明機材を多く備えた、上演の状況に近い機能を果たせる稽古場が必要です。良いブラックアウト設備が備わっている稽古場も実際にいくつかありますので、覚えておきましょう。このような作品には慎重なプランニングが必要であり、特別な経費がかかります。プロデューサーには必ずこの追加経費を想定に入れてもらうこと。一方、ベッドサイドランプ、キャンドル、ランタン、卓上ランプのような、普通の稽古場でも使える実用の明かりを使うのは効果的です。これらは夜間か、または部屋を真っ暗にできるなら日中でも使えます。どちらの場合も、実用の明かりだけがある状態での芝居を見ることで、舞台上でその芝居をどのようにフォーカスして見せられるか、また劇場のバトンからの照明でどのような明かりの補足が必要かを考えるのに役立ちます。

もちろん、これらのうちどの程度達成できるかは予算次第です。先に述べたアドバイスのいくつかは、フリンジ・シアターや小規模のツアー・カンパニーでは不可能かもしれません。ですが、採用できる何かは必ずあるはずで、たとえ稽古場での最後数日に本番用の衣裳を一着か二着使えるだけだったとしても、舞台稽古のプレッシャーの何かしらを軽減することになるはずです。

劇場入り前に変更や新規の事柄がわかっていたら、必ず、キャストに伝えておきます。いきなりの新しいアイデアで彼らを驚かせることのないように。例えば、舞台装置模型のプレゼンテーションのあとにセットや衣裳に変更が出ていたら、稽古場でキャストに伝えて共有しておくこと。俳優が稽古場で想像していた衣裳やセットの様子と、舞台上の現物とのギャップが広がらないように努めること、そしてテクニカルリハーサルでいきなり舞台美術の大きな新規要素を伝えるような状況は避けること。この期に及んで演出家が望むのは、俳優が予期せぬ変更で動揺することなく、しっかりと落ちついて仕事をしてくれることです。

サマリー

- 稽古場にいる間にできるだけ多くの主要素を導入することで、俳優は劇場への移行が楽になる。
- 例えば稽古場に音響卓とオペレーターを配置したり、衣裳、履物、本番用小道具、家具(置き道具)、舞台装置の要素の一部を導入することを検討する。

- 稽古場に照明機材を吊るすことはあえてしない。しかし本番でもそのまま使う実用の明かりはむしろ使うと効果的。
- 劇場入りする前にすでにわかっている新規の事柄、追加、変更について、俳優にあらかじめ知らせておく。

Chapter 10

Building the world of the play

戯曲の世界観を創りあげる

稽古プロセスは二つの期間に分けられます。前半は、キャスト全員と戯曲の世界観を創りあげる稽古です。これは稽古場での日程のおよそ四〇パーセントまで使います。後半は戯曲を細かいセクションに分けて、シーンごとに出ている俳優のみを呼んで稽古します。これには稽古場での日程の残り六〇パーセントをあてます。このチャプターでは前半の、戯曲の世界観をどのように創りあげるかを取りあげて、次の分野についてアドバイスします。

1 一日の稽古時間割
2 ファクト（事実）とクエスチョン（質問）の説明
3 リサーチ
4 場所
5 作家とジャンル
6 テーマ（主題）についての実践的な稽古
7 感情についての実践的な稽古
8 登場人物の経歴
9 登場人物と役のテンポに関する初めての実践的な稽古
10 関係性

11 俳優と即興をつくる
12 ビジュアライズ・エクササイズ(心象形成エクササイズ)の使い方
◉ 短い稽古期間での応用

右のリストを見ると、各ステップには順番があって一つを完了してから次に進まなければならない印象を与えますが、それは完全な誤解です。例えば、まだファクトとクエスチョンについて調べている最中に、テーマについての立ち稽古(実践的稽古)を始める選択もありえますし、リサーチが完了する前に登場人物の経歴についての稽古を並行して始めても構いません。臨機応変に行きましょう。ですが、以下の要素に関しては順を追って行ないます。

背景(バックヒストリー)のファクトとクエスチョン
登場人物の経歴
登場人物についての最初の実践的な稽古
関係性
即興(過去のイベント、トリガー・イベント、その後に、直前の状況)

この章では、あなたが事前準備した素材をどのように俳優と共有するかを述べていきます。演出家が準備した素材の伝え方には注意が必要です。俳優自らが創り出し貢献するものはもう何もないかのような誤解を与えないようにしつつ、俳優を導いて関心を向けさせるために、上手に使います。俳優には戯曲の世界を演出家とともに創りあげるのだと感じさせるように、可能であれば、俳優自身で問題を解決していくように促します。そのためには、あなたの主張を述べるかわりに質問を出します。これは、役柄に関する稽古では特に大切です。

1 一日の稽古時間割

私は稽古の時間割を次の三つの要素を含めて構成します。机に着席し戯曲についてのワーク、ムーブメントワーク、そして演技のエクササイズです。一つの稽古内容、特に着席の稽古に偏って時間をかけ過ぎないようにします。俳優は机を囲んでの稽古で得たアイデアを実際に立って演じてみたいはずです。俳優が役を組み立てて、演出家が俳優にどのような演技を要求するかを探っていくには、もちろん実際に立って演じる稽古が中心となるはずです。

以下一日の稽古割の例です。これは絶対に守らなければいけない構成というより、参考となるひな型のようなものと考えてください。エクササイズの内容についてはこの章の後半で説明します。

午前10時　ムーブメントワーク：ウォームアップ
午前11時　着席の稽古：第一幕を読んで、ファクトとクエスチョンのリストチェックから始める
午後1時　休憩
午後2時　演技のエクササイズ：テーマに関する実践的な稽古（立ち稽古）
午後3時30分　ムーブメントワーク：社交ダンス
午後4時15分　着席の稽古：前日に宿題にしたリサーチ結果を俳優同士共有する
午後5時　終了

稽古初日と同様に、毎日の稽古終了時に、一晩でできる簡単な宿題をキャストに出すのもありです（チャプター9参照）。あなたがリストアップしたファクトとクエスチョンから挙がった課題などで、理想的には演じる役に関係のあるものが良いでしょう。『かもめ』で言えば、例えばソーリンを演じる俳優はウォーキングステッキの

使い方をリサーチし、マーシャ役ならかぎタバコの値段や吸い方を調べます。

前にも述べましたが、戯曲の世界観を創りあげる間は、稽古場床に装置の場ミリはまだ施さずにおくことを勧めます。稽古場ではエクササイズや、戯曲中の設定場所とは異なるさまざまなシーンの即興を演じることもあります。例えば過去の出来事の即興は異なる国や街にあるほかの家庭が舞台になることもありますし、戯曲のテーマにまつわるエクササイズも同様です。稽古場床に極彩色のバミリテープがあると絶えず目につきますし、まったく別の場所の出来事を演じているつもりの俳優のイマジネーションを邪魔してしまいます。

サマリー

- 以下の三つの要素を含めて一日の稽古時間割を構成する：机を囲んで台本に関するワーク、ムーブメントワーク、演技のエクササイズ。
- 一つの稽古内容、特に着席の稽古に偏って時間をかけすぎない。
- 毎日の稽古終わりに、一晩でできる簡単な課題をキャストの宿題にするのもよい。
- 場ミリはまだ施さない。

2 ファクト（事実）とクエスチョン（質問）の説明

劇の背景（バックヒストリー）のファクトとクエスチョン（劇が始まる以前からあった状況、もしくは以前に起こった出来事に関するもの）を考えながら戯曲をキャスト全員で読むのは、戯曲を正確かつ客観的に考える習慣を稽古場に定着させる最も効果的な方法です。

キャスト全員で輪になって、稽古初日の本読みと同じ要領で一人一台詞を順番に読んでもらいます。本読みを始める前に、以下の四つのリストを作ることを伝えておきます。

劇が始まる以前からあった状況、もしくは以前に起こった出来事すべてに関するファクト
劇が始まる以前からあった状況、もしくは以前に起こった出来事すべてに関するクエスチョン
幕開きのシーン直前の状況に関するファクト
幕開きのシーン直前の状況に関するクエスチョン

四人を選んで、それぞれ一つのリストを担当してもらいます。この作業は一度のセッションでは終われませんから、急がないこと。たぶんこの作業は三～四日もしくは、時間があるならもっと長い日数をかけて行ないます。自分が下調べして作ったリストと、キャストと一緒に作るリストは、完全に同じものにはならないと心にとめておくこと。彼らの直感で、新たなファクトとクエスチョンがあなたの予備リストに加わるはずです。とはいえ、あなたはこのエクササイズの結論がどのようなものになるかを知っているわけですから、彼らが見過ごしたファクトや、気にかけていないクエスチョンにも関心を向けるように誘導します。

全員でテキストを読んで挙がった情報がファクトであるか否か議論になったら、それはただちにクエスチョンとして書きとめます。情報をファクトとして決着できないということは、明らかにその情報には何かしら曖昧さや疑いがあるということですから、いったんクエスチョンのリストに加えておいて、のちのち戻って詳しく調べます。このタスクの最中は、俳優が早計にクエスチョンの答を出そうとしないように気を配ること。彼らには、クエスチョンは稽古プロセスの後半で解決されるはずだとだけ伝えておきます。いま作っている四つのリストとは関係のない質問をしてくる俳優もいるでしょう。例えば芝居のアクションについてとか、どこかの台詞の意味などを訊いてくるかもしれません。こうした質問はもう少し稽古が進んで、芝居のアクションを考える段階か、最初のシーン稽古をするときに必ず対応すると約束して、メモにとっておきます。

このエクササイズのあいだに、自分の役や戯曲のほかの解釈について長々話し出す俳優が出てくることもあります。このセッションが今回彼らに与えられた最初の議論の場であるためでしょう。彼らには、自身の考えを簡潔な一つの質問に煎じ詰めるように言って会話を切りあげて、その質問をリストに加えて先に進みます。この

行程を終えたら、四つのリストのコピーを取ってキャストに配ります。このマスター・リストは俳優が登場人物の経歴を創る際に大いに役立つことがいずれわかるはずです。

サマリー

- 全員で台本を読み、四つのリストを作る。
  ——劇が始まる以前からあった状況、もしくは以前に起こった出来事すべてに関するファクト。

  ——劇が始まる以前からあった状況、もしくは以前に起こった出来事すべてに関するクエスチョン。

  ——幕開きのシーン直前の状況に関するファクト。

  ——幕開きのシーン直前の状況に関するクエスチョン。
- すでにあなたが同じように下調べした知識を使って、キャストの出す結果を誘導する。
- ファクトかクエスチョンのどちらかという論議が起きたら、その情報はクエスチョンのリストに加えておく。
- 俳優がこの段階でクエスチョンの答えを性急に出そうとしたら思いとどまらせ、稽古後半で解決されることを保証しておく。
- のちのちの稽古プロセスに関連した質問は、稽古後半で話し合うようにメモに書きとめておく。
- 俳優がこのエクササイズを利用してほかの関心事について長々語り始めたら、うまく制止する。

❸リサーチ

リサーチを通して、時間と場所に関する具体的で詳細な共通認識を、俳優同士が確実につくりあげることができます。書き下ろしの新作であってもリサーチは不可欠です。台本の準備段階であなたが行なったリサーチをもとに、俳優それぞれに必要な課題を割り当てて、効率よいリサーチの参考となる本や記事をアドバイスします。また彼らが出してきた情報が正確でなかった場合には、修正します。

稽古初日に、一晩でできる簡単なリサーチ・タスク――劇が進行する年月（時代）に関する事実を三つ探す――を宿題としてすでに伝えてあるかと思います。これらの歴史的事実は政治、社会、芸術に関する参考文献からの引用であったりするでしょう。二日目に皆で机を囲んで、調べたファクト（事実）を順番に発表して共有します。この作業は最長一時間までにおさめます。以下は『かもめ』に関して、キャストが調べて稽古場で発表したファクトの例です。


一八九一年に飢饉（ききん）があり、一四〇〇万人から二〇〇〇万人が影響を受けた。

一八九三年十一月、チャイコフスキー没。

一八五〇年から一九〇〇年の間にロシアの人口が倍増。

一八九〇年、ロシア初の大規模ストライキが起こる。

一八九〇年代、ロシア文芸象徴主義運動始まる。当時皇帝はアレクサンドル三世。彼は復古主義的専制君主であり弾圧体制を敷いた。

一八九四年、ニコライ二世が皇位を継承した。


俳優が歴史的事実を発表している間に、それらが戯曲とどのように関連しているかヒントを与えていきます。『かもめ』では一八九一年（劇の始まる二年前）の飢饉は芝居に使えるファクトです。誰かがこのファクトを発表しているときに、この出来事に直接影響を受ける役を演じる俳優全員が、自分の役の履歴書に日付を必ず書きとめているか注意します。俳優各自で飢饉の最中はどのように暮らしていたかを想像し、その答えを役が過去に体験した出来事に、具体的に変換してみるように促します。それから飢饉という事実によって説明のつくテキスト部分を説明します。すなわち、第一幕の犬はたぶん、悪い収穫状況のもとでやっと穫（と）れた貴重な穀物を泥棒から守るために、番犬として夜通しつながれていたはずです。

このようにファクトを使って、戯曲の世界観の共通認識を作り始めます。『かもめ』では一八八一年のアレクサンドル二世暗殺につづくロシアの圧政時代が舞台になっていることを、俳優が認識することが大切です。当時鉄道は二万五〇〇〇マイルしか敷かれておらず旅行はむずかしかった。そして国は悲惨な飢饉からやっと回復してきたところである。たとえ時間の関係でリサーチできたのがこれだけであったとしても、同じ世界観に向けてキャストが漕ぎ出す手がかりとしては充分です。

このタスクをしていると、リサーチが得意な人とそうでない人が出てきます。例えば、曖昧で一般的な情報しか出してこない俳優がいるので、そうした人たちには次回のリサーチ・タスクを振り当てるときには注意が必要だとわかるはずです。もっとわかりやすいレベルだと、インターネットや図書館を利用できない俳優もいます。彼らにはインターネットへのアクセス方法を教えるか、あなたが参考の本を貸してできるタスクを振る必要があります。

次に、バックヒストリーの二つのクエスチョン・リストを見て、細かいリサーチをして答えを出す必要のある項目すべてに印をつけます。そしてリハーサル序盤に宿題として定期的に、俳優にリサーチ課題を割り振ります。可能であれば、その人の役に直接関連のある項目を割り振ります。リサーチ課題は一度に一つずつのみとし、一時間のセッションを定期的にスケジュールに入れ、全員の前で結果を発表します。つづいて俳優がリサーチして集めたファクトを芝居のアクションにつなげていきます。

ではなぜ俳優にリサーチをさせなければならないのか？　演出家がリサーチしたものをただコピーして、俳優に渡して読ませるのでは駄目なのか？　――なぜなら、リサーチは俳優が自分で情報を見つけたときに、最も良く理解されるからです。リサーチとは情報を集める旅の手がかりであり、発見はやりがいとなります。この自己達成感によって情報は彼らの思考に、より確実に取り込まれます。いったん取り込まれた情報は、頭のなかにクリアな映像を映し出し、シーンの演技により良く反映されます。また、リサーチ結果は複数の人物が発表することで、より効率よく受け入れられます。もし演出家や専門家がすべてのリサーチ結果をキャストに向けて一方的に発表すると、稽古場は学校のような雰囲気になり始めて、内容はキャストの片方の耳から反対の耳へ素通りするのがオチです。

ときには、リサーチをしていて迷走してしまう俳優もいます。そのような場合は、彼らが調べた事柄のなかから有効な情報を抜き出して、残りは無視するようにアドバイスします。肝心なことですが、リサーチの目的は戯曲の世界観、役柄、または劇中その人物が何をするべきかについて、俳優の理解を深めることです。

ここで稽古場の壁に大きな紙を貼り出して、リサーチの結果わかった日付と出来事のリストを書き出します。以降、新たな発見や重要な日付が判明したら、随時ここに追加していきます。のちのち登場人物の履歴書から重要な日付も追加していきます。書き加える作業は演出部スタッフか、小さい役のキャストもしくは演出助手に担当してもらうと良いでしょう。稽古場の壁に俳優がリサーチして得たビジュアル資料も貼り出します。

あなたの事前リサーチで収集したビデオやＤＶＤを見せます。鑑賞後にディスカッションの時間をとりますが、俳優が当然自分と同じ点に着目するものと思い込まないこと。演出家が見て感じた重要なポイントや有益と感じたことに、誰もが必ず気づくとはかぎりません。鑑賞前にもディスカッションをして、場所や登場人物などのどんなポイントを見て欲しいかを伝えておくと良いでしょう。

見学旅行に行くならリハーサルの第一週にアレンジして、芝居の世界観や役柄を築き始めるこの時期に、俳優の想像力を満たす機会にします。実地見学は遅すぎると、俳優は実体と食い違うかもしれない、空想の強いイメージをつかんでしまうでしょう。見学は必ずカンパニー全員が参加できるように、また可能なら舞台美術家、照明デザイナー、ムーブメントディレクター、音響デザイナーや作曲家などのクリエイティブスタッフも誘いましょう。見学後にはグループ全員で印象や発見したことについて話し合う時間を必ず設けます。

サマリー

- 稽古序盤にキャストに与える最初のリサーチ・タスクとして、戯曲の舞台設定となる時代の簡単なファクト（歴史的事実）を三つ調べる宿題を出す。
- キャストが調べてきた歴史的事実をグループ全体で共有し、そのファクトに関連する芝居のアクションを考える。そこで俳優各自のリサーチ能力も査定する。

- キャストとともに調べたバックヒストリーのファクトとクエスチョンのリストからリサーチ・タスクになる質問をすべて拾い出す。
- バックヒストリーのファクトとクエスチョン・リストから、定期的にリサーチ・タスクを宿題にする。
- あなたが事前に準備したリサーチ結果をガイドにして、俳優のリサーチを正しい方向に誘導する。
- それぞれの俳優に、演じる役に関連したリサーチ・タスクを割り当てる。
- 俳優自身でリサーチしたほうがより良く理解吸収されるということを覚えておく。
- 定期的にグループセッションの時間を設け、個々が調べたことを全員に発表する。
- リサーチで得たカギとなる年代日付を大きな紙に書き出し、壁に貼り出す。
- 関連するＤＶＤやビデオを見せたあとに、充分なディスカッションの時間を設ける。
- 見学旅行（実地見学）を行なう。

4 場所

戯曲の舞台となる場所の位置関係や情景を完璧にイメージすることで、俳優は登場人物が存在する世界を信じて入り込みやすくなります。ですが、俳優の意識としては、場所を演じるというのは感情や役の経歴を演じるのと比べると興味が薄くなりがちですから、場所という要素にも注意を向けるように、より強く彼らに促す必要があります。

簡単なエクササイズを行なってキャストに場所を紹介します。事前準備で複数の場所のサークル（地域サークル）の区別・差違について調べました。その情報を利用して、次のエクササイズを行ないます。

キャストを小さなグループに分けて、グループごとに戯曲から一つのサークルに関するファクトとクエスチョンのリストを作ってもらいます。『かもめ』であったら、一つのグループには家の内部について、二つ目のグループには荘園について、三つ目のグループにはロシアについて、四つ目はロシア以外の国や地域に関する言及について、というように。リストができたところで、それぞれのサークルのざっくりとした地図か図面を描いてもらうか、もしくは（ロシアとかヨーロッパといった）実際の地図を使って、言及のあるすべての場所に印をつけ、そして結果を全員で共有します。

リサーチには不完全な部分もあるでしょうから、タスクが完成する前に追加のリサーチが必要となる場合もあります。まずは壁に地図を貼り出して、追加リサーチした質問の答えが出たり、グループごとのテキストの知識が深まってさらなる情報を得るたびに、地図を引きなおすか詳しく書き足していきます。その上で、劇の設定場所で起きた過去の出来事の即興や、のちのちのシーン稽古を行なう際の参考として、その地図や図面を利用します。

これ以降、実際に立ち稽古をする際はいつも、俳優が場所を強く認識できるようにします。各エクササイズ前には周囲に何がある設定なのかを確認し、椅子やほかの物を使って場所を区切ります。例えば、椅子二脚で戸口の代用としたり、椅子四脚をおいて広い寝室として空間を仕切ります。

同様に、立ち稽古のフィードバックを出す際は場所をチェック項目の上位にあげて、キャストが場所をきちんと意識し、的確に演技していたか否かを指摘します。シーンの立ち稽古を始めるときは、必ずそのシーンの設定を床にはっきりと場ミリして、演技を始める前に数分時間を割いて、あたりに何があるのか俳優に思い出してもらいます。

稽古場でキャストの演技を見るときに、演出家が毎回稽古場の同じ位置に座って見てしまうと、俳優は一方向に向けてすべてを見せようとして、動きや演技をあなたが見えやすいように調節し、ゆがめてしまいます。そこで、円形舞台の演出をしているかのように、シーン稽古や演技のエクササイズをいろいろな方向から見ましょう。カンパニーの皆にも同様に散らばって見るように促します。ただし演技エリアを侵食しないこと。芝居に使われる戸口に座ってしまったり、調理台があると仮定した部屋の一角にしゃがみこんだりしてしまわないように。もし何か見えない部分があれば、見えるところにすぐ移動しましょう。このように演出家が動きまわることで、俳優はどこに観客がいるかを意識するのではなく、想像の世界に最大限存在することに向きあえます。

サマリー

- 場所のサークルに関する簡単なエクササイズをして、戯曲に出てくる場所の位置関係をキャストに解説する。
- キャストが描いた各サークルの地図を壁に貼り出し、稽古中に場所に関する新しい発見があったら随時それを追記する。
- 立ち稽古では俳優が場所を確実に強く意識できるように配慮して、フィードバックを出す際にも場所に関するチェック項目を上位に据える。
- 稽古を見る位置を一点に固定しない。

5 作家とジャンル

俳優が作家についての理解を深めることで、テキスト中の具体的なディテールを理解するのに役立ちます。作家の人生がもとになっている部分や要素を突きとめれば、登場人物を創りあげるのにも利用できます。

作家について稽古初日に紹介する際に、作家の人生に関する基本的な事実をキャストと共有し、そのことが戯曲にどのような光を投げかけているかをそれとなく伝えておきます。そして今度は、あなたが事前のリサーチで集めておいた、作家に関するより詳しい情報を皆と共有します――その情報とは例えば、戯曲中の具体的などこかとつながりのある伝記上の事実や、戯曲について作家が生前に語った有益な引用などです。俳優が役柄にしっかり入り込むのに役立つ関連性を指摘します。『かもめ』で言えば、ニーナを演じる俳優は、チェーホフのガールフレンドの一人であったリカについて調べると良いでしょう。リカの特徴は劇中の人物に反映されている可能性があります。時には、作家の人生の出来事と、作品中のイベントや登場人物との関連が、戯曲を演じる上で何の役にも立たないケースもあります。作家が実生活で起こった些細なエピソードをほんの数個取り出して、それを実際とは異なる順番に並べて縫いあわせたとしたら、まったく新しいリアリティーを帯びます。この場合は、関連性をリサーチするのは諦めます。ここでもあなたの事前準備のおかげで、まったく不毛なリサーチで俳優の時間を無駄にさせずに済むはずです。

特定の俳優には、演じる役の経歴を創るのに役立ちそうな作家自身の一面について、より詳しくリサーチするように提案します。例えば、ドールン役の俳優にはチェーホフが医学研修をした当時のリサーチを、またソーリン、ポリーナ、シャムラーエフ役の俳優には、チェーホフがどのように田舎の荘園を運営したかをリサーチさせると良いかもしれません。このようなリサーチ・タスクによって、登場人物の研修課程や職歴に関する知識の隙間を、チェーホフ自身の人生から抜き出した要素で埋めることができます。もし作家が存命であれば、情報を共有する必要がある際は作家の指導に従います。その作家の人生と戯曲の関連性について演出家が何かを発見したとしても、作家の同意なしに稽古場で使わないこと。

次に、キャストに作品のジャンルについて知らせますが、何とかイズムの知識重視の長たらしいディベートは避けること。簡潔にジャンルを紹介し、演出にそれがどのように反映されるのか例をいくつかあげて、シーン稽古でどのように具体的に取り入れるつもりなのかを説明しておきます。チャプター3のジャンルについての部分で、私が『かもめ』をシンボリズムで演出したことと、そしてジャンルを具現化するために二つの幕で風が強く吹く演出をしたと書きました。これを実際に言葉でキャストに説明するには、雷雨の前に吹く突風の話や、ジャンルが目指すところをそのままに話すと良いでしょう。

もしシュールレアリスムのような手のかかるジャンルで演出する場合は、俳優がジャンルの趣旨をつかむのに役立つ実践的なエクササイズを、この段階で行なうと効果的です。例えば、キャストに自分の見た夢を再現してもらったあとに、シーンの演出に使えそうな、夢の具体的な構成要素や素材についてディスカッションします。

サマリー

- すでに亡くなっている作家の人生に関する簡単な事実に注目し、それが戯曲にどのように光を投げかけているかディスカッションする。
- 作家に関するより詳しい情報——例えば、戯曲中の場面とつながりのある伝記中の事実や、戯曲について生前に語っていた有用な事柄——などを皆で共有する。

- 登場人物の経歴づくりに使えそうな作家の一面について、関連する役を演じる俳優に詳しく調べるように勧める。
- 存命の作家については、同様の《リサーチ》プロセスは個人のプライバシーに関わるので、作家の了解が得られた場合のみ行なう。
- 作品のジャンルを簡単に説明する。
- むずかしいジャンルの趣旨を俳優がつかめるように、実際に立って簡単なエクササイズを指導する。

6 テーマ（主題）についての実践的な稽古（立ち稽古）

戯曲に含まれるテーマについて実際に立って稽古をして、俳優がどのようにテーマに生き生きと明確な命を吹きこめばよいか——そしてどのようにテーマを劇中の具体的な演技に変換するかをつかみます。また実生活のシチュエーションと劇中の出来事との類似性に目を向けて、実生活を観察して引き出したものをシーンや役を創りあげる作業に積極的に利用するように促します。優れた俳優は皆、実生活から直接演技を引き出すものですが、日常の振る舞いをうまく演技として再現するときに、どのくらいの精密さが必要かをこの稽古で気づかせる役割もあります。ですからエクササイズは、演出家がどのくらい詳細で正確な身体的表現（情報）に興味があって、それを期待しているのかを俳優に伝える機会でもあります。またこれは演出家が演技を見てフィードバックを返す最初の稽古であり、のちのちの稽古プロセスで使う《意図》《イベント》《場所》といった要素の用語を丁寧に伝えられる機会でもあります。

まず、キャストを集めて机を囲み、戯曲のカギとなるテーマがどんなものか提案してもらいます。簡単な単語とフレーズもしくは、洗礼された知的なものではない「小学生のような表現」でテーマを表わして欲しいことを伝えます。彼らが挙げた考え（言葉）をすべて書きとめます。そのなかには、的を射ているもの、近いもの、まったく正しくないものもあるはずです。リストができあがったところで、あらかじめ自分で準備し抜き出しておいた三〜四つのテーマにゆっくりと誘導していきます。あなたがテーマにつけておいた名前が、皆にはしっくりこない場合もあるでしょう。その場合は名前を変えましょう。例えば「夢破れる」という言葉が皆に響かなかったら、代わりに「打ち砕かれた希望」と言い換えてみます。肝心なのはテーマが認識されることです。

おおよその基準として私は、テーマとするのは登場人物の半数以上が関連していることと、かつ演出上（芝居のアクションのなかに）目に見えるものにしています。俳優が明らかに戯曲のなかに書かれていないテーマを提案してきた場合は、あなたが準備作業をしたときと同じように、そのテーマがどの登場人物に関連あるかを一人ずつ精査するように促します。俳優の提案が間違っていれば、それがテーマとして登場人物やアクションに充分な意味を持って影響を与えるものでないことが、たちまち簡単に判明するはずです。

テーマの最終リストが揃ったら、戯曲の「最大のテーマ」は何であるかを俳優に問います。すなわち、何について書かれた戯曲であるか、です。このリスト作成の作業にはあまり時間をかけずに、俳優が速く効率よく答えを出せるように誘導しましょう。長い時間本題から外れて膠着（こうちゃく）状態になったり、論争になってしまったら、一番初めのリストを立ち稽古の出発点として採用するよう提案します。

次に、テーマについて実際に立って演じてみます。テーマを一つ選んで、日常生活のなかから関連のあるモーメント、もしくはテーマが具体的に表現されるモーメントを、俳優に考えてもらいます。人生を一編の長い映画であると想像して、そのなかの数分間を編集したり修正したりせず、起こったままを正確に演じてもらいます。何が、どのように起きて、それがいつどこで起きたかを思い出してもらいます。抜粋は二分～一〇分程度が適当です。このエクササイズをはっきり理解してもらえるように、あなた自身の生活から例を示して説明します。『かもめ』の「夢破れる」のテーマでは、演劇学校に受からなかったと知った場面とか、やりたかった役がほかの俳優に配役されたと知った様子などを、俳優の実生活の体験から考えてもらいます。それは所属芸能事務所からの電話かもしれませんし、先生との会話かもしれません。「不幸な愛」のテーマは、好きな人に拒否されたモーメントとか、恋愛がこじれてしまった原因の出来事などで表現されるかもしれません。

選ぶモーメントは平凡な日常のひとコマ（ごみを誰が出すかでもめるカップルとか、一人でソファーに腰を下ろしてテレビのスイッチを入れた瞬間など）でかまわないことを俳優に伝えます。また、戯曲のなかのシーンに似せようとして出来事を盛らないように忠告します。最も大事なことですが、まだ心の痛みが癒えていないとか、ちゃんと気持ちが整理できていないような最近の出来事は使わないように警告注意して、稽古場はカウンセリングルームではないことをきちんと認識してもらいます。もしテーマが特に暗いもの（死とか病気など）であるなら、エクササイズは任意とします。このタスクについて一晩考え、翌日にキャスト全員で出来事を再現すると伝えます。

翌日、ひとりの日常の一場面を再現するのにほかの何人が出演できるか聞いてまわります。そして自分自身の体験場面を演じる人と、他人の場面の再現に参加する人と、全員が何かしらの役割を演じるようにエクササイズをセットアップして、シーンを再現するために俳優同士で出来事の情報を共有し、相談する時間を与えます。このプロセスには二〇分前後かかるかもしれませんが急かさないこと。見物人に「共感」を与えるために場面の状況を変えたり盛ったりする必要はないことを強調しておきます。エクササイズの目的は、彼らの日常で起きた出来事をできるだけ正確に再現することであり、前にも書きましたが、「戯曲のワンシーン」を演じることではありません。準備ができたら、順番にそれぞれの再現場面を見せてもらいます。カンパニー全員が再現に参加していればあなた一人で見るか、もしくはその再現に参加していない俳優と一緒に見ます。

エクササイズが終わったら、五分間ディスカッションをします。まず全員にエクササイズで起きたことと戯曲中のモーメントや登場人物とをリンクさせるように促します。再現は戯曲の一場面を思わせる実際の出来事を題材にしているとか、誰かにもう愛していないと告げる前に姿勢を変えるような、身体にあらわれるディテールを目立たせているものかもしれません。このように類似性や細部に注意を向けることで、俳優は人間の振る舞いについてより丁寧に学び、役を演じる際にどのようにすれば同じように正確なレベルに達せられるかを考える手がかりになります。

一人でエクササイズを見る場合は、あなたが日常の一場面と戯曲の類似点を指摘して、ほかの俳優と一緒に見る場合は、彼らに「この再現シーンのなかに戯曲のシーンにつながる部分は何かなかった？」と質問してみます。もしすぐに答えがあがらなかったら、関連を説明します。俳優は自分たちの演技についてお互い率直にとか、グループで話し合うことに慣れていないので、自ら進んでフィードバックを返すのはどうしても控えめになるものです。

あなたが質問しつづけることで、要求されているのは他人の演技を批判することではなく、人間の行動（振る舞い）の細かく具体的なディテールに目を向けることなのだと気がつき、俳優はやがて自信を持ってフィードバックできるようになります。

このエクササイズはまた、あなたの演出で使われる用語や重要なアイデアを紹介するのにも使えます（チャプター9参照）。一緒にエクササイズを見ている俳優に「場所はどこ?」とか「時刻は何時頃だと感じた?」と質問をすることで、《場所》や《時間》といった要素と用語を導入することになります。エクササイズのなかで特にはっきりとした《イベント》や《目的・意図》に気がついたら、それを指摘します。例えば、「不幸な愛」のテーマと関連のある日常の場面は、「ヴェニスの運河沿いを手をつないで散歩するカップル」を題材にして演じられるかもしれません。女は素敵なホテルを指差して冗談でこう言います、「不倫に良い場所ね」。男は言います、「うん（イエス）、そうだね」。女は突然立ち止まって、男の手を離します。女は真剣な顔で言います、「あなたあそこで浮気したの?」男は立ち止まってこう言います「うん（イエス）」。二人は向きを変えて、互いに顔をそむけます。

このエクササイズでは、男が「うん、そうだね」と言ったときに変化またはイベントが始まり、「うん」と返事したときに終わります。イベントの始まりと終わりに、俳優の身体（動き）と言葉の両面に何が起きたかを指摘します――つまりどんな様子で女は急に立ち止まって男の手を離したのか、どんな様子で二人は向きを変えて互いに顔をそむけたのか。

エクササイズを見たグループに、イベントの前と後の男女の意図はそれぞれ何であったかをたずねます。こうしたエクササイズへの応答を使って、日常の具体的な状況を分析するツールを教え、それはのちのちの稽古で劇中のイベントや意図を分析する際にあなたが使おうとしているツールであることを俳優に示しておきます。このエクササイズはのちのちの立ち稽古でも参考となる、非常に貴重なものとなるはずです。

ですが、再現をしたあとの俳優同士のディスカッションでは、（エクササイズ中に暗示された）人生の深部分析に深入りしすぎないように気をつけること。再現をした俳優にとっては、立ち入りすぎ、批判がましいと感じられてしまいます。

ディスカッションの最後に、戯曲を演じる際に有効と思われる身体的な特徴や情報など、話し合われた内容を俳優が書きとめる時間を設けましょう（例えば「愛してる」と言いながらの足の動かし方とか、死にそうな人を残して立ち去るときに身体全体がどのように震えるか、など）。こうした観察を書きとめておいて、のちのちのシーン稽古をする際の参考にします。例えば、マーシャを演じる俳優には、「不幸な愛のエクササイズで、ベスが愛していないと告げる前に、彼女が座っている姿勢を変えたのを覚えている？　メドヴェジェンコに愛してないと告げる直前にその細かな身体の動きを加えてみて」というように使えます。

一日一つのテーマか、リハーサル期間次第では二日にわたって一つのテーマを見ていきます。日常の一場面を再現し鑑賞して、情報を抜き出すのにかなり集中力を要しますので、二時間以上は続けません。リサーチ作業やファクトとクエスチョンを見つける本読みのあいだに、テーマのエクササイズを間隔をあけて差しはさむと良いでしょう。

サマリー

- 戯曲のテーマをキャストも全員合意のもとに確認する。
- メインのテーマ（主題）を選び出す。
- テーマを一つずつ実際に演じて検証していく。各テーマに関連のある日常生活の出来事を、俳優に順番に再現してもらう。これを二〜三日にわたって少しずつ行なう。
- 再現シーンを見たあとでフィードバックをして、再現シーンと戯曲の類似点を見つけるように、全員に促す。
- 自分の演出で使う要素、例えば《目的・意図》や《イベント》が出てきたら指摘して用語も教える。《時間》や《場所》といった要素にも注目を促す。
- 各再現のあとに、演技に役に立ちそうなディテールを俳優が書きとめる時間を設ける。
- テーマについての稽古は一回二時間までとし、ほかの作業のあいだに数回はさむ。

7 感情についての実践的な稽古（立ち稽古）

役を演じる立ち稽古に入る前の、かつリハーサル期間の早い段階で、感情が肉体にどのような影響を及ぼすかを学ぶことは実際の演技を理解する良い方法です。テーマについての稽古と同じように、このエクササイズによって、演技には正確な身体表現が必要であることを俳優に認識させて、舞台上で演技を生き生きとさせる手段として、日常の出来事をもっと正確に観察することを推奨します。

戯曲を下調べしていると、登場人物が特定の感情を特に強く感じていることに気がつくはずです。例えば、エウリピデスの『アウリスのイピゲネイア』では、主要な感情の一つは「恐怖」です。登場人物全員が芝居の重要なモーメントで恐怖を体験して、そして劇の大部分は命が危険に曝(さら)される状況で進行し、恐怖によって行動が左右されています。この戯曲を演出するのであれば、恐怖の感情が肉体にどのような影響を及ぼしているかを研究します。

『アウリスのイピゲネイア』の稽古の初めに、私はキャストに彼らの日常で起きた恐怖体験について考えるように指示しました。テーマのときと同じように、選ぶシチュエーションはもうすでに生々しい思い出ではなくなっているものにしてもらいました。テーマに関して彼らの日常を切り取って再現したように、翌日にそのシチュエーションを再現してもらいました。再現は一人でする人もいましたし、他のキャストを使う人もいました。各発表後私は見る側にまわった人たちに、恐怖という刺激を受けた俳優の身体の動きに注目するように言いました。そのディスカッションでは心理的な分析はなるべく避けて、人間の身体的特徴に関する観察を引き出しました。

ある俳優はライオンと一緒のシーンを撮影した体験を再現しました。彼はトレーニングでライオンのケージに入らなければなりませんでした。ケージに入り、一〇秒近く微動だにせず立ち尽くし、それから自分の太ももを両手のひらでこすり続け、ライオンの方向へは一ミリも近づくことなく、わずかな歩幅で前進と後退を繰り返しました。それから彼はカメラのほうとライオンのほうへ、何度も繰り返し見比べるように顔を向けました。体温が上がり、顔が赤くなりました。首筋の血管が強く脈打っているのが見えて、心拍が上がっているのがわかりました。呼吸はとても浅くなり、話をするときに口が渇いているのが私たちにも見てとれました。

別の俳優の再現は、北アイルランドの検問所で車が止められたシーンでした。銃口が窓のなかに向けられ、車中の男女は二人とも五秒ほど完全に静止状態でした。その後の二人の動きはとてもゆっくり慎重でした。男のつま先が運動靴のなかで上下しているのが見えます。女はずっとハンドルをきつく握りつづけ、指、手、腕、肩のすべての筋肉がひどく緊張していました。

このエクササイズのあとで俳優とディスカッションする際に、できれば戯曲にあるモーメントかイベントとリンクさせます——テーマについてのエクササイズで行なったのと同じです。ライオンの再現のあとでは、同じ身体的「症状」がたとえ一部でもあらわれそうなモーメントが『アウリスのイピゲネイア』のなかにないか皆に聞きました。一人が挙げたのは、アガメムノンが今まさにイピゲネイアの喉(のど)を切ろうと祭壇に近づくとき、彼の身体は同じように動くのではないか、というものでした。また別の一人は、突然一〇秒もじっと動かなくなるのは、コロスの女たちが、イピゲネイアが生贄となったと知らされたときとうまくつながるのではないか、と提案しました。クリュタイムネストラ役の俳優は、イピゲネイアの死を知らされたとき、北アイルランドの車中の女と同じ身体的「症状」がいつくかあらわれるのではないか、と提案してきました。例えば、女がハンドルを握りしめたのと同じようにイピゲネイアにしがみつくのではないか、と彼女は考えました。このようにして、俳優が戯曲中のモーメントを演じるのに、日常の経験から得たきわめて精緻な身体的情報を参考に使うことを奨励します。

もちろん、エクササイズで主要な感情の一つを選ぶからといって、戯曲に書かれているほかのさまざまな感情を無視するというわけではありません。ひとつの感情に注目して正確さのトーンを設定し、同じレベルの正確さで作品中のすべての感情を調べ、実際のプロダクションのなかで再現しなければいけません。観客が登場人物の感情を「読む」、つまり、一人の人間の内部で何が起こっているのかを理解する重要な手段の一つが俳優の身体表現である、ということを俳優に気づかせます。前のセクションで書いたテーマについてのエクササイズと同様に、感情についてのこのエクササイズも、のちのちの稽古プロセスで確かな参照ポイントとなります。例えば、あるシーンを稽古していて、俳優の恐怖の演技で身体的描写があまり正確でないと感じたら、「ベンがライオンのエクササイズで、手のひらで太ももをこすり続けて、足を前後に少しずつ動かしていたのを覚えている？　この役が恐怖を身体でどう表現するか考えてみて」と引用します。そして俳優はそれまでの演技に身体的なディテールを付け加えることを思い出すでしょう。

このエクササイズは俳優の身体表現を大げさにさせたり、様式化（型に嵌める）させようとするものではありません。感情によって身体にあらわれる正確な状態を、その状況のテンポやスケールに対して正直に演じてもらうために使うものです。こうしたしぐさや動作が普段いかに大きいか、びっくりするはずです。『アウリスのイピゲネイア』の恐怖についての稽古で、ある俳優は「自宅アパートの玄関ドアを開けたら階段の一番上にねずみを発見した」本当にあったエピソードを再現しました。彼の印象では驚いてほんの一歩下がっただけと思っていたようですが、実際には後ろに三メートル飛び上がっていて、このエクササイズで彼自身がどんなに遠く飛んだかを発見して、もう一度驚いていました。私たちはその後プロダクションのなかで、アキレウスがイピゲネイアと結婚するという知らせのリアクションに、この大ジャンプを使いました。

サマリー

- 戯曲のなかで特に目立つ感情を見つける。
- 日常生活でその感情を経験したモーメントをキャストに考えてもらう。
- 一人ずつその出来事を再現してもらい、残りの皆で鑑賞する。
- 見ているメンバーに、再現者の心理的な情報ではなく、身体にあらわれる情報に注目するように伝える。
- この身体的な情報を戯曲のなかのモーメントと結びつける。
- のちのちのリハーサルで、身体描写を正確に表現させたいときにこのエクササイズを参照ポイントに利用する。

8 登場人物の経歴

演出家はみな、登場人物の人生に関する質問をさばかなければなりません。演出の避けられないステップです

「僕たちはいつ出逢ったのか？」「私たちはどのくらい前から互いに知り合いなのか？」「僕が伯父（おじ）さんに最後に会ったのはいつ？」——つねにこのような質問に答えを出したり、ディスカッションしたりしなければなりません。リハーサルの早い段階で登場人物の経歴について総合的に検証し、シーン稽古に入る前にこのような質問をクリアにして、関係のある全員が過去のイメージを共有しておきます。

あなたはすでに登場人物それぞれの経歴概略を一枚ずつの紙に書き抜いているはずです。今度は経歴を調べる最初のステップを宿題として、俳優にも経験してもらいます。芝居が始まる以前からあった状況と、以前に起こった出来事のすべてをもとに創ったバックヒストリー・リスト（背景リスト）から、俳優各人に自分の役のファクトとクエスチョンをすべて拾って、ファクトをおおよその年代順に並べてもらいます。その際、あなたが経歴を準備したときと同じように、最もシンプルで理屈に合う順番に並べるようにアドバイスします。俳優も演出家同様に、登場人物の過去を複雑に考えすぎる傾向があります。しかし肝心なのは、複数の登場人物がしばしば互いに過去を共有している、ということです。ですから、他の人物と切り離して自分の役の経歴だけを、細部まで緻密に創っても意味がありません。全体とかみ合わないまったく違った順番で出来事を並べてくるケースもあり、そうなると彼らが苦労して創ってきたものを正すのに、かえって多くの時間を費やさなければならなくなってしまいます。ですから俳優が創るのは自分の役の経歴のファクトに関して、単純で短いリストがベストです。可能なら経歴のなかに日付を記してもらいます。日付または順番が不確かなファクトがあれば、それは除（の）けておきます。クエスチョン・リストの回答はまだ出しません。間接登場人物の経歴を調べるのは、小さな役を演じる俳優か、その間接登場人物と強い関係がある役を演じる俳優に割り振ります。——例えば、メドヴェジェンコ役に彼の父母の経歴も調べてもらいます。これらのタスクは稽古時間以外で作業してもらいます。

翌日全員で机を囲みます。配役表の先頭から順に、俳優が調べてきた各役のファクトの順番をチェックし、簡単なクエスチョンには答えを出します。このセッションを経て、キャスト全員が自分の役の過去のキー・イベントを年代順に並べ、明解に把握できるはずです。

事前準備しておいた登場人物の経歴シートをガイドに使います。一人ずつ経歴を発表してもらう間に、もし日付や順番に間違いを見つけたら、そこでいったん止めます。俳優に日付の選択が「間違っている」という代わりに、あなたの提案の根拠となる脈絡を示しましょう。例えば、「ニーナの母親の死をずいぶん昔に設定するのは、果たしてどうだろうか。芝居が始まるもう少し近くに設定したほうが、継母（ままはは）が来てまだ新しいとなって、より効果的ではありませんか?」このように言ってみましょう。

設定を変更することでこの台詞が言いやすくなるとか、このモーメントの意図が演じやすくなるよとあなたが示していくと、俳優も登場人物の過去の出来事と、劇中すなわち現在の台詞とのつながりに、つねに焦点を当てて考えるようになっていきます。もし俳優の意見が異なるようであれば、台本の該当部分を一緒に読み、そこから得られる最も明解な印象を探します。

次に間接登場人物を同じ方法で調べていきます（戯曲中に名前が出てくる順番で行ないます）。調査対象の間接登場人物と自分の役の過去がどこかでリンクしていないかを考えながら、グループ全員がこのプロセスに関わります。結婚や家族の死といった大きなイベントは、たとえ台本上では家族のうち一人しか言及していなかったとしても、必ず家族全員の経歴に書き込まれるべき出来事です。

あなたが全員の人間関係について事前に調べておいたものを参考にして、俳優に役の履歴書を創りながら劇中の人間関係を考えてもらいます。たとえ二人の登場人物が劇中では直接的な影響をあまり及ぼしあっていなくても、過去には二人をつなぐ出来事があったかもしれないと考えるように促して、人物間の関係性をつくりあげる手助けをします。例えば、ニーナの生年月日について話すときに、（医者である）ドールン役の俳優にこうたずねてみましょう。「貴方はドールンがニーナを取り上げたと思う?」ニーナ役が母の死について話すときには、ドールン役に、「貴方はニーナの母親の治療をしたと思う?」と質問します。ドールンは第一幕でニーナの父について攻撃的に話す台詞があり、俳優にはその感情をサポートする何かが経歴のなかに必要です。ドールンを演じる俳優は自分の過去のファクト・リストに、ニーナの誕生と彼女の母親の死亡の日付を加えます。さらに、ドールンはニーナと一緒のシーンが複数ありますから、二人のシーンを的確に演じるためには、二人の過去の関係性の全体像をしっかり把握する必要があることを忘れてはいけません。

また、チャプター5で述べた関係性についての事前準備資料を使って、登場人物が特定の出来事によって自己評価や他人を評価しているのだということを、俳優に気づいてもらいます。例えば、アルカージナが若い頃に相続権を奪われ貧しかった経験によって、彼女の金銭感覚が形成されていることを指摘します。二〜三人の経歴からこのような重要なモーメントを指摘するだけで、ほかの人もこの方法を理解するはずです。そしてほかの同様のつながりについてはのちのち、劇中の行動が過去の出来事に特に強く由来しているシーンを稽古するときに、話をすると良いでしょう。

必ずすべての人物に充分な時間と注意を払うこと、そして一人の俳優が自分の役についてばかり長々と話して、グループセッションをハイジャックするのを防ぐこと。もしそのような状況になりかけたら、その俳優に気がかりなことは簡単な質問形式にして、あとで検討するべくクエスチョン・リストに加えておくように伝えます。もし二人の俳優のあいだで、過去の共通の出来事について論争になってしまったら、とりあえずそのファクトを保留しておくように言います。双方ともファクトをクエスチョンに替えて、近々に再検討としておきます。そして活発に次に進みましょう。

このプロセスが終わった段階で、すべての経歴のディテールが完成している必要も、すべてのクエスチョンに答えが出ている必要もありません。のちのちさらなるリサーチや、もっと深い考察や、細かいテキストの読み込みが必要になることはよくあります。とはいえ、未解決部分をあまり多く残しておかないように。このグループ作業を経てキャスト全員が、当初ファクトから得た印象よりもっと内容のある過去のイメージを手にして、過去の共通のキー・イベントを明確に感じられるようにします。また全員がほかの登場人物全員との関係性について考える習慣を身につけます。

グループセッションは骨の折れる多くの時間を必要としますから、あなたが登場人物全員についての充分な事前準備（チャプター1で述べました）を完了している場合にのみ、取りかかること。落ち着いて集中すること――そして俳優に時間がないという印象を与えることなくエクササイズを進めること。一回のセッションで経歴すべてを創りあげようと無理をしないこと。一回三時間のセッションで六人分、そして次のセッションでまた六人分ぐらいのペースにします。またこのセッションには衣裳デザイナーを忘れずに呼びます。登場人物の経歴を俳優がどのように深めていくかを見ることで、衣裳のチョイスがよりはっきりしてくるはずです。また、この作業は一方通行ではありません——演出家が思いもつなかった新たな素晴らしいディテールが俳優から提案されて、演出家が事前準備した経歴を改訂するというケースはよくあることです。

サマリー

- 一緒に作成したファクトとクエスチョンのマスター・リストから、キャスト自身が自分の役に関するファクトとクエスチョンをすべて抜き出し、ファクトをおおよその年代順に並べるように伝える。
- 間接登場人物についての同じ作業をキャストに割り振る。
- キャスト全員で登場人物の経歴を順番に調べていく。俳優が創りあげた経歴が戯曲を演じる助けとなるように、あなたが事前準備した経歴表を使って誘導する。複数の登場人物に共通する出来事について、互いの経歴のなかで合意されるように手伝う。
- グループ全員がこの作業に関わるように、検討中の登場人物と各自の役の過去がどこかでリンクしていないかを、全員がそれぞれ探すように促す。
- 関係性について事前準備したものを参照して、過去の出来事と、劇中で登場人物が取る行動のもととなる思考・意識との間に何か関連はないか、俳優の注目を向けさせる。
- 登場人物全員を均等に注目する。
- この作業中に問題が起きたら、気になる点は質問の形にして、のちのちの稽古プロセスで検討していくと俳優に伝えて、対処する。
- この作業を終えた段階で、登場人物の経歴についてあまり多くの未解決部分を残したままにしないこと。登場人物に関するグループセッションの内容は、リハーサル開始前に自分で完成させたリサーチと事前準備を使って、必ず下地をつくっておくこと。

9 登場人物と役のテンポに関する初めての実践的な稽古

以下のエクササイズは、キャストにとってはプレッシャーのない状況で役に一歩を踏み入れる機会となり、また演出家にとっては、一緒に創った経歴を俳優がどのくらい吸収できているかを測る機会となります。このエクササイズは登場人物の経歴に関するグループ作業が完了次第始めます。また俳優は、テーマと感情についてのエクササイズで深めた身体描写の精度を、ここで試すことができます。

俳優に、それぞれ自分の役の経歴を見て、靴を磨く、料理をつくる、ベッドメーキングをするなど、登場人物がひとりで単純作業を行なう具体的な時と場所について考えてもらいます。その際に、劇のトリガー・イベントよりも前の時間を選び、大きな出来事は避けるように言っておきます。各自、椅子などを使って場所を設定し、稽古場にある小道具を使うか、もしくは、必用な品物がそこにあると想像しながら演じます。このエクササイズはキャスト全員が同時に行ない、あなたはそれを座って観察します。

エクササイズの終わりに、自分の役について気がついたことは何かを全員に短く発表してもらいます。もし誤った方向に向かっている人がいたら、追加して考えるべき要素を指示するか、その役の強化すべき側面をさらに演じるように助言します。『かもめ』ではシャムラーエフ役の俳優がアーミー・キットを手入れするところや、軍事教練の様子を演じるエクササイズをして、この人物の軍人としての側面を強化しました（彼は荘園の支配人になる前は軍の将校でした）。

このエクササイズは毎回およそ二〇分間でセッティング、発表、ディスカッションをすべて行ない、全体のリハーサル期間にもよりますが、一週間程度定期的に続けます。

以下『かもめ』で行なったエクササイズの例です。

一八七一年、ドールンが一人で赤ん坊のマーシャといる。彼は子供を抱いている。

一八八八年、コンスタンチンが処女作を書こうとしている。

一八七三年、アルカージナがポルタヴァで舞台化粧をしながら公演の準備をしている。
一八九〇年十一月、ポリーナがコンスタンチンのためにアイロンがけをしている。

このエクササイズを通して《**役のテンポ**》の概念を紹介します。すなわち「**登場人物が何かを考え、身体を使って行動する速度**」のことです。俳優は時に自分自身のスピードで役を演じてしまい、それでは登場人物のテンポとしては早すぎたり、遅すぎたりするかもしれませんから、演出家はそれに気づいたらすぐに指摘します。リハーサル序盤では、俳優は間違ったテンポで役づくりをしてしまうことがあり、このゆがみを直すのはなかなか大変です。のちのちの稽古で役のテンポを適切に演じていない人が一人でもいると、シーン自体が誤った速度で演じられることになり、問題が発生します。

登場人物の経歴や関係性を調べているうちに、テンポについても何らかの結論に達しはじめるはずです。例えば、ソーリンは睡眠についてよく話し、ステッキを使って動きますから、ゆっくりとしたテンポの印象を抱くでしょう。またイベントと意図の分析を通して、テンポをより深く理解できます。例えば、第一幕でコンスタンチンがイベントに反応するスピードに注目してみます。彼がソーリンに話しているなかで自分の母親を攻撃するところとか、ニーナの足音が聞こえて突然高揚して反応するさまや、自分の芝居をいきなり中止させる仕方などなど、彼が反応するスピードを見れば、彼のテンポは速いという結論が徐々に導かれるはずです。このように準備作業を進めながら、各登場人物の適切な速度やテンポが明確になっていくはずです。

サマリー

- 登場人物が単純作業をひとりで行なう具体的な時と場所を各自で考えてもらう。
- キャスト全員が同時に、稽古場にある椅子などを使って各自の場面をセッティングする。
- エクササイズの終わりに、各自の気づいた点を聞き、フィードバックを与える。
- 役のテンポの概念を紹介する。

10 関係性

私は、舞台上の人々のあいだで何が起きているのかを見るのが好きです。そして関係性というのは、登場人物の誰かと誰かのあいだに、もしそっと手を置いたらかすかに触れそうな、人と人をつないでいる目に見えない美しい模様の蜘蛛の巣のようなもの、と考えています。私は時どき劇場に行って、俳優たちがほかの登場人物との関係性については明確なビジョンを持たないまま、自分の役だけは繊細に磨きあげて演じてみせるプロダクションに遭遇することがあります。こういうのを見せられると私のなかのどこかで、舞台上で何が起こっているかはもうどうでもよくなってしまいます。

関係性を調べて、戯曲のなかの最も重要な役からあまり意味を持たない役まで、全員の相互作用（影響）について俳優に考えてもらいます。役ごとの履歴書を創る過程で、すでに俳優はすべての役との関係性に意識を向けているはずです。俳優が関係性について深く考えれば考えるほど、最終的に観客は劇中で、より説得力のある関係性を見ることができます（もしこの作業をしなければ、俳優は自分の共感や親近感の赴くままに、せいぜい重要な関係性を演じる程度か、最悪は、一〇ある関係性のうちの一つを演じるだけ、となるでしょう。例えばアルカージナ役の俳優だったら、トリゴーリンとコンスタンチンとの関係性は演じるものの、病弱な兄ソーリンや、昔の恋人ドールンを含む八人以上との関係性をおろそかにしがちです）。

あなたは事前準備で、登場人物がそれぞれ自分をどう考えているかの言及を戯曲から抜き出す作業を行ないましたが、これは俳優には課しません。代わりに、あなたが関係性を調べる際に行なったように（チャプター5参照）、「私は……だ」という未完結の文に、自分のことをどう考えているか、その役が言いそうな形容詞か名詞を三〜四つはめてもらいます。この文はその人物がほかの誰にも明かしていない発想を表現するのが好ましいです。一五分の作業時間を渡して、そのあとで全員集まって各役順番に見ていきます。一人ずつ自分の文章を読み上げて、あなたは皆の提案に意見を返します。

なかには自分の役の価値判断を書いてくる俳優がいます。例えば、コンスタンチン役の俳優が「私は子供だ」とか、シャムラーエフ役の俳優が「私は攻撃的だ」と書いてくるかもしれません。これらはほかの人物から見た印象であり、その役自身の頭のなかにある発想ではありません。こうした単語は取りのぞいて、より的確な形容詞に変えます。コンスタンチンであれば「私は価値のない人間だ」とすると、彼は子供のように行動するでしょう。シャムラーエフは「私は見くびられている」とすると、彼を攻撃的にさせていきます。

もし全部同じ意味の複数の単語を書いてきた人がいたら、その発想を最も的確に要約する一つの単語を一緒に選びます。例えば、コンスタンチン役が「私は才能がなく、落伍者で、つまらない人間だ」と書いたとします。三つの傍点付の部分は「価値のない人間」と一つにまとめられます。別のケースは、相反する考えを排除して、人物の発想を平易にしてしまう場合です。これは絶対に避けるように。もし相反する考えを省いて書いてきたら、その単語を復活させます。このエクササイズで各自が三つから四つの的確な形容詞または名詞からなる、シンプルで明解な文を完成させます。

もしキャストがこのエクササイズになじんで、これが役に立つと理解されたら、次は同様の長めな課題を宿題にします。自分以外の登場人物について同様の方法で、それぞれ三〜四つの形容詞か名詞からなる文を作ってもらいます。アルカージナ役は次のような文章を完成させます。――「コンスタンチンは……だ」、「ソーリンは……だ」、「ドールンは……だ」などなどと続きます。俳優には自身の好みに偏らないように、配役表の順番どおりにすべての登場人物との関係性を考えてもらいます。ここでもまた、形容詞は自分の役がほかの誰にも明かしていない発想を表現したものが好ましいと伝えます。

翌日、皆の前で、各自が作ってきた文章を読み上げます。あなたは事前準備したものを参考にして、足りないところを埋めたり間違いを除いたりして誘導します。なかには重要な関係性のみに集中してほかをおろそかにする人も出てきます。これは親近感による思い入れや、習慣のせい、もしくは演出家のガイダンス不足といった理由で起こります。このエクササイズによって俳優は劇中の関係性を、大きいものでも小さいものでもすべて、必ず生き生きと感じられるようになります。また関係性が戯曲にとって正しい方向に、確実に向かいます。最終的にこのエクササイズによって、ほかの登場人物が相手をどう考えているのか、それぞれのギャップが明らかになります。俳優が的確な形容詞を見つけられなかったり、あなたの提案する単語に抵抗したりして難航することもあるので、このエクササイズは軽いタッチでリードし、あまり長い時間くどくど続けないように。この段階では、キャストが劇中のすべての人間関係について検討を始めることがおもな狙いです。

情報の少ない小さな役については想像力を働かせるように、タスクの前にいくつかガイダンスを与えます。私は『かもめ』の小間使い役の俳優には、彼らが仕えている人たちの身だしなみ、性的嗜好、几帳面さについて考えてみるように伝えました。小間使いというのはつねに、雇い主のこうしたプライベートな情報を知っているものであり、その情報は往々にして彼らが自分のあるじをどう考えているかを表わしているものです。

サマリー

- 俳優に、自分の役が自分自身をどのように考えているかを表現する簡単な形容詞か名詞を使って、「私は……だ」という文を作らせる。
- キャスト全員の前で順番に完成した文を読んでもらい、的確な名詞・形容詞のリストが抽出できるように助言する。
- 全員がこのエクササイズを習得できたら、自分の役がほかの登場人物をどう考えているかを表現する形容詞を考える宿題を出す。
- この課題を出す際に、小さい役を演じる俳優には、役立ちそうな方向性を示して助言する。

11 俳優と即興をつくる

即興をすることで、俳優の意識のなかに過去の強烈なイメージをつくり、そのビジョンは、現在すなわち劇中のアクションをより正確に演じる手助けとなります。チャプター5で即興場面の選定方法と設定方法を説明しました。即興は必ず登場人物の経歴と関係性を精査したあとに始め、一つでも二〇でも、必ず時系列順に行ないます。

まずはトリガー・イベント（ストーリーのきっかけとなる出来事）以前に起きる出来事の即興から始めます。チャプター11で説明しますが、トリガー・イベントの即興と幕開きのシーン直前の状況の即興は、稽古がもう少し進んでから行なうのがベストです。シーンとシーンの間の出来事の即興は、実際にそのシーンの立ち稽古に入るときまで取っておいて、関連シーンの立ち稽古の合間にはさんで行ないます。そのシーンの立ち稽古を始めるすぐ前に即興を演じることで、直前の状況が俳優の意識に新鮮に記憶されます。では次に即興を実際にセットアップする方法を説明します。

まず俳優を集めて、用意しておいた最初の即興の指示を出します。ここで初めてあなたは俳優に直接指示を出し、この本で紹介する稽古プロセスで使われるキー要素（直前の状況、イベント、目的・意図、場所、時間）すべてを、演技のエクササイズのなかで提示することになります。指示を出すときは急がずに、俳優の質問に答える時間も設けます。

指示を皆が理解できたら、時間を渡して即興のシーンに合わせて場ミリやセットを用意させます。

あなた一人で、もしくはその場面に出ていないほかの俳優と一緒に即興を見ます。即興の演技エリアを円形舞台のように皆で取り囲んで座って見ますが、見えない部分が出てきたら見えるところに動くように勧めましょう。演じる俳優には、あなたがストップをかけるまで即興を続けるように言います（ですが、最長一〇分までで止めること）。ストップをかけるタイミングは俳優がシチュエーションの確信を失ったとき、もしくは指示を出した要素が曖昧になってきたとき——例えば場所のイメージが崩れてしまったり、目的・意図を演じるのをやめてしまったとき、などです。即興に的確なタイミングでストップをかけるのは高度な技術です。失敗することもあるでしょうが、その失敗が演出上達の一歩になるはずです。

即興を見たら、自分が出した指示に直接関係のあるフィードバックを返します。イベントや意図が明確に演じられていなかったのはどこだったか、はっきり場所を演じていた部分はどこで、曖昧だった部分はどこだったかを指摘します。戯曲の正しい方向性に向かっていた演技を強調し、一方あまり役に立たないものは何であったかも指摘します。例えばソーリン役がステッキを使っていなかったら、彼の健康状態についてもう少し考えるように気づかせ、マーシャ役が正確にかぎタバコを扱っていたら、それをきちんと指摘してあげます。

大人数のカンパニーであったら、一度に複数の即興をセットアップします。各グループ順に、事前に用意しておいた指示を与えて、セッティングの時間を渡します。それから設定の時系列順に即興を演じます。見る側の俳優にも、時間や場所といった簡単な要素に関するフィードバックを出してもらいます。

もしあなたの用意した即興プランに難色を示す俳優がいたら、プランを変えても良いですし、構わずそのまま進めても、どちらでも構いません。その俳優があなたのプランでやってみると言ってくれたら、これは取っかかりの最初のスケッチであることを念押ししたうえで、とにかく演じてみてもらいましょう。最初のプランがうまくいかなかったら別のバージョンを試すつもりであることも伝えておきましょう。九割の確立で、あなたのバージョンに彼らは納得するはずです。それでも俳優が声高に反対意見を主張したら、ほかにどんな場面が考えられるか、彼らの提案を試演してもらいます。その際あなたは下準備なしでも、即座に的確な指示を出さなければなりません。

サマリー

- 即興は必ず登場人物の経歴と関係性を精査したあとに始める。
- 即興は時系列順で行なう。
- 自分が用意した指示を丁寧に伝えて、俳優が理解する時間を与える。
- 即興の場面設定をセッティングする時間を俳優に渡す。
- 皆で即興の演技エリアを円形舞台のように取り囲んで座って見る。
- 各即興のあとに、自分が出した指示に対するフィードバックをする。
- もしあなたの即興プランに反対する俳優がいたら、プランを変えるか、もしくは、あとから彼らのアイデアを演じる機会を約束したうえで、まずはあなたのプランのまま演じてもらう。

⑫ビジュアライズ・エクササイズ（心象形成エクササイズ）の使い方

ビジュアライズ・エクササイズは、過去の出来事のイメージを実感するもう一つの方法です。リハーサル期間が短ければ即興の代用にもなります。稽古場でもできますし、一晩の宿題でも可能です。

俳優に、目を開けたままじっと座ってもらいます。そして自分の目がカメラになったと想像して、一つの場面を移動しながら、カメラがそこにある人物や物を捉えていくとイメージしてもらいます。それから、ビジュアライズする（頭のなかで映像を思い浮かべる）出来事を提示します。マーシャが初めてかぎタバコを買った場面とか、コンスタンチンがトリゴーリンの作品に出演しているアルカージナを見ている場面をビジュアライズしてみます。出来事がどのように展開していくか、映像をひとフレームごとに想像します。目を開けたままがむずかしそうだったら、目を閉じて行なうように勧めます。

ビジュアライズ・エクササイズは一人の人物に起こった出来事に対して特に効果的ですが、複数の人物が関係する出来事に対してはあまり有効ではありません。その場合は、即興によって共通のビジョンをつくるほうがより効果的でしょう。例えば、第一幕と第二幕の間でコンスタンチンがかもめを殺す場面は、彼以外に誰も関わっていない出来事なのでビジュアライズに適しています。一方、第三幕と第四幕の間のトリゴーリンとニーナの妊娠、出産、子供の死の場面は、二人に何が起こっていたのか共通のビジョンが必用ですから、ビジュアライズは効果的ではありません。

サマリー

- 俳優は目を開けたまま（もしくは目を閉じて）じっと座り、自分の役柄の履歴書にある出来事を、自分の目がカメラになって撮影しているつもりで、フレームごとにビジュアライズする。
- このエクササイズは、複数の人物が関係する出来事にはあまり効果的ではない。

◎短い稽古期間での応用

短いリハーサルに合わせてこの本の稽古プロセスを圧縮したり省略したりすると、過去や未来の明確なイメージを持たない人物像を創りあげてしまったり、または、できあがった人物像がリアルな時代や場所にはまず存在しないような人となってしまう危険性があります。このことに充分留意して、取り組む内容を選びます。

ファクトとクエスチョンの説明：時間が押している場合は、直前の状況のファクトとクエスチョンは稽古場でのタスクにしない。直前の状況の詳細はあらかじめあなたが調べておいたものを、関連シーンの稽古前に俳優に渡します。俳優とともにバックヒストリーのファクトとクエスチョン・リストを作成する時間を、三時間のセッション一回に圧縮します。その際、作業は迅速にどんどん進めて、長い話し合いは避けます。話し合いが込み入ってきたなと感じたらすぐに、気になる点を簡単な質問に要約するように俳優に伝え、混迷を未然に防ぎます。もしあなた自身、時間が足りないなと感じたら、ファクトについてのみ注目するようにキャストに伝えましょう。

リサーチ：戯曲の世界観について、三つのシンプルなファクトを俳優に考えてもらいます。これを稽古初日の宿題にします。全員集合して、各自が考えたファクトを三〇分間ほどで聞いていきます。これは世界観の共通ビジョンをつくる助けになります。その後最初の一週間は、一晩でできる必須のリサーチ・タスクを俳優それぞれに振り当てます。例えば、マーシャ役はかぎタバコの知識なしに演じられません。理想的には、リサーチをしたらキャスト全体で発表しあって結果を共有するべきですが、時間がなくてそれが不可能でも、リサーチ自体が役を創るうえで有益です。リサーチの主要な項目だけでも、共有する話し合いの場を設けると良いでしょう。もし全員が知っておくべき不可欠な情報があったら、一晩で読めるようにＡ４の紙に書いて俳優に渡します。『かもめ』第一幕でアルカージナが今は廃屋となった屋敷について話すシーンに出ているキャストは全員、荘園が衰退した理由と、当時の一般的な荘園経営についての基本的な情報を知っておく必要があります。

場所：稽古初日に場所のサークルについての最初のエクササイズをします。これ以降は、リハーサル中に特別に時間を割かなくとも、場所についてはすべて目を配ることができるはずです。それには、演技のエクササイズや即興、シーン稽古のたびに、場所に関する明確なフィードバックを必ず出すようにします。

作家とジャンル：稽古初日に作家に関する必要最低限のファクトを伝えておけば、それ以上は作家について全員で話し合う必要はありません。代わりに、登場人物の経歴を見ていく際に、関連の情報を少しずつ差しはさんでいきます。例えばドールンの経歴の番になったら、チェーホフがどのように医者の研修を積んだのか、彼の人生について少し調べるように伝えます。そして、作家の人生に関わり、役のモデルになった人物について、その役を演じる俳優に調べてもらえば良いので、全員で集まって作家の情報を共有する時間は省略できます。作品のジャンルは俳優に伝え、シーンの立ち稽古をしながら取り組みます。

テーマについての実践的な稽古：戯曲のテーマについて、全員での話し合いは長くても三〇分までとします。メインのテーマ（主題）を選び、日常生活でそのテーマに関連のある出来事について、一晩考えてもらいます。翌日三時間のセッションで、その実生活の一部を再現します。フィードバックをするときに、実生活での行動と劇中のアクションとの関連を指摘して、そして演出の主要要素（時間、場所、目的・意図、イベント、人間の正確な動作としぐさ）に俳優の注目を向けさせます。ほかのテーマについては、シーン稽古や登場人物の経歴を創る際に取りあげます。もし俳優が戯曲にあるすべてのテーマを考慮しないままに役づくりをしていたら、それを指摘します。アルカージナ役の俳優が家族のテーマ以上に不幸せな愛というテーマばかりを演じると、彼女の芝居はトリゴーリンとの恋愛情事に偏ってしまい、コンスタンチンの母親としての説得力に欠けますから、一目瞭然です。彼女には家族についての考察をもう少し加えるようにアドバイスしましょう。

感情についての実践的な稽古：このステップはすべてカットする。

登場人物の経歴：俳優が自分の役の簡単な経歴を抜き出す宿題は必須で、そのあとにキャスト全員で各役の経歴をチェックします。これを三時間のセッション一回で完了します。このエクササイズを急いで未解決のままになった部分は、シーン稽古の際に必ず補うこと。もし本当に時間が足りない場合は、経歴のスケッチ（履歴書）を演出家が創り、それをディスカッションの出発点として俳優に渡します。

登場人物と役のテンポの実践的な稽古：このエクササイズは一五〜二〇分程度しかかからないので、リハーサル序盤の数日間に、一日に少なくとも三人分を割り当てて行ないます。それでもどうしても時間に余裕がなければカットします。

関係性：関係性についての全員でのエクササイズはスキップし、代わりに、キャストがシーンについて一緒に調べたり役の経歴を創る際に、あなたが事前準備しておいたものをガイドにして助言します。例えば、大勢のシーンのうちの二人に対して、互いの関係性がしっかり見えていないと指摘するのも良いでしょう。そして自分の役が相手をどう考えているのかを明確にするようにとアドバイスします。

即興：時間が足りなければ即興はすべてカットし、代わりに関連シーンの立ち稽古になった段階で、過去に何が起きていたかをディスカッションする方法もありです（もしくは出来事をビジュアライズしてもらうのでも良いです）。例えば、登場人物が過去の出来事を描写するシーンであれば、いったん止めてそれについての話をするか、出来事をビジュアライズする時間を数分与えるか、もしくは出来事がどのように起きたかを一晩考えて来るように伝えます。過去のビジョンが複数の役に共通のものである場合は、当事者となる俳優たちに時間を与えて、稽古場で一緒に出来事をビジュアライズしてもらいます。ですが、即興をつくったほうがディスカッションより時間が短く済むケースもある、ということも忘れずに。

ビジュアライズ・エクササイズ：このエクササイズはたとえ一〜二つでもできれば有益ですが、必須というわけではありません。

Chapter 11

Working on the scenes of the play

戯曲のシーンの稽古

この章では戯曲を実際に立ち上げていく工程を見ていきます。この作業はリハーサルのおよそ六〇パーセントを占めます。アクションの分析から、稽古場での最終通し稽古までのすべてです。以下のステップを解説します。

1 俳優とともにアクションを分析する
2 場ミリ
3 トリガー・イベントと直前の状況を即興で演じる
4 稽古スケジュールの構成方法
5 初めてシーンを稽古する(一巡目のシーン立ち稽古)
6 《ブロッキング》——観客に対し明解なアクションをつくる
7 二巡目、三巡目のシーン立ち稽古
8 通し稽古
9 稽古場での最後の数日間
10 リハーサル中の装置、衣裳、音響、照明、音楽について
◉ 短い稽古期間での応用

❶ 俳優とともにアクションを分析する

ここまでで、劇が始まるまでの出来事と状況のファクトとクエスチョンを調べるために、キャスト全員が戯曲を一度は読んでいるはずです。今度は、以下四つのタスクを心にとめつつ、もう一度全員で本読み(通し読み)をします。

イベントを抜き出し、タイトルをつける
幕と幕/シーンとシーンの間に起きる出来事のファクトとクエスチョンを書き出す
各幕/各シーンの直前の状況のファクトとクエスチョンを書き出す(シーン前二十四時間に起きること)
各幕の名前を考える

すでに、テーマや感情のエクササイズでフィードバックをしたときや、最初の即興を指示したときに《イベント》という言葉を使っているので、キャストもその用語を熟知しているはず。とはいえ、ここでもう一度この用語の定義を簡単に確認しておきましょう。すなわち、「進行中の行動や演技を変化させる劇中のモーメント」です。それから、幕またはシーンの名前は、その幕またはシーン全体を通して起こっている事柄を最も簡潔に描写するものを考えるように伝えます。

初回と同じ方法で本読みをします、つまり、自分自身の役を読むのではなく、全員で一つずつの台詞を輪読します。四つのタスクに関係しそうな情報を見つけたらそこで直ちに止めるように伝えて、もし彼らが情報をスルーしてしまったら、何を見逃してしまったか指摘します。各幕、各場を読む前に、タイトルについて質問すると良いでしょう。全員が必ず各シーンのタイトルと各イベントの名前を書きとめているか、各イベントがいつ始まっていつ終わるかを理解できているか、そして各イベントを同じ言葉で描写して書きとめているか、確認すること。自分で準備しておいた台本の書き抜きをガイドにします。

私はしばしば俳優の直感のおかげで、イベントのポジションを訂正することになったり、準備したときに見落としていたイベントを新たに付け加えたりする経験があります。またイベントの最もシンプルなタイトルについて、彼らの意見を聞くのはとても有益です。なので自分で用意した解答を教えるのは、彼らが本当に考えつかないときだけにすべきです。もしイベントやタイトルに強く異を唱える俳優がいたら、後々の稽古プロセスで必ず再検討をするのでとりあえずクエスチョンマークを印しておくように伝えます。グループセッションで長々ディベートをして時間を無駄にしないこと。

必ずキャストの全員がこのエクササイズについてきているか、確認しましょう。イベントのタイトルを書きとめたり、線で囲って名前を考えるには時間がかかりますから、全員がタスクを完了するまで先に進まないこと。この作業は長いセッション一回で済まそうとせず数日に分けて行ない、あいだにムーブメントやテーマについてのエクササイズ（立ち稽古）、即興などをはさみます。このタスクは非常に集中力を要します。俳優のアイデアと直感に対してオープンに、反応よく進めつつ、同時に事前準備したものに沿って軌道から外れないように見守ります。

またキャストにとってこのセッションは、劇中のアクションや台詞の意味に関する彼らの疑問を問う機会でもあります。これまでに彼らはファクトとクエスチョンのリストを作り、直前の状況について調べながら、疑問をメモしていると思います。簡単な質問はこのセッション中に解決し、複雑な質問はシーン稽古まで保留としておきます。

このプロセスの終わりに《トリガー・イベント》の定義を伝えて、それを見つけてもらいます。次に、各幕のメインのイベントと、全編を通しての最も重要なイベントを見つけてもらいます。台詞を覚えるのと同時に、イベントがテキストのどこで起きているかも覚えるように伝えて、このプロセスを終了します。

最後に《目的・意図》について、この用語の最もシンプルな定義を確認します。すなわち、「自分がしたいことは何か」または「他人をどう変えたいか」。これまでに彼らが行なったエクササイズや戯曲の場面から、具体的な例を挙げて説明します。その際に、目的・意図はイベントが起こることによってのみ変化する、ということを強調します。キャスト全員がこのことを完全に理解したら、イベントとイベントの間で役それぞれの目的・意図がどう変化するかを調べ、シーン稽古の準備をしておくように伝えます。これは彼らが稽古場以外の空いた時間で調べられるはずです。このツールはシーンの立ち稽古を一つ一つ行ないながらより確実に理解されるはずですから、いまのところは目的・意図の分析にあまり長く時間を割かないでおきます。

サマリー

- キャスト全員で再び本読み（輪読）をして、以下四つのことを抜き出す：イベント、幕のタイトル、シーンとシーンの間に起こった出来事、各シーンの直前の状況。
- 全員が情報をすべて書きとめていることを確認し、誰かを置いて先を急がないこと。
- キャストが唱える新しい発見や提案も考え合わせ、自分が事前に用意した答えを調節する。
- タスクの答えを出すために長く論争をして時間を無駄にしないこと。
- このタスクの合間にほかの立ち稽古やムーブメントのタスクをはさむ。
- トリガー・イベント、各幕のメインイベント、全編を通して最も重要なイベントを確認する。
- キャストにイベントがいつ起きるかを記憶してもらう。
- 《目的・意図》の最もシンプルな定義を確認する。
- シーン稽古に入る準備として、各自が自分の役のイベントとイベントの間の目的・意図を調べてくる宿題を出す。

2 場ミリ

劇の設定となっている場所を使う立ち稽古になったら、直ちに演出部に場ミリを頼みます。これは通常トリガー・イベント、または幕開きのシーン直前の状況の即興を行なうときか、初めてシーン稽古をする前になります。もし複数のロケーションで劇が進行する場合は、場ミリ用テープの色を変えて異なるロケーションを区別して表示します。チャプター8で述べたように、稽古場の広さはセットの場ミリにプラスして部屋の壁まで二〜三メートルの余裕があれば理想的です。部屋の真ん中に舞台装置の場ミリを施し、回りに三メートルかそれ以上のフリースペースを残して、たとえ観客から見えない部分であっても、セットにつながる他の部屋か部屋の一部、または外まわりなどを可能な限り付け加えてもらいます。例えば食堂の場面であれば、キッチンや廊下、または食堂につながる玄関ホールの場ミリも加えます。

私がロンドンのナショナル・シアターで『かもめ』のリハーサルをしたときは、とても広い稽古場を贅沢（ぜいたく）に使うことができました。第三幕と第四幕のロケーションとなる二つの部屋、すなわち食堂とコンスタンチンの書斎を含む、屋敷の一階にある複数の部屋の場ミリができました。場ミリをしたほかの部屋（バスルーム、キッチン、廊下）はセットのデザイン上は観客から見えませんが、俳優が劇中でどこから来てどこへ向かって出て行くかというビジョンを、稽古で創りあげるのに大いに役立ちました。

もちろん、これは稽古場としては例外的に広いサイズで、新人演出家であれば望むべくもない状況です。セットの寸法どおりしか場ミリができなくても（もしくはそれより小さくても）心配はいりません――ただ、キャストが登場の準備をするほかの方法を探す必要があります。例えば、ビジュアライズ・エクササイズを使ったり、もしくはシンプルに、自分がどこから入ってきたのか、そしてその場所では何をしていたのかを、シーンの始まる前のほんの数秒間、俳優が正確に思い出せるような時間をあげるのも良いでしょう。

異なる複数のロケーションで劇が進行する作品で、床に複数場面の場ミリが重なりあって俳優が混乱しそうであれば、竿状の木材などを使って部屋や場所の境界線を示します。竹竿などであれば、場所から場所へシーンを変える際に、簡単に敷いたり取りのぞいたりできます。

場ミリは一日の稽古終わりか、翌朝の稽古開始前に舞台監督に施してもらいます。その後俳優が稽古場に到着し次第、場ミリが示す環境に慣れてもらいます。床の線が建物や地形の何を示しているかを確認しながら、キャスト全員で場ミリのなかを歩きまわるのも良いでしょう。場ミリした場所の外側には何が見えて何が聞こえるのか、また出口や入口がどこにつながっているのかを話し合い、そして、それぞれの場所で三六〇度まわったら何が目に入るのか、いつものように、キャストがすべて認識できているかを確認します。

またこの段階で、セットのキー要素、例えばドアや窓、壁などのうち、ドアや窓の開け閉めできる実物大模型（パネル／ドアパネルなど）にして稽古場で使いたいものを考えて、デザイナーに相談します。自立構造のドアの設置には技術が必要で、使い始めてすぐに倒れてしまう代物（しろもの）も多いので気をつけなければいけませんが、やはり稽古にはドアパネルは必須だと、私はいつも感じています。

サマリー

- 演出部に、稽古場の中央を中心にして舞台装置の場ミリをしてもらう。可能であれば、場ミリの境界と稽古場の壁まで二～三メートルの余裕を持たせる。
- セットのメインとなる部分の周囲に、たとえ客席からは見えない部分であっても、可能な限り多くの隣接する部屋または場所の場ミリも加える。
- 周囲の部屋の場ミリを施すスペースがなければ、俳優が自分はどこから入ってくるのか、その場所で何をしていたのかをイメージできるほかの方法を見つける。
- 複数のロケーションで構成される作品では、床にさまざまな色のバミリテープが重なって俳優が混乱しないように、竹竿を使って場所の輪郭を示す方法を検討する。
- 稽古終了後に演出部スタッフに、翌日の稽古用の場ミリをしてもらう。
- 翌日キャスト全員で場ミリのなかを歩いて、床の場ミリが建物や景色の何を意味しているのかを自分たちで確認する。
- ドア、窓、壁など、セットのキー要素の実物大模型（パネル）を稽古場に設置するか検討する。

3 トリガー・イベントと直前の状況を即興で演じる

次に、自分が用意したトリガー・イベントの即興と、それに続いて、幕開きのシーン直前の状況の即興をします。ほかの即興とまったく同じ方法でセットアップし（チャプター10参照）、続いて細かくフィードバックを返します。幕と幕の間、シーンとシーンの間に起きたイベントの即興、もしくは第一幕第一場以降のシーンや幕の直前の状況の即興は、のちのちの稽古でシーンの演出を付けていきながら行ないますので、ここではしません。

サマリー

- トリガー・イベントと幕開きのシーン直前の状況の即興をセットアップする。
- 詳細なフィードバックを返す。

4 稽古スケジュールの構成方法

この段階から、稽古の構成が変化します。ここから本格的に作品自体の稽古に入り、そのときに稽古するシーンに出ている俳優のみを呼びます。できるだけ戯曲の時系列順（幕順、シーン順）に演出を進めて、イベントをガイドラインにして稽古するセクションを小さく区切ります。もし流れの途中で誰かが登場する場合は、その俳優に必ず前のセクションの稽古から参加してもらい、登場のイベントを全員が確実に練習できるようにします。この方法では、稽古する部分はしばしば重複しますが、つなぎ合わせるとスムーズに一つの流れになって演じられます。

以下は『かもめ』のシーン稽古一日目のスケジュールです。

午前10時30分	マーシャ、メドヴェジェンコ、ヤーコフ、小間使い
午前11時30分	コンスタンチンとソーリンここから参加
午後1時30分	昼食
午後2時30分	コンスタンチン、ソーリン、ヤーコフ、小間使い
午後4時	ニーナここから参加
午後5時30分	終了

俳優にはそれぞれの呼び出し時間の前、もしくは時間が足りない場合は大人数の呼び出し時間の前にまとめて、ウォームアップの時間を数分与えます。この時期には、ムーブメントやボイスワーク（発声練習）、または新しいリサーチ素材の伝達などのおりに全体召集をかけて、グループ全体で活動や目的を共有する感覚を失わずにいることが大切です。週に一度、一時間程度こうした時間を入れます。これはもちろん長期のリハーサルにおける理想的な構成です。もし短期のリハーサルで全体召集のスケジューリングができなくても、心配はいりません。

サマリー

- 戯曲の時系列順に演出を付けていく。
- イベントをガイドラインにして、稽古するセクションを小さく区切る。
- その役が登場する前の部分の稽古時間から呼び出し、キャストが自分の登場と退場のイベントを練習できるようにする。
- ウォームアップの時間もできるだけスケジュールに入れる。
- ムーブメントの稽古やリサーチのフィードバックなどのおりに、キャスト全員でのセッションをスケジュールに入れる。

5 初めてシーンを稽古する（一巡目のシーン立ち稽古）

初めてシーンを稽古する際の目標は、キャストがこれから長い期間をかけてたどり着くべきすべてのターゲットを決めていくことです。シーンを演出する前に、台本中の台詞の意味・解釈に関して保留になっている質問はないかをチェックします。もしあれば、それについてディスカッションをして、可能であれば解決します。

そしてこの最初の稽古は台詞を練習するためではなく、台詞の根拠となり、台詞を生み出す事柄すべてを試して演じてみるためであることを俳優に知らせます。「根拠となる事柄」には、目的・意図、直前の状況、時間、過去のビジョン、関係性、場所が含まれます。

初めにイベントと目的・意図を見ていきます。通常、稽古は「イベントごと」に進めます、ですから、キャストにはイベントが劇中のどこで起きるか、いつ始まっていつ終わるか思い出してもらいます。つづいて全員に、順番に、イベントの前と後の役の意図は何かをたずねます（そして意図はイベントによってのみ変化することを思い出してもらいます）。あなたの台本にはすでに準備したものが書き込まれているはずですから、それをガイドにして俳優を正しい方向へ誘導します。俳優の直感（洞察力）によって、あなたが書きとめておいた文章を変更する必要が生じることもありえます。

キャストの考える目的・意図とあなたが準備した目的・意図が合意に至ったら、必ず、双方同意した文章を正確に書きとめます。最終的な文章があなたの準備したものと違っても、俳優に演じて欲しいエッセンスを捉えているのであれば、まったく問題ありません。俳優によっては「メドヴェジェンコを不快にさせること」といった淡泊で知的な言葉を好む人もいるでしょう。反対に「メドヴェジェンコをコケにする」といった強い表現のほうが反応のいい人もいます。稽古をしながら、演じて欲しい意図をそれぞれの俳優に合った、そして演出家が望む結果につながる言葉やフレーズに言い換える方法を学んでいきます。この一巡目の稽古の五〇パーセントは目的・意図を決めていくプロセスにかかるはずです。終わりにもう一度、キャストに目的・意図を心にとめつつ、シーンを通して読んでもらいます。

次に、これから演出をつけていくシーンまたは幕の名前、直前の状況、時刻を思い出してもらいます。そして最後にそのシーンの場所の感覚を改めてつかんでもらいます。それには実際に歩きまわってもらうのが一番です。私はたいてい五〜一〇分ぐらいの時間をとって、キャスト同士が一緒に場所を詳しく説明しあいます。――通常、彼らが場ミリのなかに立って、周りに何が見えるかを互いに述べていきます（ここで初めて実際に立ってのシーン稽古となりますから、室内の場面だったら「窓の向こうに何が見える？」とか、屋外のシーンだったら「ずっと向こうに何が見えると思う？」など、簡単にキャストに問いながら《場所》をチェックしていくと良いでしょう。また、いま稽古場の壁には前の稽古プロセス［チャプター10参照］で彼らが作った場所の地図が貼り出してあるはずですから、それを参照するのもありです）。

シーン内の一区切りを稽古するときに、俳優が思い出せる台本上の台詞と、彼らが自分自身で編み出した会話を混ぜて使うように伝えます。こうすることで初めてのシーン稽古がより即興に近い形になるので、俳優は台本を握りしめながら稽古せずにすみます。台本は演技エリアの外の、机や椅子または床の上に置いておきましょう。

初めてのシーン稽古で俳優は少しぎこちないものです。与えたタスクをすべては覚えられないかもしれません。特にこの稽古方法が初めてという人にとっては、やってはみたものの、戸惑い、フラストレーションを感じることもあるでしょう。もしそうなってもあなたは心配せずに、即興のときと同様に、自分が課したタスク（イベント、意図、直前の状況、時間、場所を含む）に関するフィードバックを返します。例えば、意図は明解だったと安心させる一方で、場所と時間をよりシャープに演じるように、と指示を出すのもいいでしょう。

それからもう一度シーンを「練習」してもらい、あなたは自分の出した指示がどのくらい実行できているかを見ます。三回繰り返す時間があれば、フィードバック用のチェック項目リストにあるその他の項目──関係性や役柄について（過去のイメージ、役のテンポ、自分自身をどう思っているか）を加えていきます。例えば、過去のイベントがあまり的確にイメージされていかなかったとアドバイスするとか、登場人物同士の関係性をもう少し精密に演じるように誘導するなど。ほとんどの場合、こうした指示はこれまで彼らとすでに検討した内容を再び思い出させるためのものです。序盤のこうしたシーン稽古では、まだ観客に見せられるレベルで演じられないのが当然で、足りないところや不正確な部分もあるでしょうが、俳優は最終的に何が揃っていなければならないのか、その要素すべてをはっきり把握するはずです。あなたが出した指示を、この一巡目の稽古ですべて呑みこむ俳優もいれば、稽古のあとで咀嚼（そしゃく）する時間が必要な俳優もいます。この段階では、彼らの吸収率がゆっくりでも気をもまないこと。

稽古の終わりに、新たに出てきたリサーチ課題があれば取りかかるように伝え、また次回（二巡目に）そのシーンを稽古するときまでに考えておくべき事柄、例えば役の過去イベントのイメージを先鋭化させるとか、場所のイメージに欠けたところがあればそれを埋める、などを伝えます。それから意図を覚えてもらいます。意図を覚えることは台詞を覚えるのと同じくらい大切です。普段の生活の大きな出来事について思い返すと、自分がしゃべった内容より、何をかなえたかったか、何を望んだかということが強烈に記憶に残っているはずです。

すべてのセクションでこのプロセスを繰り返し、イベントからイベントへと進めます。一巡目のシーンの立ち稽古で大部分の台詞がアドリブによるものであっても構いません。理想は、二巡目か三巡目の稽古にかけて台詞を覚えて、通し稽古をするまでにすべての台詞が台本どおりになることです。

序盤のこの稽古方法は、思いがけず出くわした意外な発見でした。私は即興の可変性とゆるさが好きで、一方、初めのシーン稽古の停滞と緊張が嫌で、何年も、序盤の即興から戯曲のシーンへの移行に悪戦苦闘していました。台本の台詞と俳優のイマジネーションから出る言葉をミックスさせるアイデアは、リハーサルにおけるこの二つの段階の架け橋となる完璧な方法でした。ですが、俳優によってはこの方法に馴染む（なじむ）のに時間のかかる人もいます。もし台本どおりに正しく記憶しなければと心配する人には、あまり気にしないように言わなくてはなりません。もし俳優がすでに台詞を覚えていたらその人はもちろん台詞を使いますが、まだ台詞を覚えていない共演者から正確なきっかけの台詞が来ない可能性を了解してもらいます。また年配の俳優の場合、彼らはテキストを覚えられるかどうかを本当に心配しますから、台本の台詞をほかの人より多く使うことを許可しましょう。またキャストはこの初めのシーン稽古であなたが要求することを、すべてうまく果たすのはむずかしいと感じるでしょう。過去のイメージや意図だけでなく、時間や場所についても指示されて演じることに慣れていない場合もあるでしょう。これを達成するには時間がかかるけれども、長期的には成功することを理解してもらいましょう。

目的・意図ついて説明する際に、俳優から抵抗を受けるかもしれません。アクションのいちいちに目的・意図を決めると、その役柄が独善的な策略家に見えてしまうと考える俳優もいるようです。このような場合には、現実の生活で私たちは自分を突き動かす願望や動機に対してほとんどの場合無意識であるけれど、一方外側から見ている心理学者は、我々が特定の瞬間に何を望んでいるのかを正確に言い当てられる、という事実を説明しましょう。意図を見つけて名前をつけるプロセスは、したがって多くの場合、無意識の願望をしばしのあいだ意識することによって人物を突き動かす力を正しく理解し、結果アクションを明確にする行為なのです。ですからそれはすべての役を、まるで『オセロ』のイアーゴが自分自身の目的のために他者をあからさまに操るように目的を意識しながら演じる、ということではありません。

シーンを一度演じてみたあとに、意図を変更したいと言ってくる俳優もいます。こうしたリクエストには客観的な根拠がない限り反対しましょう。代わりに、同意した意図を他のやり方で演じるように促します。もしそれでもまだ俳優が意図は正しくないと、そのシーンの稽古が終わるまでずっと信じて疑わないようであれば、あなたとその俳優と両方が次回そのシーンを稽古するときまでに、ほかの可能性について考えてみることを提案します。理想的には、一度決めた意図が一巡目のシーン稽古から公演千穐楽まで変わることはほぼありません。ですからリハーサル序盤のこの時期に、あなたが長いスパンで考えていることを俳優に理解してもらいましょう。

目的・意図を稽古していると、障害物によって意図の演技が変化することがあります。ここで言う障害物には、昼間の暑い日差しのような人物の「外側」にある場合と、胸焼けやひどい風邪や、話している相手に言ってしまったことに対する罪悪感といった、人物の「内側」にある場合とがあります。このような障害物は意図の演じ方に影響を与えますが、意図が完全に排除されることは決してありません。

イベントの継続中に登場人物が意図（動機）を必要としているか否かにも注意を払い、人物の行動を明解にするのに役立つと感じたら、目的・意図を追加します。例えば、特定のイベント（登場・退場など）で台本の指定より時間がかかっていると感じることがあります（これは俳優の演じ方や、予想外に複雑なセットデザインが原因のこともあります）。こうしたケースでは、俳優に登場・退場の最中に動機をひとつ与えます。または、ほかのイベントより長い間にわたってイベントが起きているケースでは、俳優はその長いイベントの最中に複数の意図が必要になります。複数の台詞にわたって生じる「少しずつ怒りがこみ上げる」イベントでも、登場人物には目的・意図が複数必要となるかもしれません。

一つのシーンまたは幕の終わりまでできたら、次のシーンに進む前に、観客が直接見ることのない、シーンとシーンの間で起こった出来事の即興を行ないます。即興をつくっている時間がなければ、何が起こっているのかをビジュアライズしてもらうか、俳優がその描写説明を簡単に語るのでもいいです。次に、続いて稽古するシーンの直前の状況の即興をしてから、シーンや幕の稽古に入ります。ここでまた直前の状況の即興をする時間もなければ、あなたがその状況について下調べした情報を、次のシーンに関する指示の一部として俳優に伝えます。

サマリー

- 台本の意味・解釈について未処理の質問を解決しておく。
- 各イベントがどこで終わりどこで始まるか、俳優と確認する。
- イベントとイベントの間の目的・意図について話し合い、合意した文章で正確に書きとめる。
- 直前の状況、時刻、シーンの名前を俳優と確認する。
- 稽古する場所に立って、明確なイメージをつかむ時間を与える。
- 覚えている台本の台詞とアドリブの会話（台詞）をまぜて稽古するように伝える。
- 最初の稽古がぎこちなくても心配しないこと。同じ指示のままもう一度演じてもらう。
- この稽古の終わりに、各自の意図を記憶するように伝える。
- 俳優がこの新しい稽古方法を習得するには時間がかかることを覚えておく。
- 根拠なしに意図を変更するのは思いとどまらせる。
- キャラクターの意図を変化させる障害物がある可能性を考える。
- イベントの継続中に意図を追加する必要があるか検討する。
- 一つの幕またはシーンの最後まで進んだら、次に続くシーンを始める前に、あいだに起こる出来事と直前の状況の即興をする。

6 《ブロッキング》――観客に対し明解なアクションをつくる

観客からアクション（芝居の動き）、イベント、主要ストーリーがしっかりと見えて、うまく観客の視線を集めるように舞台上の俳優を配置することはとても重要です。これは演出家の仕事の大部分を占めます。《ブロッキング》とはこうした「舞台上の構図」を整える方法の一つです。稽古の多くはブロッキングで始まります。よくあるのは、登場人物がどこから登場し、どこに座り、立ち、ジャンプし、などなどを演出家とキャストで話し合います。他には、演出家がキャストに、どこに立って何をするかを簡単に指示することもあります。ここで決めた動きは稽古中に見え方を調節して、以降は上演のたびにまったく同じように繰り返されます。

ですが私にとってのブロッキングとは、「そのシチュエーションに置かれた登場人物がなめらかでさりげなく動きつつも、上手に観客の視線を集められる、バランスの良いアクションをつくる」ということです。もし俳優に、どこに立てば観客からよく見えるとあけすけに伝えると、彼らは観客ばかりを意識して、シチュエーションに存在する役としての意識は薄れてしまうでしょう。これでは自意識の強いわざとらしいしぐさやアクションとか、ぎこちない動作につながってしまいます。それは日常生活のようなリアルな動きの部分と、自意識過剰でつじつまの合わない非リアルな動きの部分とが混在し、結果的に観客の眼にむらのある作品を見せることにつながってしまいます。ここで言う自意識過剰な動きとは、有り体（あてい）に言ってしまうと、登場人物が舞台斜め前方に向けて三歩大きく歩き、観客のほうを向きながら愛する人に話しかけるようなモーメントのことです。これはリアルな日常生活ではありえない、説得力のない動作です。もちろん、観客がこの違いをつねに意識し気づくわけではありませんが、ある程度はそれを察知して、するとそれは舞台上のストーリーに集中する妨げとなります。

かつて、友人の脳科学者に私が演出したプロダクションを見てもらったところ、彼は誰から言われたわけでもないのに、演技について問題のど真ん中を言い当てました。曰く、異なる二つのタイプの演技が繰り広げられていて、つまり片方はリアルな現実味のある演技で、もう一つは「より誇張され、自意識が強く、芝居がかって」いると。また曰く、彼はどちらも許容できたが、俳優が二つの演技スタイルの間でふらふらと揺れ動いたときに、脳が一番混乱したと。すなわちその瞬間、彼は劇中で起きていることへの関心をすべて失ってしまったのです。

チャプター6で書きましたが、登場人物が理屈に合うようにその環境を使う場合に、セット、登場・退場、家具の配置をどのようにして、登場人物が舞台のスペースをどのように使えば上手に視線を集める《ブロッキング》につながるかを、セットをデザインする過程であらかじめ考えておきます。これは俳優のさりげない（自意識過剰でない）なめらかな動きと、観客から見て上手にフォーカスされたアクションとのバランスを考える最初のステップです。

初めて立ってシーンを稽古する際は、シチュエーションの必然性から自然にわき起こる動きに任せます。この方法であれば、俳優はそれがブロッキングだと意識することなく、ほとんどの動きが自然と《ブロッキング》されます。

また、観客が俳優の顔や、体を正面に向けたアクションにだけ「フォーカスしている」という考えは排除すべきです。最悪の《ブロッキング》は、俳優たちが客席に向ってきれいな半円を描いて立ち、カニのように横歩きするようなケースです。横顔やうしろ姿もアクションを強調する、つまり、特定の人物や品物に観客の視線を向けさせるのに有効です。簡単に言ってしまうと、話している人物を客席（正面）のほうに向けて、聞いている人物を舞台奥に向けさせると、話をしている人物がより強くフォーカスされるのです。

もちろん、このように自然に任せてブロッキングをすればすべてのフォーカス問題が解決する、というわけではありません。アクションの見せ方を一ひねり調節する必要はつねにあります――つまり、俳優に動作や立ち位置などを調節するように頼まなければなりません。ですが、これは俳優が役とシチュエーションに充分入り込むまで待ちましょう。俳優にとって、自分が何を演じているかがクリアになっていれば、動作や立ち位地を変更するのは簡単です。この方法であれば、自意識過剰な演技に向うことなく変更を受け入れられます。可能であるならば、俳優をわずらわすことなく、家具の配置や小道具の置き方を微妙に調節します。もちろん、感のいい俳優はなぜ椅子や小道具が移動しているのか、正確に気づくはずです。しかし演出家がブロッキングをやり直すのではなく、物を調節することで問題点を解決しようとした事実を評価するでしょう。もし有効なひとひねり（調節）ができないのであれば、そのときは、それが見切れ（客からの死角）による問題なのか、それとも特定のモーメントを際立たせたいためなのか、俳優にわかりやすく、ありのままに話をします。

スペースのなかで俳優の動き・位置を構成するのは、演出家がアクションを明確に見せるために自由に使える手段のうちの一つです。このあと舞台稽古になれば、そのほかの手段、つまり照明、衣裳、舞台美術が加わっていくことを、稽古場でのリハーサル中も心にとめておきましょう。ときどきシーンの見せ方を強調することに粘り強く挑むあまり、それが夜のシーンで、セット上にある灯入れした実用の明かりが重要なアクションをしっかり照らしているはず、ということをうっかり忘れていることもあります。なにか解決できない問題があっても、照明、音響、衣裳が解決策につながるかもしれないと考えてみてください。

うまく機能する舞台構図をつくるのが不得意と感じたら、しばらくのあいだ絵画や画家について研究してみると、構図力のトレーニングになります。人物画を描く画家の作品を画集か、できれば美術館で鑑賞します。カラバッジョ、レンブラント、フェルメール、マネ、グウェン・ジョン、ハマスホイ、エドワード・ホッパー、ルシアン・フロイド、ポーラ・レゴといった芸術家たちは構図の巨匠です。人物と家具そして周囲との関係性を調べます。人物の周辺に自然光、または人工の照明がどのようにあたっているか学びます。人物や静物を他のものより目立たせるために、色彩がどのように使われているかに注目します。ステージは絵画のようである必要はありません、しかし観客が目にするアクションにうまくフォーカスを当てるのに、構図に関する実用的な知識が役立つかもしれません。

サマリー

- 舞台上の俳優の配置を整理して、観客から見えるようにすることは必須である。
- シチュエーションの必然性から自然にわき起こる動きに任せる。
- 見切れのためにアクションの見せ方を調節する必要がある場合、演技の変更はのちのちの稽古まで待ち、まずは家具や小道具といった静物を動かしてみる。
- スペースのなかの俳優の動き・位置を整理するのは、アクションにフォーカスを利(き)かせるための手段の一つである――このあと、照明、音響、衣裳、舞台装置が加味されていくことを覚えておく。
- 人物画を鑑賞し、構図についてさらに研究する。

7 二巡目、三巡目のシーン立ち稽古

稽古期間の長さと戯曲の長さ次第で、一シーンを何回（何巡）稽古できるかを決めていきます。たとえ稽古期間が八週間あっても、『かもめ』のような十九世紀の長い戯曲（上演時間三時間強）を演出する際は、各セクション

三〜四回の稽古時間しかないこともあります。平均で、各シーンにつき三回程度でしょう。

二巡目三巡目のシーン立ち稽古も一巡目と同じ指示を出し、そしてその指示に対してのフィードバックを返し続けます。もうすでに意図について話し合い、内容を確認し、タイトルをつけているので、キャストは三、四回さらに五回でもシーンを通すことができるはずです。立ってシーンを演じる前に必ず、着席のままその部分の台詞を一度、声を出して読むか、黙読する時間をとります。

引きつづき、覚えている台本の台詞とアドリブの台詞が混ざって構いません。大体この稽古あたりで、台本の台詞がより馴染んでくるのが理想的です。ですがたまに、台本の台詞でたくさん稽古をしなければと心配になり、二巡目の稽古前に突如台詞を暗記してくる俳優がいます。そうして覚えた台詞には無理な強調が付け加えられ、一方でシチュエーションの意図や場所といった要素がしばし霞(かす)んでしまうことがあります。そのようなおろそかになっている部分についても演出家がノートを出しつづければ、俳優は最終的にはすべての要素をまとめて演じられるようになるでしょう。

二巡目三巡目の稽古では、シーンの終わりから次のシーンまでの出来事や直前の状況の即興を再び行なう必要はありません。ただ、一巡目に芝居のアクションを付けていくなかで行なった即興を思い出してもらいます。もしくは、一巡目で即興をやっていなかったら、これから稽古するシーン前までに何が起きているかを思い出してもらいます。

このころから、演出家はシーンをいろいろな角度から見るようにします。ある日は客席の位置から、別の日は舞台上手側、下手側、もしくは後ろ側から見ても良いでしょう。見る場所を変えることで演出家はシーンをより良く理解できますし、俳優の意識を観客の視線より劇のシチュエーションに集中させて、生き生きと真に迫ったしぐさやアクションにつながるでしょう。同時に、演出家はつねに観客からの見え方を忘れてはいけません。――もし誰からも見えていなければ、真に迫った演技も意味がありません。そしてここにこそ、演出の仕事の核心があります。すなわち、俳優をシチュエーションに没頭させ、一方で観客からの見え方を考慮しながら彼らの芝居を確実に創りあげることです。生き生きと写実的なものを創り出しながら、作為的なものを絶妙なバランスで組み立てることに、私はつねに魅了されます。演出家は慎重にこの二つのタスクのバランスをとることを目指す、これが理想です。

三巡目のシーン立ち稽古は、幕全体または作品全体の通しを始める前にシーンを練習する最後のチャンスとなるかもしれません。この稽古も前回とほぼ同じように行なわれるべきですが、今回はシーンと観客との関係性をよく考える必要があります。つまり、アクションが観客に見えているか、フォーカスが利いているか、ストーリーが明瞭に伝わっているか、この三点に演出家がより注意深く気を配ります。ここで稽古のゴールポストを変えてブロッキングを始めたり、意図や時刻の変更をしたりしてはいけませんが、あなたはただ、初めて見るかのように作品を見る必要があります。ここまであなたはキャスト寄りで稽古してきましたが、ここで精神的に一歩引いてみます。観客が客席に入ると演出家はしばしば、それまで自分が手をかけてつくってきた作品がより客観的にまたは遠い存在に感じられて、はっとさせられます。これは結構衝撃的なことで、さらにここから変更を加えるには遅すぎるタイミングで起こります。ですから、稽古場にいるうちから、自分自身の認識と見方を調節しておきます。その上で、これまでとまったく同じツールを使って俳優にノートを出します。このように一歩引いてシーンを見て評価することで、作品が観客に正確に伝わるようになります。

この最終の立ち稽古では、俳優には芝居（演技）を練る時間はまだまだ充分あるという印象を与えておきます。厳密に言うとそれは正しくないのですが、そのほうが俳優は落ち着きます。観客と作品を初めて共有する日が近づくにつれて、不安によって彼らの芝居はネガティブな方向に影響されてしまいがちです。無用な「観客に対する意識」が増大し、それまで正確に積み重ねてきた演技を簡単に捨ててしまいます。せっかく作り上げてきた演技を薄っぺらな選択に置き換えてしまったり、新しい可能性を試すことに消極的になってしまうかもしれません。彼らは芝居がたとえ仕上がっていなくても、また明確でなくても、固めてしまいたがります。あなたは態度を変えずに、矛盾なく首尾一貫した態度で、決して揺れ動いてはいけません。稽古期間を通してあなたが指示しつづけてきたタスクを完成させて磨くように、やさしくそしてきっぱりと彼らを励ましましょう。

以下、二巡目三巡目のシーン稽古で起こりうる問題を解決するのに役に立つヒントをいくつか紹介します。

稽古後半になると、イベントや意図の一部がすでに正確に見えなくなっていることに気づくかもしれません。時には、あなたより先に俳優から指摘があるかもしれません。なにか別のイベントを追加する必要があるのかもしれませんし、またはイベントが間違った箇所に設定されていたのかもしれません。イベントの変更提案には柔軟に対応しますが、変更を行なう前に必ずそれが的確であるかを確認すること。シーンを稽古するたびにイベントや意図を変更するような習慣を稽古場に根づかせてはいけません。

時どき、俳優が役の過去すべてを一つの場面に詰め込もうとしているのを目にします。これは役が感情的になりすぎているときに顕著になります。過去に起きた辛い経験は正しく検証されているのですが、彼らはあたかもその出来事すべてがシーンの始まる直前に起こったかのように、複数の出来事の痛みをすべて一つのシーンに入れてしまうのです。このようなケースが見受けられたら、思い出というのは大小さまざまあり、強弱もさまざまに記憶されるものであり、そしてシーンは一人の全人生のうちのひとコマでしかないことを説明しましょう。稽古の目的はそのひとコマをできる限り精密に、かつそれまでの経歴に対し忠実につくることです。そのひとコマの芝居を最も適切に刺激する過去の思い出はどれか、俳優にその一つの思い出に集中するように促します。

また、役の過去について行なったエクササイズを、どのように活用すれば良いかわかっていない俳優もいます。テキストの立ち稽古を始めるや否や、これまでしてきた作業を打ち棄てて、そしてあたかもただただ広い海に浮かぶボートのようにそのシーンだけに集中してしまい、頭に何のイメージもないまま過去の出来事を語ったりします。こうしたケースにはとにかくあわてずに、役の過去について行なった稽古内容と現在のアクションを結びつけていきます。例えば、登場人物が特定の記憶について話すときは、その記憶の即興をしたときの明確なビジュアルを思い出させます。新しい意図を演じるときは、意図（動機）を掻き立てる要因とは自分と相手との過去の出来事だということを説明します。そしてその過去の出来事のイメージを描いてもらうか、またはそのときの即興を思い出してもらいます。

またある時は稽古を見ていて、シーン全体がはっきりしない、もしくは散漫な印象だと感じることもあるでしょう。例えば、シーンに出ている二人の俳優がぎこちなく見えると感じたり、またはシーンのテンポがあまり的確でないとか、すべてがただ「めちゃくちゃ」と感じてしまうかもしれません。しかし、そこでパニックを起こさないこと。

そして俳優に問題をいちいち説明しないこと。代わりに、もう一度シーンを演じてもらって、チャプター9にあるフィードバックのチェック項目リストから芝居の要素の一つか二つにフォーカスします。例えば、「イベントと目的を強調して演じてみて」と俳優に注文します。俳優はシーンを繰り返し演じて重要な要素を練習できて、その間に演出家はもう一度シーンを見て、どこに問題の根本が横たわっているかを診断します。時にはこのような重要な要素について俳優にノートを出すという単純な行為がシーンにゆとりをもたらし、問題や障害物を取りのぞく役に立ちます。俳優にシーンや幕のタイトルを思い出してもらうのもまた、シーンの引っかかりを解く役に立つでしょう。

そして俳優がシーンについてあなたと同じようなネガティブな感覚を持つ場合があります。完全に混乱してしまっているとか、自分が何をやっているかわからないと言ってくることがありますが、このような反応に演出家が動揺しないこと、また、そう言ってきた直後には、もう一度シーンを演じてみろと言ってはいけません。まずは座って、芝居のどのあたりがクリアでないのかをたずねます。またここで、チャプター9のフィードバックのチェック項目リストを思い出して、例えばこう彼らに問います。「役の過去のイベントとか直前の状況といった、芝居の始まる前の何かがわからない？　それとも意図とかイベントとか、シーン中のアクションに疑問がある？それとも場所について何か混乱しているの？」こうしたシンプルな質問で、何が問題を引き起こしているのかを見きわめます。この会話はあまり長く続けないこと。問題を特定できたと思ったら、すぐにもう一度シーンを演じて原因をテストしてもらいます。

一回のセッションですべての問題を解決したいという誘惑に負けてはいけません。次にそのシーンの稽古やエクササイズをする機会まで、ノートのいくつかは準備したまま取っておきます。あなたの言葉は必ず、「登場人物の行動を観客に明解に見せる」という最も重要な目的にかなうものでなければいけません。

シーンの立ち稽古を見ながら俳優の身体表現に目を配ります。私の経験では、俳優は芝居に深く入り込めば入り込むほど、以前にエクササイズをした日常の身体反応に関する有益な観察をすっかり忘れてしまい、そして、身体的に強いインパクトをもたらす事柄（時間や場所といった要素）を演じる興味をなくしてしまう傾向にあります。身体的に、特に下半身の正確さが薄れてしまします。腰から下の筋肉をまったく動かさずにじっと立ち尽くしてしまったり、または腕や手が不自然にリラックスして、体の脇でパタパタと動いていることもあります。テーマや感情の稽古の際に日常を切り取って場面を再現したエクササイズから、関連する何かをできるだけ思い出させましょう。

俳優が台詞を覚えるのと同時に、シーンを通す準備の時間を設けます。稽古の初めに演出部スタッフ主導でテクニカルの練習をしますが、これは演出家は関わらずに行なうのがベストです。

ここまでのリハーサルが終わると、通し稽古（ランスルー）を始める準備が完了です。

サマリー

- 一巡目と同様に二巡目のシーン稽古でも同じタスクの指示を繰り返し出し、それに対して明確なフィードバックを返す。
- 俳優がまだ台詞を完全に覚えていなくても良しとする。
- 稽古をさまざまな方向から見つつも、必ず観客からの目線を頭に入れておく。
- 三巡目もしくは最後のシーン稽古のときから、初めて作品を見る観客になったつもりで考え始める。見方を変えたことで気づいた発見に対してノートを出す。
- 公演が迫るという不安が俳優のパフォーマンスに影響を与えることを予期しておく。忍耐強く、かつ自分自身の演出方法は変えないこと。
- 機能しない意図やイベントは調整する。
- シーンの稽古に役の経歴をどのように利用するか、俳優に助言する。
- シーンがはっきりまとまっていない場合、自分が問題を突き止められるまで、チェック項目リストにある指示を出しつづける。
- 俳優が完全に混乱していると言ってきた場合、まずは立ち止まり、一緒に問題を突き止める。
- 俳優の演技の身体的表現にも目を配る。
- 俳優が台詞を覚える時間と、通し稽古用にテクニカルを練習する時間を設ける。

8 通し稽古

作品全体の通し稽古をする前に、もうすこし小さい部分をまとめてみます。『かもめ』のようなフォーマルな構成の古典的な戯曲の場合、全編をノンストップで通す前に、幕ごとに分けて通してみます。フォーマルな構成を持たない作品であれば、戯曲の論理に沿った切れ目を拾って（たぶんあなたが休憩を入れようと思っているポイントです）、そのセクションごとにまず通します。

通し稽古は稽古場最終日から数えて一週間前に行ない、以降少なくとも一週間は、作品の構成全般に関する発見に変更調整を加える余裕を持たせます。もしリハーサルが短期で、押し詰まってからの通し稽古になったとしても、あなたが問題点を修正する時間を、たとえ二〜三日でも必ずつくること。

全部のシーンを通してみると、演出の選択のいくつかが機能していないこともありえます。これは避けられないことです。もし芝居が自分の望んでいた通りになっていなくても、あまり悩まないこと。初回の通し稽古は稽古プロセスの一部分であり、完璧な作品を発表するものではありません。通し稽古を単なるリハーサルの一つと考えましょう（もちろん実際にその通りですし）。俳優には、ちょうどビーズに糸を通してネックレスを作るように、細かいシーンすべてを一つにまとめる練習だ、と伝えます。通し稽古で演出家として過剰な期待はしていないことと、これまで稽古してきたことを全員がさらう機会であり、次に何を稽古すべきかを見きわめるためのものであることを、カンパニー全体に伝えましょう。もし稽古割表をつくるなら、この通しを「粗通し（あらどお）」と表現して、俳優へのプレッシャーをやわらげましょう。

初回の通し稽古には、プロダクションに周辺でのみ関わっている人たち（稽古場で直接関わっていない人たち）は、できれば遠慮してもらいます。芸術監督やプロデューサーといった人たちが早い段階の通し稽古に来ると、俳優は極度に不安になるものです。この不安は彼らの演技チョイスをゆがめる、つまりあなたが指示した通りに演じてもらえない可能性があり、すると、あなたが通しを見て確認すべき内容を充分に得られなくなります。稽古プロセスで外部の人たちからフィードバックをもらうのは重要なことで欠かせませんが、そのタイミングには注意が必要です。皆さんには最終の通し稽古か、ドレスリハーサル（ゲネプロ）もしくはプレビュー初日か二日目に見てもらいます――遅いほうがより好都合です。ですが、時には新顔の人々が早い段階の通し稽古をどうしても見に来ることもあります。この状況を切り抜ける最善策は、演出家自身が成すべきタスクを思い出して、それに専念することです。

最初の通し稽古を見たあとに、あなた自身が心配、フラストレーション、興奮などで、少し不安定になるかもしれません。ノートを出す前に自分を落ち着かせましょう。通しを一日の最後に行ない、ノートは一晩考えて準備をしてから、翌日に伝えるのが理想的です。もしくは、少なくともノート出しのセッションをする前に休憩をはさみます。キャストに伝えるのは何か、自分自身で要再考とするのは何か、ノートを入念に編集します。通し稽古でなにか大きな発見をすることはよくあることで、時としてその発見はまず漠然とした印象であらわれます。肝心なのは、大きな問題は小さな修正で解決するのがベストということです。ですから大きな問題に関しては俳優と一緒に話し合うのではなく、いったん席を離れて、その漠然とした印象を具体的で明解なノート（指示）に変換する方法を一人で考えます。本心ではどんなに心配でも、キャストには作品の方向性にあなたが満足していて、彼らの仕事に感謝しているという印象を与えましょう。

通し稽古後のノート出しは一日の最後に詰め込まれてしまうことがしばしばあり、そうなると演出家は大あわてでキャストにノートを伝えてしまいますが、そうならないように心がけて、彼らにもわかりにくかったノートについて話し合う時間をあげましょう。これは問題個所をすべて繰り返し稽古できる充分な時間が残っていない場合は特に重要です。私は通し稽古後のノートの時間用に、一時間半〜二時間を残すようにしています。

あなたがノートを出す前に、俳優一人ひとり順番に通し稽古をした感想と、この先一番稽古したいのはどのシーンかを短くフィードバックしてもらいます。俳優が自ら問題点を指摘して、演出家はノートを出さずに済むことはよくあります。またこれにより、彼らが不安に思っている部分をあなたが明確に認識し、その上で翌週の稽古プランをつくることができます。

またフィードバックを求めることで、俳優の自己批評力や自己分析力が養われます。俳優に関して演出家が理想とすべきゴールは、彼らが自己演出できるようになることです。パフォーマンスを終えて俳優が自分の演技を査定し、改善または深められるようになることです。

キャストのフィードバックを聞いたあとで演出家からノートを伝えます。初回通し稽古のあとのノート出しは、稽古プロセスのなかでも特殊な時間です。俳優はそれまでのシーン稽古のあとより、通し稽古後のほうがノートを素直に受け入れるものです。ですから、あなたが彼らに演じてほしい指示に関すること等で、彼らとの間で長いこと懸案となっていた問題を解決する良い機会です。彼らがこだわって選択した演技を通し稽古で見たけれど、それはやはり適切ではないとあなたが感じたと、はっきりと説得できるでしょう。また大きなカットをするのにもいいタイミングです。ただし、通し稽古のあとはシーン稽古のあとより俳優は傷つきやすくなっているので、変更は慎重に取りかかること。このタイミングを間違わなければ、作品に絶対必要な複数の変更をすることも可能です。

また、劇場入りが近くなるにつれて、俳優はノートに対して緊張を募らせていきます。通し稽古の後のノート出しの時間は、その緊張状態があらわれ始める瞬間でもあります。例えば、それまでの稽古では指示を素早く受け入れてきた俳優が、突然あなたのノートすべてに反論したり、つまらないことを細かく長々と質問してくるかもしれません。普段はノートを聞くときも饒舌だった俳優が、突然黙りこくってしまうこともあるでしょう。これはまさに開幕を前にした不安や緊張が膨らんでいるサインであり、俳優は自分の不安にそれぞれ異なる方法で立ち向かおうとしているのです。あなたは忍耐強く、そして寛大な思いやりを持ちましょう。きっと何とかなりますから。

サマリー

- 全編の通し稽古をする前に、小さいセクション(部分)を先にまとめる。
- 初回の通し稽古は、そこで発見した事柄の修正にそのあと少なくとも二日間をあてられるタイミングで行なう。
- 芝居の動きなど演出上のエラーがあっても心配しない。
- 初回の通し稽古には、稽古場で直接関わっていない関係者は招かない。

- 通し稽古を通常の稽古の延長と印象づける。
- ノートを出す前には休憩をはさみ、演出家自身が落ち着いて考えを整理する――できれば一晩あける。
- 俳優には全体的な漠然とした印象をそのまま伝えるのではなく、問題を解決策に変換し、具体的な小さいタスクとして伝える。
- 演出家がノートを伝える前に、俳優自身の通し稽古の感想を、今後どのシーンを一番稽古したいかも含めて短くフィードバックしてもらう。
- 初回の通し稽古の後のノートには特殊な価値があるものと知る。
- 初回の通し稽古直後の俳優は傷つきやすくなっていることを忘れずに、変更は慎重に提案すること。
- 俳優がよく理解できないノートについても話し合えるように、ノートを出す時間は充分にとる。
- 通し稽古後のノート出しでは、俳優がいつもと異なる反応をすることもあると承知しておく。

9 稽古場での最後の数日間

この段階の稽古は、演出家が必要とする稽古と、俳優が最も不安を感じている部分の稽古とのバランスをとらなければなりません。多くの場合この二つは同じものですが、もし違っていても、俳優の不安に忍耐強く対応しましょう。しっかりとシーンを稽古して不安を取りのぞけば、彼らは自信を持って舞台稽古に入れます。

初回通し稽古のあとから次の通し稽古までの数時間、数日、数週間は、変更点の稽古をして過ごします。その後、理想的には稽古場最終日の一日前に、また通し稽古をします。こうすると稽古場最終日を、ノートを出した部分の修正にあてられます。繰り返しますが、ノートを伝えるときは必ず充分な時間を取ること。これが最後の通し稽古となりますから、演出家にとってもノートが正しく理解されることが大変重要です。

公演が近づくにつれて俳優は不安を募らせ、無用な「観客に対する意識」も強くなります。これは最終通し稽古中に最も顕著になり、彼らの芝居が違ってくることもあります。小さくわずかな変化のときもあれば、大きくいやに目立つこともあります。例えば、観客から見えないのではないかと気になって立ち位置を変えはじめたり、観客が聞きとれないのではないかと台詞を大声で話しはじめたりします。それまで思慮深く慎重だった演技が、自然な等身大の演技では観客に理解されないのではと気になりだして、突然大げさになってしまうこともあります。どんなかたちであれ、観客に自分の演技が受け入れられ理解されているかを気にすることで、俳優の精神的なエネルギーが役柄やシチュエーションを演じる以外の部分に費やされているのが見てとれるでしょう。このような場合、問題を抱える俳優に丁寧にそのことを指摘し、そして演技のバランスを修正するように促して、あなたはノートのチェック項目リストからフィードバックを出しつづけましょう。

演出家として、あなた自身のケアも必要です。稽古場終盤または最終週で精根使い果たしてしまわないように。次のステージ――つまり舞台稽古にもエネルギーと気力が必要です。チャプター9で書いた黄金ルールの1と12を心に刻んでおくこと。長期的な目標を視野におさめて小さなステップで進む、そして気丈に振る舞う。この二つの黄金ルールが、状況を正しく大局的に捉える助けとなるはずです。

サマリー

- 一回目の通し稽古のあとに変更と修正を行なう。
- 劇場入りが迫って俳優が不安になることで生じる変化に注意する。
- 自分自身のケアをする。長期的な目標を設定して小さなステップを積み重ね、そして気丈に振る舞うこと。

10 リハーサル中の装置、衣裳、音響、照明、音楽について

クリエイティブチームとは定期的に連絡を取っておきます。自分の心配事やアイデアを、それが小さいとか関係なさそうに見えても、思いついたときにつねに共有しておきます。演出家がクリエイティブチームと定期的に情報共有しておかないと問題が起こる、つまり劇場入りしてから自分の思っていたとおりに事が運ばなくなります。

あなたが稽古場で想像していた実用の明かりと、実際に舞台上に吊るされたものが違っているとか、舞台上で初めて衣裳を見たら、カットや色があなたの望んでいたとおりでないかもしれません。この段階になってしまうと、変更するには遅すぎるということがしばしばです。

稽古中にクリエイティブチームと情報共有する方法は三つあります。第一に、彼らに稽古場に来てもらう。第二は、プロダクションミーティングで話し合う。そして第三は、あなたが彼らに電話をかける。

理想的な制作環境下ではクリエイティブチームのメンバー全員が、これまで述べた稽古プロセスのさまざまな段階に立ち会います。稽古プロセスのどこか、例えばキャスト全員で登場人物の経歴を調べる稽古のときなどに来てもらうのも良いでしょう。これによって、セットや衣裳のデザイナーはあなたとの事前作業ですでに得ていたものに加えて、登場人物に関する貴重な情報を知ることができます。そしてこの情報が衣裳デザインの細部に反映されることもあります。もしどこかのシーンの照明について心配だったら、照明デザイナーをシーンの立ち稽古に呼んで、一緒にそのシーンを見てもらうのも良いでしょう。もしくは、スタッフがほかの仕事にかかっているあいだも、「来られるときには稽古場に来てのぞく体制」で参加してもらいます。しかし彼らがそれまでの稽古を一度も見ることができないまま、最終通し稽古に現われるということもあります。全体の雰囲気と作品のかたちを彼らに見てもらう最初の機会となりますから、この機会はとても重要です。

毎週のプロダクションミーティングは、稽古場で新たに出てきた、それぞれの専門分野に関わるディテールを話し合う場となります。プロダクションミーティングは新規要素、または予期していなかった展開について話し合えるチャンスです。例えば、どこかのシーンでテーブルの上に人が飛び乗る必要があるとなった場合に、演出部がすでにリハーサルノート（覚え書き）でこの情報をクリエイティブチームに回しているはずです。プロダクションミーティングでは舞台美術家と、すでにデザインのあがっているテーブルをどのように補強するかを話し合います。または稽古中に何か実用の明かりが必用なことに気づくこともあるでしょう。その際もプロダクションミーティングで照明デザイナーと、どのような明かりが要るのかを話し合います。

それぞれの担当分野に関連する個別問題は、クリエイティブチームのメンバーに直接電話をして情報共有の隙間を埋めます。

セットデザインがリハーサル開始前に完成している場合、デザインに関わる変更点について話し合うことは特に重要です。セットは稽古をしているあいだに製作されます。稽古の結果として仕方なく、オリジナルデザインに修正・変更が必要になることはありえますが、変更が可能なものもあれば、もはや不可能なものもあり、それはセット製作の組み立てやペイントといった工程のどこまで進んでいるかによります。現実的に対応しなければいけません。ですが定期的に連絡を取ることで、あなたが希望する変更を、可能な範囲の最大でかなえることができるでしょう。

照明デザイナーと音響デザイナーは、それぞれ照明プランと音響プランを提出する締め切りがあります。プランとはデザイナーが照明器具やスピーカーをどこに設置したいのか、バトンなのか、セット内なのか、舞台上なのか、などなどを示すものです。稽古で新たな提案が出てきても、それを簡単に調整できなくなるタイムリミットは、締め切りによって決まってきます。ですから締め切りがいつなのかを把握しておきましょう。とはいえ、調整困難な状況になった場合でも、良い照明・音響デザイナーは創造的な代案を提示してくれるものです。

初回の通し稽古のあと、稽古時間外でクリエイティブチームのメンバーと個別に会う時間を設けて、あなたがキャストと稽古したものをデザインによってどのように発展させたり補強できるかを相談します。各デザイナーと個別に、ひとシーンごとに彼らのアイデアやあなたが必要とするものについて話し合います。このミーティングは舞台監督補（もしくはキュー出しをするスタッフ）にできるだけ多く同席してもらいます。このスタッフは最終的に、新規要素を含むすべてを操作するためのキュー（きっかけ）の責任者となりますから、演出家が音響や照明に関してどうしたいと思っているかを彼らにも理解してもらい、関わってもらうことが重要です。

音響、照明、音楽のキューを決めて、舞台監督補（キューを出す人）の台本に記入していく作業に、テクニカルリハーサルの大部分がかかってしまいます。ですから稽古場の後半で、先行してできるだけキューを決めておきます。テクニカルリハーサルの期間が短い場合、これは特に重要です。舞台監督補と一緒に机に向かいキューのポイントを検討していくか、もしくは、舞台監督補が作曲家、照明・音響デザイナーと個別に会い、暫定のキュー・ポイントを台本に記入してもらいます。たとえテクニカルリハーサルでキューが変わったとしても、この暫定のキューは非常に貴重な出発点となるはずです。稽古場に音響オペレーターがいる場合は音響のアイデアがすでに芝居に組み込まれているので、音響のキューはそのまま確定となりますから、その場合、テクニカルリハーサル前に別途強化しておくのは、照明と音楽について、ということになります。

キューを決めていく時間がない場合も、少なくともオープニングのシークエンス（一連）だけでも話し合っておきます――特に、客電（客席の照明）をいつ落とす（消す）か、アクション（俳優の動き）が見えて欲しいタイミングはどこか、そして音はどのタイミングで入れて欲しいかなど、こうした流れをキューにしてみると、それがどんなに複雑か驚くはずです。オープニングシーンを段取ることは、あなたがすでにテクニカルリハーサルに力づよく漕ぎ出したということです。

サマリー

- クリエイティブチームと定期的に情報共有をして、稽古の内容・状況を話しておく。
- 新規に出てきたアイデアは、たとえ小さくても一見無関係でも、クリエイティブチームにつねにアップデートする。
- そのために、彼らを稽古場にできるだけ招くか、プロダクションミーティングをするか、もしくは直接電話で話す。
- クリエイティブチームが通し稽古を、理想的には毎回、もしくは少なくとも一回は必ず見られるようにする。
- 各分野のプラン締め切りに気を配る。
- クリエイティブチームの各分野のメンバーと稽古場の最終週に個別にミーティングをして、自分のアイデアをシーンごとに相談する。必ず舞台監督補（キュー出しをするスタッフ）もこのミーティングすべてに同席する。
- 舞台監督補（キュー出しをするスタッフ）が照明、音響、音楽のキューのポイントを、テクニカルリハーサルが始まる前にできるだけ多く台本に記録できるようにする。

◎短い稽古期間での応用

稽古期間が短くても、必ずしも工程を省略して妥協しなければならないということではありません。上手に事前準備をして時間を効率よく使えば、素晴らしい結果につなげられます。限られた時間内でどのようにして確実に仕事ができるか、以下は私のおすすめです。

俳優とともにアクションを分析する：台本を読んでイベントを抜き出し、名前をつけるのは必須です。これは237〜238ページで要点を述べた通りに行ない、時間をかけてすべての演出の選択肢の意味を明解にします。ですが、幕と幕の間、もしくはシーンとシーンの間に起こった出来事と、各幕またはシーンの直前の状況は、イベント分析の最中もしくはそのシーンの立ち稽古の直前に、関連情報を簡単に伝えます。これによりキャストに具体的な出発点を提供できて、彼らは立ち稽古でイベントの細部を磨くことができます。

場ミリ：これは演出部スタッフが稽古時間外にできます。

トリガー・イベントと直前の状況を即興で演じる：稽古プロセス全体でできる即興が一つか二つに限られるとしたら、トリガー・イベント関連のものを選びます。トリガー・イベントによって本編の芝居が引き起こされる、ということを忘れずに。時間がなければ直前の状況の即興は省きます。代わりに、その事情が関連しているシーンを稽古する前に、俳優に直前の状況を思い出させます。

稽古スケジュールの構成方法：このセクションで述べた一日の構成方法に従って着実に実行すること。おざなりに指示を出してシーンの立ち稽古を一〇回繰り返すより、たとえ二回繰り返すだけでも、演技のターゲットをすべて設定するほうが効果的です。これは忘れないでください。

初めてシーンを稽古する（一巡目のシーン立ち稽古）：このセクションで述べた要領で、シーンの立ち稽古を進めます。時間節約のため、役の目的・意図については、俳優と一緒に話し合うより演出家からの提案を伝えます。俳優があなたのアイデアを演じてみて、もしそれが機能しなければ、また別のものを提案します。シーンとシーンの間、または幕と幕の間の即興はしません。代わりに、間の出来事について手短に説明します。ですが、上手に構成された即興を短時間で行なったほうが、話し合いより効果的で賢明であるケースもしばしばあります。

《ブロッキング》――観客に対し明解なアクションをつくる：稽古期間が一〇日でも八か月でも当てはまることですが、どんなに時間が足りなくても、俳優を「ブロッキングする（俳優に演技の振り付けをする）」のは避けること。演技を振り付けしてしまうと、見て興味のわく、耐久性のある芝居は生み出されません。代わりにセットをデザインする過程で、各役が理屈に沿って空間を使うとどうなるかを想定し、時間をかけて細部にいたるまで精査します。セットデザインと家具などの配置をどのようにすればアクションを明確に際立たせられるか、演出家と舞台美術家とでできるだけの準備をしておきます。

二巡目、三巡目のシーン立ち稽古：ほとんどの場合、通し稽古の前に各シーンを三回は稽古する余裕はありません。もし二回しかできない場合は、ひたすら伝わりやすく指示を出し、一度指示を出したら迷わないこと。あなたのフィードバックも手短に返し、話をするより実践の立ち稽古により多く時間を割きます。

通し稽古：初回の通し稽古と二回目の通し稽古の間隔は、必ず少なくとも丸一日空ける。

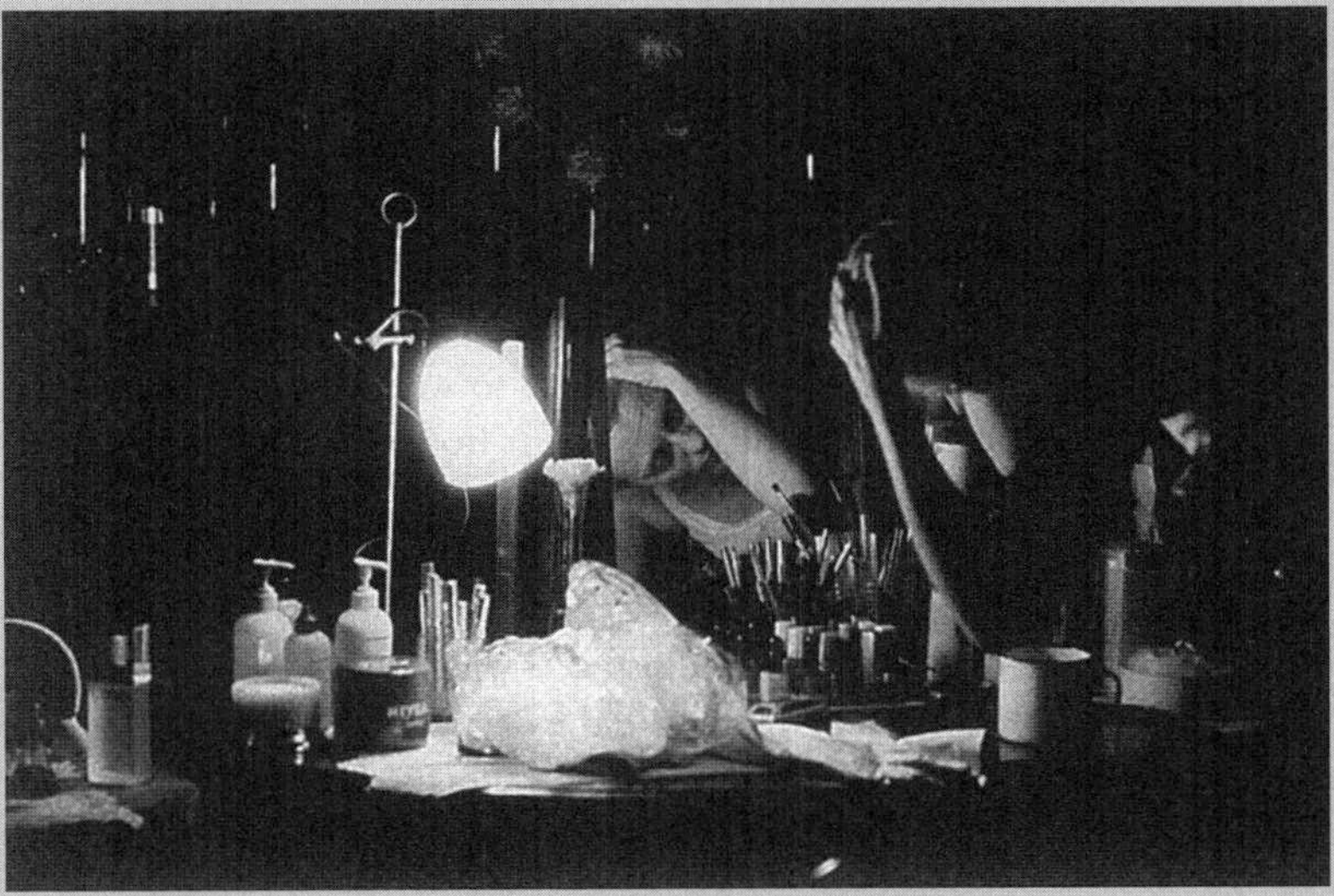

The Maids by Jean Genet

Katya Kaabanova by Leoš Janáček

PART THREE

GETTING INTO THE THEATRE AND THE PUBLIC PERFORMANCES

劇場入りと公演

テクニカルリハーサルから初日（プレスナイト）まで、演出家が最も弱く無防備になる期間です。稽古場で作りあげてきたものにどれほど満足し、自信があったとしても、初日が近づくにつれて演出家はさまざまに影響を受けます。プレビューや初日が迫っているという不安から、判断を曖昧にしたり演出方法を変えたりしない、たとえそれが俳優とでもクリエイティブチームの誰かとでも、特別な関係を持ったりしないこと。この不安は初日までのどのタイミングでも襲ってきます。ひたすら稽古場で設定した目標と言葉づかいを守りつづけて上手に乗り切ります。結果それがカンパニー全体にとって、最高の成果をあげる道となります。

この段階での演出家の仕事は、とにかく首尾一貫してぐらつかないことです。パニックを起こさず、土壇場になって極端な変更を始めたりしないこと。もし怖くなったら数分間休憩をとって、冷静に考え、そして自問します。
――「作品を磨くため、もしくは問題を解決するために、自分がとるべきシンプルで現実的なステップは何か？」
――考えたら、そのシンプルなステップを一つずつ踏んでいきます。

もし俳優が稽古場でしていたことを忘れ出しても、それはもとに戻るはずですからむやみに心配しないこと。代わりに、俳優が芝居の世界観を信じられるように、妨げとなる障害をすべて取りのぞくように努めます。もしクリエイティブチームの誰かが極端に不安を見せて機能しなくなっても、あなたは落ち着いて、彼らが遂行すべきシンプルな事柄、もしくは残った時間で現実的に達成可能な事柄に集中させます。

劇場に「引っ越し」して、演技のほかに照明、音響、そしてビジュアル素材が加わり、稽古場のときよりもたくさんの要素に目を配らなければなりません。ですから効率よくノートを書きとる工夫をします。追加された素材をうまくハンドリングするために、メモ帳の一ページを二つのコラムに分けます。演技のノートを片方に、テクニカルのノートをもう一方のコラムに書きとめます。こうしておくと異なる人たちに素早く効率よくフィードバックを返すことができます。各シーンの要検討事項をすべてわかりやすくリストにします。一ページに一シーンを割り当て、そのシーンのノートを目につくまま、手当たり次第に書きとめて、後からでもすぐに参照できるようにします。リストにあがった各事案にいつどのように取りかかるか、注意深く計画します。

作品は編み物のようなものです――この段階でどこか一か所をいきなりに強く引っ張れば、全体がほどけ出すかもしれません。頭をすっきりさせて、何が必要なのか優先順位を決めて、変更を加えるタイミングを慎重にはかります。

取り組めそうなことと、そうでないことを慎重に区別します。例えばキャスティングでエラーがあったとして、俳優をあなたが望むように完全に変身させることは不可能と認識しなければいけませんが、あなたが望む仕上がりに近づけることは可能かもしれません。妥協すべきは受け入れ、修正の効くエリアにエネルギーを注ぎましょう。私の新人時代の最大の誤りは解決不可能な問題、その多くはキャスティング関係でしたが、そこにずっと固執（こしゅう）してしまったことです。自分で変更できない事柄なのにいつまでも文句を言い、もしくは無駄に修正を試みて膨大な時間を費やし、いずれにせよ作品になんの作用ももたらさず、なんの問題解決にもなりませんでした。私は何年もこのように自分の時間を無駄にしたあとにようやく、こうした問題にはかまわず、効果をあげられそうな部分に集中することを学習しました。

最後に、この段階では知っておくべき新しいコンセプトや専門用語がたくさんあります（巻末付録の用語集参照。劇場入りして必要になる用語は太字で記載）。少し時間をとって新しい単語や意味を習熟しておきましょう。周りのスタッフがなんの話をしているのかを理解できずに失敗したり、テクニカル関係の作業に出ていって、そこで演出家は必要なかったことに気づくほど、気まずいことはありません。

Chapter 12

Technical and dress rehearsals

舞台稽古（テクニカルとドレスリハーサル）

この章では劇場に入るまでのステップと、一般公開初日（プレビュー初日）直前までにしなければならない作業についてです。以下のアドバイスがあります。

1. 劇場への搬入とテクニカルリハーサルのスケジュール
2. 稽古場から劇場への移行
3. 舞台稽古中のクリエイティブチームとの作業
4. 照明のプロッティング（明かり合わせ）
5. テクニカルリハーサル開始前の音響チェックと音合わせ
6. テクニカルリハーサル
7. ドレスリハーサル

1 劇場への搬入とテクニカルリハーサルのスケジュール

どんなに小さい劇場でもほとんどの劇場で、プロダクションが劇場入りする作業と初日までの準備全般を網羅する舞台稽古のスケジュールが設定されています。このスケジュールは劇場に入る約一週間前のプロダクションミーティングで話し合います。演出家とクリエイティブチームの希望どおりに時間を使えるように、綿密に検討します。プロダクションが違えば作業の優先順位もおのずと違ってきます。そして一般的な演出の作品を想定したスケジュールに特殊なアプローチを要する工程を押し込もうとするときに、しばしばミスが起こるものです。

舞台稽古のスケジュールには三つの基本ステップがあります。第一が、セット・照明・音響の機材を劇場に設置するプロセスです。これは大道具や機材を劇場に搬入することから始まり、照明のフォーカスと、音響スピーカーまたはバンド中継のチェックで終わります。このプロセスに演出家は同席する必要はありません。第二に、テクニカルリハーサルの準備として、照明・音楽音響のキューを設定してデータを打ち込む作業（プロッティング）です。このセッションには演出家の同席が必須ですが、通常俳優は呼びません。最後がテクニカルリハーサルで、そこでキャストがテクニカルチームに合流して、照明・音響のキューを合わせることから、場面転換中の出入りの練習のようなテクニカル要素までを整理しながら、プロダクションの幕開きから幕切れまでを通してつくっていきます。テクニカルリハーサルは照明、音響、衣裳、セット、小道具、メイクアップ、ウィッグ、そして風や血糊（ちのり）といった特殊効果もすべて含めて行ないます。俳優が衣裳を着る時間と、脱ぐ時間を入れておきましょう。実際多くの労働組合が規則として、各テクニカル作業の前後両方に、衣裳着脱のための一五分間隔を設けるように指定しています。またその間、技術スタッフや演出部はこのような長い休憩をとる必要がないので、トータル三〇分前後の予備の時間を照明や音響キューのプロッティングなど、テクニカル作業にあてられます。

劇場の予算や組合の契約、またはほかのレパートリー次第で、劇場ごとでこの三つのステップに割り当てる時間が異なります。例えばロンドンのナショナル・シアターであれば、搬入に二日間、テクニカルリハーサルに三日間をとる一方、同じくロンドンでもフリンジの小劇場では、搬入に一〜二時間テクニカルに三時間しかないということもあります。ですが私の経験では、劇場のサイズにかかわらず第一のステップの時間はつねに少なく見積もられています。これはつまりほとんどの場合、プロッティングの時間が当初のスケジュールより少なくなってしまうことを意味します。あなたが時間をどのように使いたいかを音響・照明デザイナーと相談する際にそのことを考慮して、時間が削られてしまったとき用のバックアッププランを必ず用意すること。

サマリー

- 舞台稽古のスケジュールの三つのステップを頭に入れておく。
- 劇場に入る前にスケジュールを検討し、演出家とクリエイティブチームの希望通りにすべて計画されているかをチェックする。
- 搬入に時間がかかって、当初プロッティングの作業に割り当てられた時間が削られてしまったとき用のバックアッププランを用意する。

2 稽古場から劇場への移行

演出家は、キャストが稽古場から劇場へ円滑に移行できるように、慎重に計画しなければなりません。スムーズに移行を管理できれば演出家の指導力は上がり、俳優の演技は力強くなります。一方効果的に管理できなければ、演出家の掌握力と俳優の演技両方がぐらついてしまいます。そうなると、俳優の自信を回復させ演技を再び一つずつ積み重ねなければならなくなり、時間を無駄にします。

チャプター9で述べたように、音響・衣裳・本番用小道具・靴などを稽古場の段階で導入して、俳優がテクニカルリハーサルで新たに取り組む要素の数を減らします。もしこれがかなえられれば、移行のステップはかなり容易になります。ですがもしこれらの要素を稽古場で組み込むことができなくても心配はいりません。ただキャストが膨大な数の新規案件に対応しなければならないのだという事実を忘れずに、思いやりをもってテクニカルリハーサルを進めることが肝心です。

260~261ページで書いたように、俳優は劇場入りが近づくと、観客にわかりやすくしなければという考えを募らせ、それが役柄やシチュエーションを演じる障害となっていきます。劇場に入って稽古を始めるとこの傾向は顕著になります。稽古場では公演が近づいてこようが影響されなかった俳優も、テクニカルリハーサルがひとたび始まれば、彼らも大なり小なり必ず感じるものです。チャプター11の通し稽古のところで書いたように、たとえフォーカスの利いた立ち位置に立ち、声の仕上がりもボイススタッフが満足しているにもかかわらず、俳優は観客から自分がちゃんと見えているか、ちゃんと聞こえているかと、強い懸念を募らせるかもしれません。役がどのように理解されるか心配になったり、衣裳を疑いはじめたり、演出家が妥当だと考えている演技の選択肢に異議を唱えるかもしれません。こうした反応は当然のことで、おもに不安・緊張から生まれるものです。

こうした俳優の不安を減らすシンプルなコツが四つあります。

第一に、これから劇場で行なう作業について話をするときの言葉づかいに注意します。稽古場の最終週で、私は劇場のことを「別の稽古場」と冗談のように呼び、そして「ほかの人たちと作品を共有する場所」として話します。この言いまわしは俳優が稽古プロセスの二つの段階を渡りやすくする私のやり方です。演出家それぞれ自分の方法を見つけましょう。

第二に、それまで稽古場であなたが使ってきた言葉づかいを最後の数日で変化させないこと。稽古場の最後数日間または劇場での作業が始まる頃になると、自分で気づかぬうちに言葉が微妙に変化します。「作品・戯曲」が「ショー」になり、鳥のさえずりを「最初の音響キュー」と表現する、などなど。この言葉づかいの変化は、稽古場で創りあげてきた想像の世界から俳優を逸脱させ、彼らの不安を増大させてしまいます。

三番目にして一番大切なことは、たとえ舞台裏で何が起きても演出家は冷静な態度で、移行をきちんとコントロールしているという印象をキャストに与えることです。この段階では多くの技術的な問題（例えば搬入の遅れなど）が起こるものですが、ほとんどはいずれ簡単に解決されます。キャストには、彼らの芝居に直接的影響が直ちにある問題のみ知らせます。そのほかの問題は、そんなことが起きていると知らせぬまま解決しましょう。万が一解決できなければ、問題は何なのか、それについてどんな手が下されているのか、そしていつまでには修正されるのかを彼らに伝えます。その際の表現は慎重にして、問題を誇張して伝えないこと。

最後に、劇場の環境を稽古場と似た感じにする方法を探します。稽古場は普通とても静かで集中できる場所です。デリケートな稽古には誰も入ってきませんし、通常稽古場にはみな静かに出入りします。比べると劇場の舞台裏は人がいっぱいで（劇場クルー、演出部、技術スタッフなど）、テクリハや芝居を上演している最中でさえ、彼らはどちらかと言うとデリカシーなく動きまわっています。彼らが動きまわるのは絶対不可欠なことですが、どのように動くかは状況によって舞台監督に慎重に管理してもらう必要があります。また、舞台裏に規制線で囲った静かで集中できる小さなエリアを作って、舞台稽古やのちのちの公演中に俳優がそこでシーンを準備できるようにする方法もあります。上演中に皆がそれぞれ自分のシーンの準備をしたり、シーンとシーンの間に入っていられる、目張りされたブースか、囲いで仕切られた空間をつくれるか検討します。俳優の芝居を邪魔することなく、スタッフも全員が自分の仕事をこなせるように、舞台裏でこの案をかなえる方法はないか、プロダクションマネージャーと舞台監督に一考を頼みましょう。

私がナショナル・シアターでエウリピデスの『アウリスのイピゲネイア』を演出したとき、舞台袖に黒い衝立でつくったブースをいくつか設けました。また俳優が準備に使える舞台裏のエリアを規制線で囲いました。上手側のブースには椅子とスーツケースを用意して、そこがクリュタイムネストラとイピゲネイアと護衛がアウリスに行く乗り物であると想像できるようにしました。下手側の袖にはアガメムノンの宿舎を象徴する部屋をつくりました。クリュタイムネストラ、イピゲネイア、アガメムノンと、彼に忠告をする者たちは全員それぞれのタイミングで舞台から退場してこの部屋に入り、次の自分のシーンまで何が起きているかを即興で続けました。劇の初めは各ブースにいる全員が開演のキューをもらって、それぞれの役の舞台登場のタイミングにかかわらず皆が同時に演技を始めました。観客は「廃墟ホテルに登場するアガメムノン」という芝居のうち、舞台上で演じられる一部分のみを見たことになります。

このような演出はもちろんオーソドックスなスタイルではありません。ですからもしあなたがこの手法を試したいと思うなら、自分がどのようにしたいのか、また、なぜそうしたいのかについて劇場の各部署、もしくは関係者を説得することがとにかく絶対に不可欠です。時間をかけてなぜそれが必要と感じているかを説明すれば、劇場で働く人々がこのような提案に対して肯定的に反応してくれる場合も多く、正直驚かされることでしょう。

サマリー

- 稽古場で事前にできるだけ多くの舞台要素を取り入れておくことで、俳優が劇場に入ってから新規に取り組まなければならない要素の数を少なくする。
- 俳優が不安や観客への意識を募らせて生じる、彼らの様子や演技の変化に注意する。
- 舞台稽古について話す言葉づかいに注意し、俳優が変化してしまう傾向をやわらげる。稽古中に使っていた言葉づかいに合わせて話す。
- 自分自身の不安もうまくコントロールし、舞台裏で起こるテクニカルの問題について俳優に心配をかけない。
- 舞台裏に稽古場と似た静かで集中した環境をつくる方法を探る。

3 舞台稽古中のクリエイティブチームとの作業

ここで初めて、キャストはクリエイティブチームと同じ空間で一緒に仕事をすることになります。クリエイティブチームは稽古場に来て稽古を見学しますが、直接フィードバックを返したりはしていません。劇場に入ってこの二つのグループの共同作業を円滑にまとめるのは技量を要する仕事ですが、それを容易にするコツがいくつかあります。

キャストがテクニカルリハーサルに合流するまでに、クリエイティブチームが演出家と同じ芸術的目標のために働いていることを確認しておきます。事前に彼らに会って、あなたがテクニカルリハーサルをどのように進めたいと思っているのか、さらに大切なのは、彼らがいだく懸念や反論に対して、どのように対応していこうと思っているのかを話しておきます。彼らが特に心配している部分についても、忘れずに話し合っておくこと。

舞台稽古のあいだ、クリエイティブチームとなにか問題や気になった事柄について会話をする際は、俳優の聞こえないところですること。スタッフがみな言葉づかいに配慮してくれるとは限りません。「照明のレベルが明るすぎるよ」と言うデザイナーのひと言で、俳優は暑い夏の日にいるという設定を忘れて、観客に見られているのだということに意識が向かってしまい、結果として彼らの演技に影響が出てきます。

デザイナーに、俳優の前では技術的問題や美的に気になった点などについて、話させないようにします。彼らが照明のレベルが低すぎると感じたり、小道具が観客から見えにくいと感じたら、俳優の聞こえないところであなたに知らせてもらうように言っておきましょう。

最後に、毎日舞台稽古の終わりに、理想的には俳優が劇場を出たあとに時間を設けて、チームの主要メンバーと集まり、問題や気になった点について話し合います。

この段階での時間不足は、クリエイティブチーム全員に大きなプレッシャーをかけます。さらに、キャストとは何週にもわたって稽古してきた一方で、クリエイティブチームは数日、もしくは数時間で自分の仕事をこなさなければなりません（多くの場合、クリエイティブチームは自分の仕事の仕上がりを、演出家と同じタイミングで初めて見ることになるのです）。照明デザイナーがどんなに綿密に照明プランをつくったとしても、明かりのコンビネーションが舞台の空間でどのように見えるかを正確に予測することは不可能です。大道具の製作場で平らな壁の絵がどんなに精密に描けているように見えても、構造とペイントの仕上がりに間違いがないかどうかは、舞台上で大道具を組み立てるまでデザイナーには確証がありません。音響デザイナーは、録音された鳥の音が音響スタジオで聞いたときどんなに魅力的であっても、それが劇場のアコースティック（音響条件）のなかで適した音かどうかは、あらかじめ完全にはわかりません。

前にも言いましたが、多くの場合で舞台稽古のスケジュールは楽観的すぎていて、セット搬入の時間が充分に取られていません。これはつまり、照明のプロッティング（明かり合わせ）、適切なサウンドチェック、セットに色かけ調整する、バンドの音合わせ、などの時間が食われてしまうか、場合によってはなしにされてしまうことを意味します。これらの作業がチームの面々にかけるプレッシャーを、演出家は敏感に感じとらなければいけません。安直に美術についてのフィードバックをする前に、まずセットデザイナー本人に手直しが必要と考えているかどうかたずねましょう。あなたが気になった点を、デザイナーがすでに検討箇所のリストに入れている、ということは往々にしてあります。もし舞台上のビジュアルやサウンドで気に入らない点や不安があったら、自分の懸念をわかりやすく簡潔に説明します。開幕が近づいて不安になるあまり、自分の物言いや振る舞いをヒートアップさせてはいけません。最後に、初めてセット・照明を見たり、音響・音楽を聞くのは俳優のいないところで行ない、そしてその感想や第一印象、フィードバックは俳優の聞こえるところで伝えないこと。

サマリー

- 稽古場の最終週でクリエイティブチームとミーティングを行ない、テクニカルリハーサルをどう進めたいと思っているのか、また、期間中彼らからのフィードバックをどのように聞き、処理していこうと思っているのか、計画を話し合う。
- 舞台稽古中、クリエイティブチームが気になったことなどを話すのは、キャストの耳に入らないところで行なう。
- クリエイティブチームと単独で話す時間を設ける――理想的には俳優が劇場を退出したあとにする。
- クリエイティブチームが準備や試しの時間不足で受けるプレッシャーを、演出家は敏感に察すること。
- 初めてセット・照明を見たり、音響・音楽を聞くのは、俳優のいない状況で行なう。その感想や第一印象、フィードバックを俳優の聞こえるところで言わない。

4 照明のプロッティング（明かり合わせ）

照明のプロッティングは、照明デザイナーが提案する照明設定を演出家が初めて見る場です。照明プロッティングの主目的は、テクニカルリハーサル開始前に照明設定を照明卓にデータ入力することです（照明卓または調光卓とは、各照明灯体の照度レベル設定を記録する器械のこと）。

稽古場の最終週に、照明デザイナーとは照明デザインの細部についてすでに話し合っているはずです。その後デザイナーは照明プラン（仕込み図面）を完成させて、その図面には灯体が照明グリッド（舞台上バトン／すのこ）のどこに吊るされるのか、また灯体の向いている方向などが記されています。搬入後、灯体はプランに従ってバトンに吊るされ、それから照明ゼラを取り付けて色をつけ、フォーカスを決めます。

照明プロッティングは、照明デザイナーと照明オペレーターと舞台監督以下演出部とで行ないます。客席には照明デザイナー用に机が置かれ、通常そこに照明プランを置いて作業をします。照明プランには灯体の形をしたアイコンが番号付きで書いてあります。演出家が作品の照明設定を確認するために照明プランの読み方や番号の意味、各灯体の機能をすべて知る必要はありませんが、主要な灯体とその番号をいくつかでも覚えておくと、自分の希望をより正確に伝えられるでしょう。

また机の上にはコンピューターが置かれ、それは照明ブースにいるオペレーターが使っているコンピューターシステムにつながっています。照明デザイナーは通常インカム（インターコム）をつけてオペレーターと舞台監督補（それぞれのブースにいます）と通話できるようになっています。演出家は客席の照明デザイナーのとなりに座ります。各照明設定を確認しながら、設定に0から始まる番号が振られていきます。舞台監督補（キュー出しをするスタッフ）は照明が変わるきっかけとなる台詞またはト書きと並べて、台本上にこの番号を書き込んでいきます。このプロセスには時間がかかりますから、イライラせずに、覚悟しましょう。ここで各キューを注意深く正確に台本に書き込めれば、舞台監督補はこの先のテクニカルリハーサルをはるかに効率よく進められます。キューのいくつかは暫定的な設定としておいて、このあとのテクニカルリハーサルで芝居に合わせてキューを通していきながら、微妙に修正していきます〔日本では照明オペレーターが自分でキューを管理し操作するのが通例で、事情が異なる〕。

プロッティング（明かり合わせ）の進め方にはいろいろあって、照明デザイナーが変わればプロセスも変わります。この作業の構成とペースは時間の余裕次第です。三時間あればゆったりしたペースで取り組めますが、三〇分しかなければ少々あわただしく、とにかく幕開き部分の設定を照明卓に打ち込み、台本にキューを書き込まなければならなくなります。私の経験では、プロッティングの初めにまず、メインに使われている照明の設定か主要ライトを下見させて欲しいと照明デザイナーに頼むのがベストです。演出家が暗い客席に座るなかで、照明デザイナーがさまざまな明かりをパッと点けていきます。これによって、あなたは吊るされた各灯体が照らす範囲をつかんでいきます。自分の気に入った特定の効果とか明かりがあったら、デザイナーにその旨を伝えます。のちのちもしうまく作用していないと感じる照明設定があったときに、その気に入った明かりを試すようにデザイナーに頼むこともできるでしょう。

次に、シーンごとの設定を検討していきます。まずはデザイナーが提案する設定をベースにして、演出家の要望する舞台をつくっていきます。フィードバックを返す前に、デザイナーが各シーンのアイデアを具体化していくのを忍耐強く待ちましょう。

その後、明かりの設定（状態）を一緒に見て、調節・補正してほしいことがあればデザイナーに頼みます。幕開きの照明設定のいくつかにこだわって何時間も費やさないこと。基本スケッチができたら次のスケッチへ進みます。これで最初のテクニカルセッションに向けて準備完了です。

照明はキャストが舞台に加わると違って見えてくることを忘れないように。セットに誰もいない状態で照明の設定に長時間を割いても意味がありません。照明デザイナーは大まかなスケッチが描けたら、あとは俳優が実際に演じているあいだに調整していくことができます。プロッティングの時間であまり先のシーンまで作業できるものではないと承知しておきましょう。私はプロッティングで冒頭の二〜三シーンより先に進めた例（ためし）は記憶にありません。照明の作業は明かりつくりで始まり、初日（プレスナイト）までずっと続きます。その期間中、演出家と照明デザイナーは設定がより的確なものになるように、絶えず調節していきます。

照明に関する問題で多いのは、リアリスティックな芝居の照明に対して、観客からの可視性（見えやすさ）を考えて俳優の顔にあてる照明のバランスが原因となって起こります。顔にあてる明かりが芝居のシチュエーションの明かりをしばしば抑制してしまう、つまり、あまりにも多くの灯体が強い光量で使われていたりします。シーン全体が明るすぎると、登場人物がいるエリアの明かりが、それが日光のような昼間の自然光でも卓上ランプのような人工の明かりでも、いったい何の明かりであったのか、その特性がわからなくなってしまいます。観客の可視性を確保するためにかなり明るくしなければならないとしても、実際にその場を照らしている太陽なり、ランプなりの、リアルな明かりの基本構造が損なわれてはいけません。もしその光源の構造がわかりにくくなっていたら、目を細めて、目に入る光を少なくしてみます。こうすると表面的なディテールが除かれて、暗いブロック、明るいブロック、そして影が見えてきます。

デザイナーが提案する照明設定を、目を細めてしばらく見つめてみます。もし表面的な設定の下にある明かりの基本構造が見えなければ、照明デザイナーに頼んで、いったん全部消灯し真っ暗にしてからもう一度、その照明設定を一からつくりながら見せてもらいます。その間とりあえずは人物や演技の可視性（観客に見えるかどうか）は気にしません。代わりに、「この場所をリアルに照らしているのは何か？　日光なら、太陽光はどこから入ってきて角度はどれくらいか？」と自問してみます。まず太陽光を表わす照明を入れ、それからその太陽光がつくり出す基本構造のまわりに、残りの設定をゆっくりと組み立てていきます。例えばそのシーンが一つの実用の明かり（例えばシャンデリアや室内灯、卓上ランプなど）で照らされている場合では、デザイナーにその明かりをまず点けてもらいます。その灯体が放つ明かりの輪郭を特定して、それから周辺の照明設定を組み立てていきます。追加の明かりを加えていっても、その実用の明かりで照らされた環境の印象が失われてはいけません。

サマリー

- 照明キューを台本に書き込むプロセスは時間がかかるものと覚悟しておく。
- プロッティング（明かり合わせ）で、芝居冒頭の少なくとも二〜三つの照明設定は仕上げておく。
- 無人のセット上で完璧な照明設定をつくることに多くの時間を費やさぬこと。なかに人物が入れば見え方は変わってくる。
- そのシーンを照らしているのは何か、日光などの自然光であれ、卓上ランプなどの実用の明かりであれ、その光源が照らす基本構造の印象が見失われないこと。

5 テクニカルリハーサル開始前の音響チェックと音合わせ

音響チェックと音合わせの主要目的は、音響もしくは音楽のレベル（音量）を設定し、スピーカーを使うのであれば動作確認をすることです。ミュージシャンはバンドルームまたは場内で演奏します（《バンドルーム》とは場外にある防音装置の施された部屋のこと。そこでライブ演奏された音楽は場内のスピーカーに中継されます）。バンドルームから演奏する場合、すべてのキューのレベルをチェックする必要があります。場内で演奏する場合は、作曲家が舞台の反響や聴こえ方に応じて演奏のボリュームを調整する必要があります。

スケジュール上、テクニカルリハーサル前に音響・音楽の作業に一時間以上を割り当てることはまれです。ほとんどの場合、演出家はこの作業中にまず音響の主要キューのごくわずかを聞かせてもらいますが、その後音響デザイナーか作曲家は冒頭一〇個程度のキューのレベルを、あわただしく初期設定していきます。この作業は手短に行なわれるので、演出家がそれ以外の大部分の音響キューや音楽を聞けるのは、ほぼテクニカルリハーサルをしながらとなります。

音響キューをプログラミングしたり、バンドルームからの演奏のレベルをセットするのはこれまた時間がかかります。経験のない新人演出家はこの作業を、オペレーターがただボタンを押してボリュームを調整すれば済むものと簡単に想像するかもしれませんが、実際には音響のキュー一つ、または音楽一曲の設定をプログラミングするのに数分はかかります。

この短い音響チェック・音合わせの作業時間以外に、テクニカルリハーサル開始前の「クワイエットタイム＝（大道具係などの）音を立てない時間」と呼ばれる昼食休憩があります。この間に音響デザイナーはレベル設定をしたり、作曲家（もしくは音楽監督）はバンド演奏を聞いたりします。特に頼まれない限り、この作業に演出家は同席する必要はありませんし、また劇中ライブミュージックが入る場合のバンド音合わせにも演出家の同席は必要ありません。

サマリー

- 音響のキューや音楽を聞ける作業時間は短い。
- 音響のキューのプログラミングには時間がかかる。
- 音響効果を(劇場で)初めて聞くのはテクニカルリハーサルをしながらになる。
- 音響デザイナー、作曲家、音楽監督から特に依頼がなければ、「クワイエットタイム」や「バンド音合わせ」の作業に演出家が同席する必要はない。

6 テクニカルリハーサル

テクニカルリハーサルは、プロダクションに関わる全員が作品の最初から最後までを通して作業しながら、稽古場で仕上げた芝居にテクニカル要素のすべてが的確・確実に組み込まれているかを確認していくものです。効率よく、かつ機能的にテクニカルリハーサルを進めるには、明確な指揮系統を持つことが非常に重要です。

第一に、誰がテクニカルリハーサルを取り仕切るかを決めます。演出家自身が指揮するか、もしくは舞台監督に依頼するかです。私の経験では、舞台監督に引き受けてもらうのが良いようです。そうすればあなたは組み込まれた要素すべてをじっくり見て、音響、セット、衣裳、照明の各デザイナーといろいろ相談することにエネルギーを注げます。舞台監督は舞台上で皆をまとめて、事前に計画したスケジュールに沿うようにリハーサルを進めます。スケジュールは演出家と舞台監督とで考えますが、各作業段階で作品のどの部分を完成させる必要があるかを明示しておきます。この計画通りにテクニカルリハーサルを行なえば、ドレスリハーサルと一回目の上演(プレビュー初日)の準備完了となります。舞台監督とのコミュニケーションは大声を上げて叫ぶか、マイクまたはインカムを使うかですが、使用するスペースの規模や会話の内容にもよります。テクニカルが始まる前に、マイクやインカムの動作確認をしておくこと。大声で叫ぶと攻撃的な印象を人に与えますから、なるべく避けるべきでしょう。

次に舞台監督補(キュー出しのスタッフ)とのコミュニケーション方法を講じる必要があります。彼らは上演中にキューを出す位置に座っています。そこが客席後方の防音されたブースで、こちらの声が届かない場所ということもあります。小さな客席の場合は、お互い普通に話せることもありますし、大きなスペースではインカムを使うか、舞台監督のインカム経由ということもあります。

最後に、照明・音響の各デザイナーとのコミュニケーション手段を講じます。理想的な状況は、照明デスクと音響デスクが客席に設置されて、照明と音響のデザイナーそれぞれが必要な機材とキューシートを携えてデスクに座ります。通常これらのデスクは演出家のすぐそばに置かれ、三者で簡単に会話できるようになっています。デザイナー二人は普通インカムのヘッドセットをつけて、ボックス（ブース）にいるオペレーターと会話できるようになっています。フリンジの小劇場ではデスクがオペレーティングエリアにあり、機材も原始的なものを使っている場合や、もちろんデザイナーとオペレーターが同じ人という場合では、この状況は変わってくるでしょう。どのような状況であれ、テクニカルリハーサルが始まるまでに、照明と音響のデザイナーと演出家はどのようにコミュニケーションをとるか話し合っておくこと。

テクニカルリハーサル開始前にキャストが舞台に集合したら、演出家はすぐ彼らのところに行って迎えます。彼らに「テクリハ」をどのように進めるのかを説明し、何かテクニカル上の問題が起きたらすぐに芝居を中断するように伝えます。次に、舞台監督がキャストを案内してステージとバックステージをまわってもらいます。これは彼らに劇場内の位置関係を確認してもらう時間です。その後、各自の《ビギナーズ・ポジション》に着いてもらいます（「ビギナーズ・ポジション」とは、キャスト各自が最初の登場のキューを待つバックステージの位置を指します）。

キャストの準備ができたところでテクニカルリハーサルを開始し、すべてを一つずつ確認していきます。要素の何かが思うようになっていないポイントまで芝居を続けます――例えば、照明キューのタイミングが的確でなかったり、照明の設定があなたの意図する通りでなかったり、どこかのキューの音量が大きすぎたり、といったポイントです。そこでいったん芝居を止めて、あなたが止めた理由を舞台監督に知らせます。そのテクニカルの問題をどのように解決するか、担当のクリエイティブスタッフと話し合います。舞台監督に《セットバック》（小道具などの舞台設定の諸々（もろもろ）を、芝居を再開するポイントの状態に戻して準備すること）してもらい、うまくいかなかったポイントの直前から芝居を再開します。

芝居冒頭のキュー調整にばかり時間をかけ過ぎないこと。さらに細かく検討が必要な箇所があっても、まずはテンポを上げて進めるのがベストです。そのほうが、スケジュールどおり効果的に進捗しているという雰囲気になり、グループの士気が保てます。初めの一五分ほどが過ぎてから、ペースを落としていきます。

ほとんどの俳優を良識ある大人であると認め、彼らが気にかけることには真剣に耳を傾けましょう。俳優が提起する問題点には必ず直ちに対処すること。衣裳が作品の必然性に合っているかと言い出したり、早替わりを三度も練習したり、なかには取るに足らない、どうでもよいことに思えるものもあるかもしれませんが、こうした細かいことが彼らの芝居を明確にし、パフォーマンスをスムーズに進行させます。彼らの心配事が自然と消えてなくなることはまずありませんから、直ちに対処することでのちのち見返りがあるはずです。

テクニカルリハーサルの平均は一日〜三日間ですが、場合によっては数時間しかないこともあります。277〜279ページに書いたように、毎日、稽古の終わりにクリエイティブチームの全員とミーティングを行ない、出てきた問題点や気になった点について話し合います。ほとんどの劇場には舞台の中継モニターシステムがあり、舞台上の音声は楽屋とバックステージエリアに送信されます。このモニターは客席の音も拾ってバックステージに送ります。客席であなたが懸念事項を話す場合は気をつけること。つい興奮して、俳優について不適切な言い方をしたり、自分の不安をあからさまにすると、あなたはキャストやスタッフから信用を失うことになりかねません。劇場によってはモニターを切ることができます。

サマリー

- テクニカルリハーサルの目的は、稽古場で仕上げた芝居に舞台のテクニカル要素を新たに組み合わせることである。
- テクニカルリハーサルを進行させるための明確な指揮系統をつくる。
- 舞台監督補(キュー出しするスタッフ)とコミュニケーションをとる最善の方法を相談する。
- テクニカルを誰が進行させるか(演出家か舞台監督か)、そして相互のコミュニケーション手段について決める。

- キャストが揃ったら、これからどのように進行するかを説明し、ステージとバックステージを案内して位置関係を確認させる。
- 何か問題が出たところで芝居を止め、話し合い、問題の関連箇所まで戻って繰り返す。その後、先へ進む。
- 冒頭のキュー調整に時間をかけ過ぎないこと。テンポを上げて進める。
- キャストから提起された問題点には直ちに対処する。
- テクニカルリハーサルの期間に、クリエイティブチームと毎日最後にミーティングをする。
- ほとんどの劇場には場内モニターがあることを忘れず、客席でつい興奮して話をしないように、また話の内容にも気をつける。

7 ドレスリハーサル

ドレスリハーサルは、これまで作業してきたすべての要素をまとめて、初日通りに舞台で通す最初の機会です。テクニカルリハーサルまでは、芝居を途中で止めてまた再開し……ということを繰り返すので、長めのまとまりで芝居を通すことはほぼありません。ドレスリハーサルでは初日通りのスピードで通しますから、早替わりが間に合っていないとか、照明のキューが遅すぎたり早すぎたりなど、ここでまた新たな問題点がつねにあがってくるものです。

ドレスリハーサルのスケジュールを組む際に、終了予定時間までの最後三〇分を、初回公演に向けて問題点を修正する時間にあてます。しばしば、昼間のドレスリハーサルが遅れて始まり、終了予定時間ぎりぎりに終わり、修正する機会を逸した問題点がそのまま夕方からの公演で繰り返されてしまいます。そうならないように、最後の三〇分でテクニカル上の大きな問題点を修正します。ドレスリハーサルを見ながらノートをとりますが、その際、ノートの優先順位をつけておきます。夜の公演の始まる前に至急修正が必要な事柄を、優先順位の上位に据えることになるでしょう。テクニカルに関するノートはキャストをいったん散会させたあと、夜の公演に間に合うタイミングでクリエイティブチームに伝えましょう。そのほかは翌日、問題をきっちり解決できる充分な時間があるときに取りかかります。

最後に、演技に対するノートですが、私の経験で言うと、同じ日に行なうドレスリハーサルと初回公演の間で演技のノートを出すのは賢明ではありません。演技に関するノートを俳優に詰め込ませようと演出家が躍起になって、楽屋やグリーンルームを走りまわってキャストの夕食休憩をつぶしてはいけません。翌日までそれは取っておきましょう。ドレスリハーサルと初回公演のあいだの二時間は俳優の休憩時間です。彼らは食事をとり、休息し、夜公演の準備をする時間が必要です。

ドレスリハーサルが終了したら直ちにキャストを集め、順調に行っているので夜の公演終了後にノートを出すと伝えて安心させましょう。その上で、彼らにテクニカルに関する大きな問題点や不安はないかをたずねます。続く三〇分間で、彼らがあげた問題点とあなた自身が気づいた、至急解決する必要のあるテクニカルノートを調整します。それが終わったら、夜公演の前にウォームアップをするようキャストに促します。これは初回公演を前にした緊張をやわらげる術ともなります。また、カンパニー全体の共同作業に徹するように、そして「単独飛行」は厳に避けるように忠告します。単独飛行は、キャストの誰かがこれまで稽古してきたことから逸脱し、ほかの方法で観客をうならせようとすると起こるものです。この雑談が終わって以降は、キャストをそっとしておきます。

もちろん、ここに書いたステップは、ドレスリハーサルとその後の段取りの理想的なかたちです。ですが単に時間不足で、このような段取りや気配りをしていられないケースもあります。たとえそうなっても、少なくともドレスリハーサルのあと五分間で良いのでキャストを集めて、彼らが客の前で演じる前にどうしても急ぎ修正を要するような、上演中の潜在的な危険がなかったかを確認します。

しかし場合によっては、ドレスリハーサルどころかテクニカルリハーサルさえ終わりまでできないこともあります。ナショナル・シアターで『夢の劇』を演出したとき、私たちはスケジュールよりはるかに遅れていて、一回目のプレビュー公演をキャンセルし、さらにテクニカルを人前で（二回目のプレビュー公演を見に来た人たちを客席に入れて）

行なわなければなりませんでした。まさに二度と繰り返したくない経験ですが、有料の観客に作品を届けなければというプレッシャーが募ると、時として理想からはるか遠く迷走してしまう、という教訓となりました。

サマリー

- テクニカルリハーサルでは予想もしなかった問題が、ドレスリハーサルになってから起こるという現実に備える。
- 上演してわかった重大な問題点を処理する時間として、ドレスリハーサル後の三〇分間をスケジュールに組み込む。
- ドレスリハーサルを見ながら、どのノートから修正していくか優先順位をつける。
- ドレスリハーサルの最後に、急ぎ解決を要する重大なテクニカルトラブルはなかったかをキャストにたずねる。
- その問題点と、自分自身が気づいた至急のテクニカルノートを三〇分で調整する。
- 演技に関するノートを出そうとして、休憩中の俳優を邪魔しない。

Chapter 13

The public performances

公演（プレビューと本公演）

この章では、プレビュー最初の数公演と初日（プレスナイト）の進め方と、また本公演期間中どのように作品を管理していくかを見ていきます（英国の公演形態では通常、プレスナイト（劇評家やプレス関係者他、ゲストを招いての公式初日）から始まる本公演の前にプレビュー公演期間があります。プレビュー期間中にはマチネ（昼公演）はなく、一日一回夜の公演のみ。したがって、昼の時間帯に稽古や必要な作業をすることができます）。以下のステップのアドバイスを解説します。

1. プレビュー開始からの数公演
2. 本番あとのノート
3. プレビュー中のリハーサル
4. 初日（プレスナイト）
5. 初日後から千穐楽（せんしゅうらく）までの公演
6. 全公演終了後に作品を自己分析する

1 プレビュー開始からの数公演

プレビュー（一般公開開始からの数公演）は観客の前で作品を試演する機会であり、観客の反応は、正しい演出が選択できているかを測るバロメーターとなります。舞台上の芝居を見ると同時に、観客のリアクションをメモします。

特に観客がどこで集中して、どこで落ち着きをなくしているかに注意してみます。こうすると、さらなる調整が必要な部分はどこかを明確に判断できます。

演出家自身が観客についてよく理解しておきましょう。もし観客が落ち着きをなくしたり退屈しているようなら、まずは自分の演出がクリアかどうかを疑ってみます。観客のリアクションに対して感情的になってはいけません。あなたのお気に入りのモーメントで観客が退屈していても動揺しないこと、もしくは、大事なイベントの場面で彼らが菓子を食べ始めても腹を立てないこと。観客の態度を気にしてあなたが集中力を欠いて感情的になってしまっては、芝居を冷静に見て、観客の集中力を失わせた原因を究明することはできません。

俳優は公演が始まったというプレッシャーにさまざまな反応を見せます。すごく怯える人もいれば、大変興奮する人、無口になってしまう人もいます。演出家と俳優のそれまでの関係性がよりスムーズになるか、ギクシャクするか、俳優の反応によって変化してしまうことがあります。どちらに転んでも平静を保ちましょう。キャストとの関係性や演出の目的を安易に修正してはいけません。

公演が始まると身体的な影響というのもあり、俳優の胃腸に不調を来たすこともあります。実際に開演前に嘔吐や下痢をしてしまう人もいます。彼らは演出家が設定した目標を果たしたいと思っても、体調のせいで、思うようにできなくなってしまいます。

キャストには、人から聞いた感想や意見を上手くさばくスキルを伝授しましょう。公演序盤のこの時期に、俳優は稽古が始まって以来最も批評に敏感になります。肯定的な意見も否定的な意見も、どんな批評でも彼らにはインパクトがあります。批評は演出家や芸能事務所の人間や、近しい家族や友人から、または見知らぬ人からの何気ないコメントといったかたちで耳に入ってきます。こうした批評によって俳優は役から引きはがされて、自分がしていることすべてを疑い出したり、もしくはどこかの場面で自意識過剰になったりします。観客からもたらされるコメントによって、それまでの稽古で解決していた古い心配事が蒸し返されたり、想定外の新たな不安をつくりだすこともあります。なかには、誰かから聞いた感想を、自分は採用したかったけれど演出家が認めなかった演技の選択肢を支持するものとして、利用する俳優も出てきます。こうした批評やコメントは、あなたが演出家として作品と俳優両方のために設定した目標を、さらに追求しようとするプロセスを妨害します。

プレビュー前に俳優と短く雑談をして、彼らが耳にする感想や意見には用心して接するよう忠告し、創作の仕事がまだ終わっていないことに気づいてもらいます。彼らが誰かから観劇の感想を聞くときに、このことを心にとめておくよう伝えます。趣味の相違による感想と、作品自体を認め理解したうえでの意見には違いがあることを忠告しておきます。彼らが聞かされたのがどちらのタイプの反応なのか、識別する必要があります。例えば、もしその人がプロダクションのデザインやテンポが好きではないというのであれば、それは趣味の相違ということかもしれません。こうしたコメントは作品がこれから成長していくのに必ずしも役立つとは限りません。反対に、もしその人が作品の目指す方向性を明解に理解していて、それでもどこかわかりづらいところがあったと感じたら、その人のコメントは作品にとって有益かもしれません。最後に、俳優が自分の演技に対する否定的な感想を聞いてしまったら、演出家であるあなたに話してくれるように伝えましょう。短い話し合いをすることで、俳優をがんじがらめにする何気ない批判を跳ね返し、彼らを解き放って、戯曲が求める演技に引き戻せることはよくあります。

あなた自身の演出についての意見に対しても、必ず気をつけて上手くさばくこと。俳優と同じように、趣味の相違による感想なのか作品のためになる有益な意見なのか、識別する術を知ること。同様に、作品をつくる作業は終わっていないことを忘れてはいけません。半分できあがっているものに極端な修正を加えてはいけません。批判は書きとめたうえで、まず自分の考えている演出を完成させます。自分が目指した事柄が達成したあとで、あなたが聞いた意見や批判を見返して、なおそれが的を射ているかどうか検討します。もしその通りだと思うなら、自分の演出を修正しましょう。

すべての感想や意見を同等に扱わないこと。終演後にパブで聞いたおせっかいなコメントは、大切な同業者からの具体的な指摘と等価ではありません。誰の意見を真剣に受け止めてその指摘を実行に移すべきか、人を選びます。公演が始まる前にそうした人々を見つけて、日にちを決めて観劇してもらいましょう。物語がはっきり伝わっているか、特定の場面や俳優が上手くできているか否かなど、彼らに芝居を見ながら具体的なチェックを頼んでも良いでしょう。こうした人々には自然とめぐり合って、小さなグループになるものです。誰もがあなたと同じ稽古プロセスの用語を使って話すわけではありませんが、だからといって彼らの批評が無価値になるわけではありません。彼らの言うことをあなた自身の言葉に言い換えて、有益な指摘を選りすぐります。

自分が聞いたコメントを一語一語そのまま俳優に伝えては絶対にいけません。あなたがこれはと評価する意見は、演者それぞれに合わせて具体的な指示に変換します。もし業界の有名人や偉い人がプロダクションを見に来て、俳優が彼らの感想をあなたにたずねてきたら、たとえ事実であってもなくても、「作品を楽しんでいたよ」と言っておくのが賢明です。

プレビュー中は毎回終演後にクリエイティブチーム、演出部スタッフ、プロダクションマネージャー、その他作品制作に関わる人々（キャストを除く）と集まり、テクニカルに関する演出家からのノートを精査しつつ、翌日昼の稽古予定を練ります。

サマリー

- 上演中に芝居のノートをとりながら、同時に観客の反応を観察する。観客がどこで集中力を欠いているか注視する。
- 観客の態度に対して感情的に反応しない。
- プレビュー期間中は俳優からさまざまな幅広い反応が返ってくるものと承知する。
- 俳優に、観客からの感想や意見の受け止め方と、上手な対処法を教える。
- 俳優が否定的な意見を聞いて上手く振り払えないようであれば、一緒に話し合うことを提案する。
- 演出に関する意見や指摘も注意して取り扱う。
- あなたが聞いたコメントを、俳優に一語一語そのままに伝えてはいけない。
- プレビュー期間中は毎回終演後にテクニカルに関するノートを出し、翌日昼の稽古予定を練る。

2 本番のあとのノート

ステージを降りたあとの俳優はとても無防備で傷つきやすくなっています。演出家自身も不安定で頭は冴えていないかもしれません。上手にできた点にはハッピーであるかもしれませんが、うまくいかなかったらフラストレーションを感じているかもしれません。たぶんにバランス感覚を欠きがちですから、終演直後はノートを出さず、俳優にお疲れさまと頑張った労をねぎらい、ノートを伝えるセッションは翌日にアレンジします。その後、自分ひとりで数時間かけてゆっくりノートをチェックして、どのノートをどのように伝えるか検討します。セッションでは俳優自身から出たノートについてディスカッションする時間をあげましょう。最初の三〇分は彼らからのフィードバックを聞く時間にあて、舞台で起こった問題点を手短に具体的に伝えてもらいます。

本番の後でノートを出すのは、稽古場でノートを出すのとは大きく異なります。稽古場では俳優はノートを受けたところを稽古し、そのシーンを三〜四回繰り返して通す時間も場所もあります。一方、出されたノートを客のいる舞台でいきなり演じてみるのはとてもむずかしいものです。なので、ノートは具体的、かつシンプルでなければなりません。ぼんやり曖昧なノートを六つ出すより、わかりやすいノートを一つ出すほうがよっぽどましです。また、五つノートを出して、そのうち四つはわかりやすくても残りの一つが不明瞭だと、そのたった一つの不明瞭なノートが、他のわかりやすいノートすべてを台なしにしてしまいかねません。これは大切なポイントです。もし問題の解決方法が確かでなければ、そのノートはあえて言及しないでおきます。代わりにもう一度公演を見て、原因と改善策を特定できるか観察します。また、俳優は一回の上演中にそんなにたくさんのノートを覚えていられるものではありません。ノートは俳優一人につき最大でも一〇項目程度におさめましょう。一度にもっとたくさん許容できる人もいますが、少ない人もいます。誰がどのくらいできるかを把握するのは時間がかかります。

舞台上で何が起きているのかを観客に伝えるには、俳優の正確な身体表現に大いに頼ることになります。自分の演出力向上のためにも、演出家はそのことをしっかり認識しなければなりません。例えば寒い場面であることを観客に伝えるには、登場人物の身振りで表現するのが最もわかりやすいです。絶えず動いて暖を取ろうと腕をばたばたさせるとか、または思わず知らず震えてみせます。もしその場面ずっと寒いのであれば、彼らの全身に影響を及ぼしている寒いという状況を、継続的に演じるように絶えず言い続けなければなりません。身体的な影響を与える時間や温度といった事柄を演じるのにばらつきやむらがあって、私はいつも驚いてしまいます。必要な情報や要素が充分演じられている時といない時があるのです。ほとんどの場合、俳優はこうした要素を演じる自分の演技に、リハーサルや公演ごとに大きなばらつきがあることに気づいていません。なかには、こうした身体的要素をまったく演じていないことを、単に気がついていない例もあります。登場人物が存在するシチュエーションを身体で表現し積み上げていくのは、俳優にとって不可欠な仕事です。とはいえ、身体表現についてのフィードバックを多く出しすぎると、ぎこちない自意識に向かってしまう恐れがあることにも注意しなければなりません。万が一そうなってしまったら、しばらくはそのあたりのフィードバックを控えます。

もし、ノートを出してうまく効果が表われない場合は、俳優に謝罪して元の選択肢に戻るように提案します。俳優にノートを出して、「自分は言われたように演じていた」と反論されたら、彼らの反発の強さに応じて別のオプションがあります。もし反感がとても強ければノートをいったん引っ込めて、翌日その場面をもう一度見てあなたが正しいか否か、もしくは別の方法で問題点にアプローチできないかを考えてみます。もし反感がそれほど強くなければ、もう一度見るから指示の通り演じてみて欲しいと頼みましょう。

カンパニー全体でのノートの時間に、俳優の誰かが作品全般、もしくは公演の進行全般についての漠然とした不安を話し出したら、あとで個別に話すことを提案しましょう。一人の不安がキャスト全体の自信を乱すのは演出家にとって望むところではありません。時として俳優はただ、自分の演技について安心が欲しいのです、であればそれにはすぐにでも応えられます。場合によっては、公演の進行やどこかの場面または役柄について、俳優が本当に葛藤(かっとう)を抱えているのかもしれません。もしそうなら、漠然とした不安が何なのか、劇中のどこのシーンまたはモーメントなのかを煎じ詰め、特定するように誘導します。それから一歩ずつ具体的に自分の心配事や問題の解消に取り組んでもらいます。気休めで安心させるような言葉は、問題の改善策として長い効き目はありませんから避けること。

開演直前にノートを伝えてはいけません。演出家が開演前に楽屋を走り回ってノートを出しても、俳優が本番前にそれを正しく消化する時間はありません。直前に出した指示は雑に演じられるか、もしくはそのノートばかりに集中した演技となってしまい、それ以前に出していた他のノートはすべて忘れ去られてしまいます。

サマリー

- 終演直後にノート出しをしないこと。翌日までに演出家が自分の考えを正しく整理してから行なう。
- 本番のあとにノートを伝える際は、俳優がいずれその指示を観客の前で、生で演じなければならないのだということに留意する。
- 一度にたくさんのノートを出さない。俳優一人につき最大でも一〇項目程度とする。
- 俳優の身体表現に対するフィードバックはとても重要であるが、あまり多く出しすぎて自意識の強い演技に向かわないように気をつける。
- 俳優にノートを出して、「自分はその通りに演じていた」と反論されたら、ノートをいったん引っ込めてもう一度そのシーンを見てみるか、もしくはそのノートを次回さらに際立たせて演じて欲しいと俳優に伝える。
- 俳優の誰かがカンパニー全体のノートの時間をハイジャックし、作品や公演の進行全体についての漠然とした不安を語り出したら、続きは個別の話し合いで聞かせて欲しいと伝える。
- 開演直前にノートを伝えない。

3 プレビュー中のリハーサル

ほとんどの劇場では、初日（プレスナイト）までのプレビュー期間中、毎日少なくとも半日は音響・照明と合わせて稽古が可能です。この時間に、俳優とのノートセッションと、具体的なテクニカルの稽古を組み合わせて行ないます。初回プレビューのあとに行なったように、稽古冒頭の三〇分を、俳優から出される前夜の公演のフィードバックを話し合ったり、どのシーンを見直したいかを提案してもらう時間にあてます。その後、残りの時間を使って、具体的な成果を出せそうな項目を、時間的に実現可能なリストにして稽古していきます。このリストには俳優が冒頭のノートセッションで挙げた重要な問題点を必ず含めます。急いで進めようとしたり、とうてい達成不可能な数の修正点を一日に詰め込もうとしないこと。それでは作品がかえって不鮮明になりかねず、あとからまた稽古のしなおしが必要となってしまいます。とりとめなく一〇個の変更をねじ込ませるより、一つか二つのことを丁寧にきっちりと稽古したほうが、はるかに効果的です。必ず舞台監督にもあなたが稽古したいシーンのリストを渡して、稽古時間を効率よく進行できるように、彼らにも把握しサポートしてもらいます。

俳優の演技に関するノートを出すのは、稽古時間の初めか終わりに客席か劇場ロビーで行ない、その間クリエイティブチームが舞台上で照明のフォーカスの直しや音響キューのテストなど、テクニカルの作業ができるようにします。この演技に関するノート出しで、具体的に立って稽古したシーンばかりでなく、作品の全体をきっちり「仕上げる」ことができます。

サマリー

- 俳優とのノートセッションとテクニカルの稽古を組み合わせて行なう。
- 演技に関するノートセッションは、稽古時間の初めか終わりに舞台以外のところで行ない、その間クリエイティブチームが舞台を使って作業できるようにする。

4 初日（プレスナイト）

初日公演をやりとげるコツは、何はさておき緊張をコントロールすることに尽きます。俳優がいかに緊張をコントロールできるか否かで、パフォーマンスのテンポはゆっくりか速くか、いずれかに変化します。俳優は緊張によって時には文字通り震えてしまい、充分な所作ができなくなります。喉の筋肉が硬くなり、台詞は不明瞭で聞きとれなくなります。一度こうなってしまうと俳優は自意識過剰になり、登場人物としてシチュエーションのなかに存在するというよりも、裸でステージに立っているような気分になっていきます。すると、大げさで精彩を欠く身振りをしはじめます。初日であっても、このような症状のかけらも見せずに演じられる俳優はごくごくわずかです。ですが、初日前の時間を慎重に管理することで、問題を少なく、場合によっては皆無にすることも可能です。

　初日当日もプレビュー期間と同じような感覚にします。いつもと同じようなスケジュールにしますが、俳優が朝休めるように稽古開始時間は一時間程度遅くします。そしてまだ手をつけていなかった問題点を具体的に修整します。あなたが初日の公演でもいつも通りに芝居のノートをとり、翌日にノートセッションをすることを伝えて、いつもと変わらぬ雰囲気を強調します。あなたが初日にも演出家として仕事をしている姿を見せれば、皆がその日もいつも通りと考えやすくなります。初日は制作プロセスの終わりではなく、初日の先にいる観客のために作品を積み上げていくことが大切で、そしてこれから続く公演を見た誰かの人生が変わることもあるのだと、そう考えるように彼らを鼓舞しましょう。

　批評家たちが見ていると考えると、俳優は「印象的に見せたい」という気を起こしてしまいがちです。結果として、これまで積み上げてきたことから逸脱し、キャストの仲間たちから離れて単独で演技をしはじめます。初日前に私はいつも、キャスト全員で一緒に仕事をするように、そして単独飛行は避けるようにと伝えます。またカードやプレゼントや花をやりとりするのはなるべく避け、こうしたことは千穐楽まで先送りするように頼みます。これはすべての演出家、カンパニー、劇場の慣習には当てはまらないかもしれませんが、そうすることで初日がスムーズに行くかどうか、俳優と話し合う価値はあると思います。

　初日後の劇評は、俳優が読んでも読まなくても、パフォーマンスに作用します。その内容はどうしたっていつの間にか漏れ聞こえてきて、たとえ俳優が自分は批評されることに慣れていると言っても、演技に影響を与えます。批評が良い内容なら俳優は安心してしまい、作品は弛緩します。悪い内容なら俳優はやる気をなくし、責任感は萎えてしまいます。演出家はどちらのケースにもきっちりと反応する必要があります。もし彼らが安心してしまっていたら強くダメを出し、やる気をなくしていたら励ましの言葉を多くかけます。もし劇評が悪ければあなたは作品をもっと頻繁に見て、芝居が改善しつづけるように俳優を鼓舞しなければなりません。劇評がチケット売り上げに悪い影響を与えていれば、なおさらです。

自分の作品に対するどのような批判も、冷静に受け止めることをおすすめします。愕然とするほどの悪評があっても、とりあえず冷静になって他の劇評もすべて読みます。自分の演出意図が誤解されている共通点はないかを調べ、そしてもう少し明解な演出によって誤解を取りのぞくことはできないか検討します。私が演出した『優しさで殺された女』の劇評を調べたところ、ほとんどの批評家が、床が砂で覆われていると思っていることに気づきました。私はそれを地面(土)のつもりで演出していたので、直ちに、床に敷いてあった素材を変更しました。私は批評に屈しろと言っているのではありません——むしろ、批評家は「新鮮な眼で」あなたの作品を見ているという事実を利用して、これからの観客に向けて作品をよりわかりやすくするための方法が何か示唆されていないかを考えるべきです。

初日以降のノートを伝える方法を必ず決めておきましょう。演出家がどのくらいの頻度で見に来る予定でいるのかをキャストに知らせ、ノート出しのベストな方法を相談します。遅めの午後に二時間のノートセッションをするのか、ノートを清書してそれを開演前にキャストの楽屋に配るのでも良いでしょう。

サマリー

- 緊張によって、それまで俳優とともにつくった作品がゆがめられてしまう可能性がある。
- 初日（プレスナイト）当日の昼の稽古と作業をうまく計画し、この緊張の軽減に役立てる。
- 批評家が書いたことについて、決して反論したり、争ったりしないこと。
- 初日以降どのようにノートを伝えるかを取り決める。

5 初日後から千穐楽までの公演

公演期間中は定期的に公演を見てノートをとり、作品を見るすべての人々のために、作品が高いレベルを保つように努めます。作品のクオリティーを保つのは演出の最もむずかしい側面です。公演期間後半に観劇する客も初日近くに見た客と同じ料金を払っていて、当然同じレベルの作品を期待する権利があることを思い出しながら、演出家自身がするべき仕事に集中します。

初日が済んで、あなたは心のどこかで作品からしばし離れて休み、作品に染めた手を洗いたいと思うことでしょう。それまでの稽古プロセスが困難であったり、作品の受けが非常に悪ければなおさらです。しかし、そこをあえて作品を定期的に見に行き、パフォーマンスが改善もしくは向上するために自分ができることを探します。公演を見に行くのは、演出のノウハウを自分自身がさらに学ぶプロセスの一貫と捉えましょう。最も良い方法は、ノートセッションをしてから本番を見ることです。ノートの出し方と、それがパフォーマンスにどう反映し、演じられているか（もしくはいないか）、その関係を注意深く研究します。もし自分の出した指示が明解に演じられていたら、自分が俳優に何をどう言ったか――自分の声のトーンや、使った単語や喩（たと）えや表現はどうだったか――思い出します。同様に、俳優が指示を正確に演じていない部分をチェックして、何かわかりにくい言い方をしたところはなかったか、自問します。思い当たることがあったら指示の出し方を改良します。

できあがった作品は、あなた自身が目を配っていないとだらけてしまうものです。通例、短期の公演であれば週に一度、ロングラン公演であれば二週に一度観劇します。俳優は「作品を自分の思うまま」にできるように、演出家の不在を好むことが多いものです。もちろん演出家と俳優との関係性には、時々は一息入れる間（ま）も必要です。しかしその必要性と、明解な作品をキープするという目的とのバランスを取ることが肝心です。演出家の仕事は俳優に気に入られることではありません。観客のために、俳優に明確な仕事――演技をしてもらうことです。

本番を見たあとは、翌日に二時間のノートセッションを召集するか、ノートを清書して渡します。ノートセッションでは必ずキャスト一人ずつ順番に、作品が日々どのように進展しているか、または演じていて何か問題点はないかをたずねて、手短に話してもらいます。そのあとであなたからのノートを伝えます。俳優によってはほかの仕事や家庭の事情で、初日以降のノートセッションに出席するのがむずかしい人もいます。このようなときはノートを清書して渡す以外にチョイスはありません。キャスト全員分のノートを同じ紙に書いて、必ず全員が同一のノートを共有し、自分宛のノートとともに他のキャストのノートも読み、修正点を事前に知るようにします。俳優には、しかるべき時間までに各楽屋にノートを配っておくと伝え、彼らが本番前にノートを消化する時間も考慮して楽屋入りできるようにします。その際に、よく理解できない指示は演じなくて良いと伝え、そしてあなたの連絡先を添えて、内容がわからない指示は電話等で確認してもらいます。

サマリー

- 定期的に観劇してノートをとり、作品の水準をキープする。
- ノートセッションに続いて本番を観劇し、自分のノート出しのスキルを磨く。
- 短期公演なら週に一回、ロングランなら二週に一回本番を見る。演出家が芝居を定期的に見に来ることを、俳優はつねに好ましく思っているわけではないと承知しておく。
- ノートセッションでノートを伝えるか、清書して本番前にキャストの楽屋に配る。

6 公演終了後に作品を自己分析する

演出家として上達する最善の方法は、自分の間違いを分析することです。一つの公演が終わってまずはほっとするでしょう。とりあえず休息を取ってから次のプロダクションの準備をする、もしくは次の仕事を探したいと思うでしょう。どちらであれその前に、自分が終えたばかりの仕事を一時間程度でも思い返してみます。自分の考察を書きとめておいて、そして次の仕事にとりかかる前に必ずそれを見返します。俳優と問題があったら、それがどのように起きたかをよく考えます。キャスティングを含めた制作プロセスの各段階を振り返り、何が問題の一因であったのかを突き止め、これを忘れず心にとめて、次は同じ轍（てつ）を踏まないようにします。あなたが美術・照明・音響に不満を感じていたら、どの時点だったら違うやり方ができたのか、各プロセスをさかのぼって調べます。あなたが事前準備したことは、最終的な成果にどのように反映されましたか？　準備はうまくできていたのか否か、そして次の仕事の準備に関して、改良できる点はないかを自問します。

自分に不足していたスキルに注目して、専門知識の隙間を埋める方法を探します。例えば、自分の弱点をカバーするワークショップやマスタークラスに参加するのも良いでしょう。そうして次の仕事の前にエネルギーをチャージしておきます。

このように自分のスキル向上をはかる一方で、いかなる戯曲にも、上演するための極めつきとか、絶対的または理想的な正解、というものはないことも覚えていてください。演出家が上演にあたって下したすべての決定は、多かれ少なかれ解釈に起因します。そうした決定のうちのいくつかは、例えば衣裳の色とか時代物の舞台美術などは、他の決定に比べると観客も簡単に「読みとり」ます。一方、登場人物がとあるモーメントで何を望んでいるかとか、彼らはどのくらいの気温のなかにいるか、といった演技の選択肢はより繊細な決定です。演出家が出したすべての決定が積み重なって、どういう芝居なのかという印象を観客に与えます。テキストに書いてあるすべてのト書きをそのまま忠実に再現しても良いですし、演出家独自のコンセプト（発想）を課すことも、もしくは設定を未来に移すのも、ありです。どのようにするにせよ――またはしないにせよ――作家の書いた戯曲の上に、演出家の刻印、つまり特徴が刻まれます。うっすら刻まれていても、くっきり刻まれていても、観客はそれを見てとります。ですから俳優に関わる事柄でも、クリエイティブチームに関連する事柄でも、演出家はすべての選択肢を慎重かつ繊細につくりあげることが大切です。

また、自分の専門分野の内外どちらからでもよいので、比較評価のできる作品やアーティストを見つけるのも良いことです。私は二十五歳のときにロシア人演出家レフ・ドージンとアナトリー・ヴァシリエフの作品や稽古を初めて見ましたが、気がつくといまだに一九年前に目撃した彼らの仕事と、自分のしていることを比べています。そして分野は違いますが、ドイツのダンサー兼振付家ピナ・バウシュやポーランドの前衛劇団ガルジェニツェなど、彼らの洞察力や才能は今日私が作品をつくるにあたって、とてつもなく高い目標・指針となっています。

Endgame by Samuel Beckett

Endgame by Samuel Beckett

PART FOUR

CONTEXT AND SOURCES
本書の背景と出典

Chapter 14

How I learnt
the skills
the book describes

この本で記したスキルの習得について

この章では、これまでに書いた演出術を私がどうやって習ってきたか、そしてこれまでに説明してきたタスクの背景を紹介します。それはこの本の根拠となっている発想と実践を教えるアーティストと、彼らのメソッドについてのヒントとなるでしょう。以下四つのステップは、私自身がクラフト（技術）を会得してきた画期的な出来事と重なります。

1 スタニスラフスキー
2 レフ・ドージンがロシアで教える演出
3 英国で受けた演出のプライベートレッスン
4 感情の生物学に関するリサーチ

1 スタニスラフスキー

コンスタンチン・スタニスラフスキーは一八六三年ロシアに生まれ、一九三八年没。俳優としてキャリアを始めましたが、その後、自ら作品を演出するようになりました。一八九七年に劇作家でプロデューサーのネミロヴィチ＝ダンチェンコとともにモスクワ芸術座を立ち上げ、おもに演技論を中心とした演劇制作に関する複数の著書があります。生前からスタニスラフスキーの作品は母国のみならず海外の演劇にも影響を与えました。感情の記憶に関する彼の初期の研究はアメリカに渡り、《ザ・メソッド＝スタニスラフスキー・システム》と呼ばれる演技論として確立され、特に有名です。身体表現による演技に関する後期の研究は、二十世紀を通して同時代の人々（フセヴォロド・メイエルホリドなど）の実験的試みや、前衛の演劇人たち（イェジー・グロトフスキなど）の実践にも影響を与えました。スタニスラフスキーがもたらした改革は、西欧演劇界の主流と前衛両方に影響を及ぼしました。以来、演劇技能にこれほど永く深いインパクトを与えつづけるシアター・プラクティショナーはいません。

十九世紀後半に初めて発表されて以降、スタニスラフスキーの遺功はかなり誤解されてきました。またある意味それは崇(あが)め奉(たてまつ)られて、実践訓練に対する健全な質問や批評を躊躇(ちゅうちょ)させてしまいました。とはいえ、それでもなおスタニスラフスキーの著述は今日の演劇界で働く人々——特に演出家にとって、非常に有益で実践的な稽古プロセスのあらましを示してくれます。

今日私たちが稽古場でスタニスラフスキーについて語るとき、必ずしも彼自身が発展させた理論を厳密に語っている、というわけではありません。ブラジルのアウグスト・ボアールからロンドンのサム・コーガンまで、さまざまなシアター・プラクティショナーによって咀嚼(そしゃく)され、実験されつつ、彼のエクササイズや考えは時とともに修正され、挑み、吟味され、アップデートされてきました。私たちがいま触れているのは、ある時はスタニスラフスキー自身の著述がベースとなっているもの、またある時はどちらかというと、ボアールやコーガンがスタニスラフスキーを解釈したものです。私たちがスタニスラフスキーと言うとき、この二つの異なる出典を区別する努力がほとんどなされていません——当然ながら、これでは混乱が起きます。

結果として、演出家が稽古場で使うツール、例えば登場人物の意図の特定や経歴の作成などは、その用語と用法両方ともスタニスラフスキー自身のメソッドとはあまり関連がありません。さらに言えば、いくつかのケースでは誤訳を介して、スタニスラフスキーの教えや文章が不正確なニュアンスになっていたり、ぼんやりわかりにくくなっています。例えば、私たちは戯曲を扱いやすい小さな塊に分ける方法について話す際に「ユニット unit(s)」という単語をよく使います。スタニスラフスキー自身はこうした塊を描写するのに「ピース piece(s)」と英訳されるロシア語の「kuski」という単語を使っていました。「ピース」という単語には、陶器の花瓶とか大理石の彫像のような、小さなパーツでできた一つの物体という考えが含まれています。これはシンプルな用語であり、捉えやすいものです。「ユニット」は同様のことをより科学的な見地で描写する単語ですが、これは実験台の上に置かれた金属でできた物体のような、冷たく殺風景なイメージを想像させるので、「ユニット」や「ピース」に本来相応しい有機的な物体のイメージが伝わりません。この冷たさや知性偏重は俳優の反感を買う可能性があります。スタニスラフスキーを最初に西欧に広めた教師たちのアクセントも混乱の原因となりました。スタニスラフスキー用語の一つとして、ユニットを小分けしたものを表わす「ビート beat(s)」という単語をあなたもよく聞いて知っているかもしれません。ところが、スタニスラフスキー自身はこの単語を一度も使っていません。彼はこうした細別を「ビーズ beads」と呼んでいました（ジュエリーデザイナーが紐を通してネックレスを作るビーズと同じです）。伝説によれば、一九二〇年代にアメリカン・ラボラトリー・シアターでスタニスラフスキー・システムを教えたリチャード・ボレスラウスキーはとても強いポーランド訛りがあり、彼の生徒たちが「ビーズ」を「ビーツ（ビート）」と聞き間違えてしまったという話です。私たちが西欧演劇界で伝統的に最も広く使っている構造分析用語の一つは、間違った発音のおかげだったようです。

スタニスラフスキーのメソッドはたった一つの理論や方法論ではありません。スタニスラフスキーのメソッドが不変の動かしようのない方法論であるという考えから自分自身を解き放つと、彼が本来提唱したはずの事柄をより効果的に使えるようになるはずです。彼のメソッドは、彼自身が演劇制作の過程で遭遇した具体的な問題に対応するために発展・進化させる必要があり、つねに変化していました。彼は実践方法を絶え間なく再考案し、時には一つの方法を破棄し他方を採用するなど、自分自身が提唱したものさえも否定しました。ですが、大雑把に言えば彼のメソッドは二つに大別されます。第一が、俳優の実生活での感情記憶を使って役の感情世界を推し量る《内から外へ》の作業です。第二は、身体表現を手段として使い感情と役をつなぐ《外から内へ》の作業です。初め彼は俳優に「君はどう感じている？」と訊いていたのを、「君は何をしている？」と変えました。私は感情記憶を使う彼の初期の方法より、後者の身体表現を使う方法のほうが、私自身の作品に役立つと感じました。私が本書で述べている稽古プロセスは「感じる」より「行動する」ことをより強調していることに、あなたもすでに気づいていることと思います。

多くの人が、十九世紀ロシアのエクサイズは十九世紀のロシア戯曲を演出する場合にのみ有効と思っているようです。そんなことはありません。戯曲や企画がどんなスタイルやジャンルでも、スタニスラフスキーのテクニックを使うことはできます。私は『アウリスのイピゲネイア』のようなギリシア劇や、ケヴィン・エリオットの『うたた寝』のような書き下ろし戯曲、マーティン・クリンプの『アテンプツ・オン・ハー・ライフ』やサミュエル・ベケットの『あしおと』のような抽象劇、さらにオペラにも、スタニスラフスキーのテクニックを使いました。スタニスラフスキーはリアリズム（写実主義）の作品ばかり演出したわけではありません。彼はシェイクスピアやジャン・ラシーヌも、そしてクヌート・ハムスンの『The Drama of Life』やレオニド・アンドレーエフの『人の一生』といったシンボリズム（象徴主義）の戯曲まで演出しています。あなたが演出をしようというときに、それがどのようなスタイルの戯曲であっても、どんな時代設定であっても、人類の誰かしらが登場する作品であれば、スタニスラフスキー・システムは意味があります。

スタニスラフスキーの入門書として断然おすすめなのは、ジーン・ベネディティ著『スタニスラフスキー入門』（メシュエン社、一九八二年刊〔松本永実子訳、而立書房、二〇〇八年刊〕）です。これはたった八〇ページですが、スタニスラフスキーが開発したツールと発想をシンプル明解に解説しています。スタニスラフスキー自身は『Building a Character（登場人物を組み立てる）』『Creating a Role（役を創る）』『An Actor Prepares（俳優の準備）』の三書を著わしていますが、二〇〇八年に同じくベネディティによりこの三書の新英訳版がラウトレッジ社から刊行されていて、一読の価値があります。この新英訳版では最初の二著書が『俳優の仕事』（An Actor's Work）というタイトルで一冊に合本されています。

2 レフ・ドージンがロシアで教える演出

私が初めて実際にスタニスラフスキーの遺訓に触れたのは、一九八九年にウィンストン・チャーチル記念財団の奨学生として、東欧で演出修業をしたときでした。ポーランド、ロシア、ジョージア、リトアニアに合計五か月間滞在し、おもだった劇場で観劇をしたり、演劇学校で演出の授業を見学しました。演出の授業はすべて現役で活躍中の演出家たちによる指導でした。サンクトペテルブルグではマールイ劇場の芸術監督であったレフ・ドージンが初めて演出クラスを指導する年で、そこで私はスタニスラフスキーの科学的とも言える訓練方法に初めて出会いました。レフ・ドージンはボリス・ゾンのもとで修業し、ボリス自身はスタニスラフスキーのもとで学んだ人でした。

ドージンは髯（ひげ）を蓄え、浅黒くがっしりとした男性でした。彼が部屋に入ってくると、学生は全員きれいに一列に並びます。全員黒タイツ、黒バレエシューズ、身体にぴったりフィットの黒Tシャツを着ています。ロシアでは、演出の学生は五年間教育を受けます。最初の一年はスタニスラフスキー・システムの基礎段階を研究し、演技を学びます。その日はまさに、学生たちが自分の日常生活で起きた出来事をベースにした《エチュード》と呼ばれる試演をいくつか行なっていました。机と椅子は使っても良いのですが、その他のものはすべて想像で演じます。最初の学生は、「ひどい風邪で吸入をしているところ」を選び演じました。エクササイズが半分進んだところでドージンがストップをかけました。

「そこはどんなアパート?」ドージンがたずねます。

「自宅です」学生が返します。

「自分のアパート?」

「はい」

「だとしたら、なぜ君は吸入に必要な品を、わざわざ台所から寝室に持っていくのか? なぜ君は台所か風呂場か、必要な品物が揃っているところで吸引をしないのか? 君の行動には理屈（ロジック）がない。自分が病気のときに、そんな動きをする必要があるか? 本当に具合が悪かったら、一番簡単で手っとり早い方法をとるはずだ」

「なぜ私が寝室でしたか、今思い出しました。具合が悪かったとき、誰かが風呂場と台所にいたんです」

「もしそれが本当なら、その状況を見せなければいけない」ドージンはちょっと間をとり、そしてまたたずねました。——「なぜ君は吸引するのか?」

「（風邪が）良くなるためです」

「気分はどう？」

「とっても熱くて、ひどい頭痛で喉も痛いです」

「そうした症状のある人はどんな気分になる？　生憎とね、今君の目の前にいるのはその道の専門家だ、ちょうど私は何日も風邪をひいていてね。君がそのときどんな感情に向き合っていたか、考えてみよう」

「何をするのもおっくう、という感覚です」

「もちろんその体感はあっただろう、でもそれは一番辛くて大変なことではないね。最も辛くて大変なのは、自分がいつもと違う、まるで別人のようだということだ。ベッドから起き上がれず、歩けず、どうにも惨めだ。汗をかいて濡れていて、薬を飲む。ではどうして君は吸引をした？　病気なのにあれこれ何かをしようとするなら、何か特別な心理が働いているはずだ。もし私ならこう思ったはずだ、「これはしたほうが良いのか、それともこのままベッドにいて薬を飲もうか？」——それと、洗面器につばを吐いたとき、君はまるでステージに立っているようだったが、本当に具合が悪くてつばを吐くときは、あんなふうにはやらないよ。君は体調がひどい状態であったことを私たちに見せようとして、まるで観客に向けたパフォーマンスのようにつばを吐いていた。そうではなくて、実際の生活のなかで君がやるように動いてほしい。また顔の上に熱いタオルをのせた部分も正確ではなかった。熱いタオルで君がどう変化したか、見えなかった。普通目は潤んで、皮膚は熱く火照るはずだ。しかしそうは見えなかった」

学生は黙っていました。そしてドージンはこう続けました——

「足元は何を履いている？」

「スリッパです」

「他に何を身につけている？」

学生は自分の服装を細かく説明しました、するとドージンは彼に異議を述べ始めました。「だけど君は暖かいものも羽織らずに寒い台所に行ったね。君は汗をかいている。びしょ濡れになっているだろうから、Tシャツを着替えるはずだ。君はこのエチュードで、実生活での数分間の頭のてっぺんからつま先まで、体全体を見せなきゃいけない。風邪をひいて一番不愉快なのは、髪の先まで濡れることだ。私は想像で言っているわけじゃない。実際に私自身に起こった出来事を思い出そうとしているんだ。君にもそうして欲しい。ではもう一度、エクササイズをしなさい」

意気消沈した学生はエクササイズをまた始めました。彼は膝を抱えてベッドの上に座りました。ドージンはすぐさまストップをかけます。

「君はもうすでに間違っている。ちょっと考えなさい。君は熱がある、だが熱に打ち勝てそうもないので、体はその状況でリラックスし始める。体温が高くなって、ぼんやりとしか考えられない。君の脳から四肢——腕、脚、足先に伝わる思考は、もっとゆっくり伝わる。元気なときは自分の体を意識しない。だが病気のときは意識しはじめる。では続けて」

この時点で、その学生は本当に傷つきはじめていました。私には彼が赤くなって、演技しながら自分の気恥ずかしさをこらえようとしているのが見えました。ドージンが割って入った——

「急ぐな。病気のとき、人は急がない」

学生はスピードを落とそうとした。彼はベッドに横になり、眠ろうとする。そして目を開けた。ここでドージンがさえぎる——

「部屋は明るいのか、それとも暗いのか?」

「昼間の明るさです」

「居心地はいいのか、悪いのか? 君がすることには何かしらの理屈がなければいけない。今の様子からは昼の明るさなのか、夜なのかはっきりしない。まわりの状況は君の行動に影響を与えるはずだ。そして、つねに自分が何かを考えているということを忘れないように」

学生は本を一冊手に取り、またエクササイズを始めます。ドージンが彼を止める。「本を読むのはエチュードの始め方として、最も月並みだ」

再び学生は始めなければなりません、しかしドージンは何度も繰り返しストップをかけてノート(ダメ)を出しました。これが容赦なく一時間近く続きました。

初め私にはそれがとても残酷なプロセスに見えました。しかし進むにつれて、それはドージンが望むレベルのディテールを――外面と内面の両方について教える唯一の方法であることに気がつきました。彼が学生に要求する精密さは、畏敬の念を起こさせるものでした――なぜなら、とりわけそれはドージン自身の非常に高いレベルの集中力と観察力を必要とするからです。彼は思考とアクションの両方を、等しく正確に読みとります。彼のそのスキルはただもう羨ましい限りで、私自身が仕事をするなかで上達を目指すスキルです。アクションの理屈（ロジック）に対する彼のしつこさには、科学的に系統だった何かがあり、それもまた、シーンを分析し組み立てる方法として私が追い求めるスキルです。また同じく気づいたことは、彼の興味の中心が台詞ではなく、行動にあるということでした。そして最後に、そして最も重要なことですが、彼は曖昧なことを一つも言いませんでした――彼のノートはすべて具体的で的確でした。これは正直、凍りつくように恐ろしかった彼の授業で私が得た最も重要な教えであり、私にとって、それ以降、俳優と仕事をする際の基準となりました。これは本書で略述しているツールやタスクの根底にある基本原則です。

3 英国で受けた演出のプライベートレッスン

ロシアでの修行から一〇年後、自分の演出術向上のために私はプライベートレッスンを受けて、そこで再び、前のセクションで述べた演出方法に遭遇しました。私は自分の演出の仕事の合間をぬって、二人の先生、タチアナ・オリアとエレン・ボウマンのレッスンを受けました。タチアナは俳優としてレニングラード演劇音楽映画学院でレフ・ドージンの教えを受け、その後イタリアへ移住するまでの六年間、ドージンの劇団に在籍しました。エレンはロンドンの王立演劇学校RADA（the Royal Academy of Dramatic Art）で俳優として訓練を受け、ロンドンの演技科学養成所（the School of Science of Acting）で、亡命ロシア人のサム・コーガンのもとで三年間演出家として在学し、その後も演出家としてキャリアを続けました。サム・コーガン自身はモスクワのロシア舞台芸術アカデミー（GITIS）で学び（アナトリー・ヴァシリエフも彼と同学）、そして彼の師匠マリア・クネーベルはスタニスラフスキー自身に教えを受けました。

タチアナとエレンは二人ともスタニスラフスキー・システムのバリエーションを教えていました。彼女たちが真っ先に目標としたのは、俳優との稽古で使えて、観客にシーンを伝える手立てとなる、シンプルで効果的な演出方法／スタイルを見つけることでした。二人のおもな違いは、サム・コーガンのトレーニングを経ているか否かでした。彼はロシアで精神科の看護師として働いていたので、必然的に、俳優と役の心のなかで起こる精神的なプロセスを深く詮索するという、彼の作品独特の領域を進化させました。

本書には、この二人の女性が教えてくれたエクササイズがたくさん含まれています。彼女たちはスタニスラフスキーの教えを、稽古場でシンプルかつわかりやすく使うにはどうしたら良いかを示してくれて、私は二人に非常に感謝しています。また彼女たちのおかげで、私はドージンとコーガン、そして彼らを通してスタニスラフスキーとのつながりを得ました。そして、それぞれの時代と文化のなかで試行を重ねてツールを磨いてきたこれまでのシアター・プラクティショナーたちに、私自身も連なっていると感じさせてくれました。

4 感情の生物学に関するリサーチ

私のスタニスラフスキー修業最後のステップは、二〇〇三年に国立サイエンス・テクノロジー・アーツ基金（NESTA）の奨学金を受けて行なった、スタニスラフスキー後期の成果である身体表現についての研究でした。スタニスラフスキーをリサーチする間に、私は十九世紀を代表する哲学者ウィリアム・ジェイムズの文献を偶然目にしました。一八八四年にジェイムズは『感情とは何か？』というタイトルのエッセイを書いており、それは見たところスタニスラフスキー後期の実践に影響を与えているようでした。ジェイムズは感情についてきわめて重要な観察をしています。すなわち、「我々は命の危険に曝されると、最初に身体が反応し、そのあとで身体が反応した意味を自覚する」ということです。彼はこの趣旨を、森でクマに遭遇したときの反応を例に説明しました。

ジェイムズ以前には、もし人がクマを見たら、まず恐怖を感じ、それから逃げる、と考えられていました。ジェイムズは異なる所見を述べました。彼が注目したのは、人はクマを見て、まず振り返り、逃げる、そして恐怖を感じていると気づくのはその後だ、ということです。

一見これは些細な修正に見えます。しかし、人間の感情を精密に体現して観客に伝えるという仕事に関わるシアター・プラクティショナーにとって、これは潜在的に大きなことです。ここで示すのは、(感情の)自覚および、自覚の瞬間のあとに来る心の変化と、身体に起こる反応とを分けて、感情を見つめる方法です。それはつまり、身体の状態やその場の状況の再現を通して感情を読みとくことです。私は、一八九〇年代にジェイムズの所見がどのようにスタニスラフスキーの身体表現に影響を与えたかは理解しましたが、それが今日でも通用するのか、ひいては、現代の演劇制作でも具体的に使えるのかどうか、知りたいと思いました。

この疑問を突き止めようと、私はアントニオ・ダマシオにたどり着きました。ダマシオはポルトガル系アメリカ人の脳科学者で、自己意識(自覚)に関する著書があります。彼の著作『無意識の脳 自己意識の脳』(田中三彦訳、講談社、二〇〇三年刊)は自己意識(自覚)を理解する手段・媒体として感情(情動)を研究しています。私がそこで発見したのは、最新の脳画像診断テクニックを使ってさまざまな感情がどのように働くのかという、より複雑で完全な構造が判明している現代の脳神経科学をもってしても、百年以上前にウィリアム・ジェイムズが行なった人間の感情についての所見が今もなお切り捨てられていないということでした。

ジェイムズ同様、ダマシオも、感情はおもに身体に表われる変化から形成される、と立証しています。この変化は顔の表情や、声の調子、姿勢、さらに内臓の作用から読みとれます。刺激となる事象(森でクマを見つける)と感情(恐怖)を自覚するまでに、およそ二分の一秒のギャップがあります。実際に自分に何が起こっているかを自覚するまでに、人はクマから数メートルは走って逃げているというのです。感情は身体的変化だとする定義、そして刺激を受けてから感情を自覚するまでに二分の一秒の遅れがあることを知って、私は俳優と感情について稽古する際の新しい方法を得ました。そしてＮＥＳＴＡの奨学制度による研究の一貫として行なったワークショップのなかで、このアイデアを実際に俳優とともに試してみました。

感情の認識が遅れるというジェイムズの所見は、私たちがエクササイズで実際に行なった分析にもかなうものでした。私はまた、舞台上で俳優は実際の生活での様子と比べて、わずかに控えめで上品に演じる傾向があることに気づきました。この発見は私にとって、俳優と稽古する際の決定的な参照基準となり、そして感情を演出する方法を根本的に改めることになりました。私は演劇的因習による絵空事の、リアルでない身振りやアクションを識別し、俳優の演技からそれを取りのぞいていきました。また、人間の脳には他者の感情を認識するための専用の部分があって、人は他者の身体の状態を「読む」ことでその人の情報を集めている、という真相がわかって目の覚める思いでした。舞台上で感情を描写するときに、感情表現にとってきわめて重要な身体表現のステップを欠いてしまうと、観客はその感情を見てとれないかもしれません。人は他人の外側を見ることでしか、内面で何が起きているかを読むことはできない、ということに私は気づきました。

こうした発見の結果、観客に対する私のスタンスは根本的に変わりました。俳優が感情を感じることはもはや必須ではなくなり、肝心なのは、観客がその感情を感じることなのです。最も重要なのは、俳優が自分の身体を使って、正確に感情を模写することです。俳優はそれを内側から、感情を呼び起こして行なうか（つまり実生活で同じ経験をしたときのことを思い出すこと）、もしくは外側から、特定の感情が起きたときに身体がどうなるかという、ほとんど臨床的な再現によって行なうかです。こうした発見を通して、私はスタニスラフスキーが身体表現に興味を示したわけを具体的に理解しました。スタニスラフスキーの方法論が持ちこたえてきたのは、彼が身体に関する根源的な真実を明確に伝えていたからだったのです。——以来私は、心理学ではなく、感情の生理学（フィジオロジー）を参考の主軸に据えて演技を語り、稽古を行なうようになりました。

Easter by August Strindberg

訳者あとがき

本書はKatie Mitchell, *THE DIRECTOR'S CRAFT : A Handbook for the Theatre* (Routledge, 2009) の全訳です。ケイティは、ギリシア劇、シェイクスピア、イプセンからヴァージニア・ウルフ、サラ・ケイン、サイモン・スティーヴンズ、エルフリーデ・イェリネクなど現代作家による作品まで多くの話題作を演出し——そして現代に生きる人間の問題を提起し——英国・欧州現代演劇界の第一人者です。またオペラ演出での評価も高く、英国ロイヤル・オペラ、ザルツブルグ音楽祭、エクサン・プロヴァンス音楽祭、ベルリン国立歌劇場など活躍の場は欧州、そしてロシアに広がり、彼女の名前をオペラの演出家として知る人も多いことでしょう。

私はケイティについて九〇年代初め彼女が演出家として頭角を現わして間もなくの頃すでに、旧知の舞台美術家ヴィッキー・モーティマーから「とてもクレバーな演出家で、一緒に仕事をするのが刺激的で楽しい」という話を聞いていました（ケイティとヴィッキーはオックスフォード大学時代からの友人だそう）。そして『かもめ』はもちろん、この本で言及のなかった作品も含め、ケイティの演出作をたくさん観ていました。『かもめ』のようなストレートプレイはとにかく緻密で繊細な印象でした。その後の『波』や『白痴』（翻案英語題：Some Trace of Her）で映像を使い始めると、ストーリーと映画の編集作業を同時に見ているような、なにか私がそれまで見たことのなかった新しい表現を作ろうとするエネルギーと、スクリーンに映し出される彼女の繊細な美意識が、不思議に融合するさま——ケイティの代名詞となる「ライブカメラ演出」が誕生するのを目撃してきました。

二〇〇九年、ロンドンのセントラルスクール・オブ・スピーチ・アンド・ドラマで演出コースを受講した私は、そこで出版されたばかりの本書に出会いました。私が受けたコースではスタニスラフスキーはじめ、マイズナー、ジャン・ルコックなど、数々のシアター・プラクティショナーのメソッドが詰め込まれました。他の教材がおもに演技についてであるなかで、ケイティのこの本はまさに演出家の仕事（ディレクターズ・クラフト）について具体的に書かれていましたし、何より知り合いの知り合いが書いた本が教科書になったのですから、私は勝手に親近感を持ってのぞみました。この本に関する授業は二週間ほどで、『かもめ』の代わりに同じくチェーホフの『三人姉妹』を使って、講師が本の要点を解説してくれながら、チャプター1のテキスト準備を中心に実習しました。「ファクトとクエスチョン」「各役の自己評価や他人の評価」をテキストからすべて抜き出すといった課題が宿題となり、とにかく細かい分析方法に正直ため息がでました。しかしこの「めんどうな」課題をしてみて、それまでどれほど自分が脚本の細部を読み過ごしていたか、またいざ稽古場に入って俳優を前にすればこの準備がどれほど新人の演出家を支える心強いツールとなるか、一目瞭然でした。そのことは、少ないながら稽古初日に超がつくほどの緊張を経験していて、演出をさらに学びたいと感じていた私は、なおさら実感するところでした。

翻訳はなるべく日本語として読みやすくしつつ、ケイティの言葉をそのまま伝えるように心がけました。原書の誤植と思われるものや、『かもめ』の台本と異なるところは、ケイティとも相談し可能な範囲で改めました。また、英国もしくは欧米の演劇界のシステムと、日本のそれが大きく異なる点には本文中に訳註を添えました。特にシステムとして明らかに違うのは、本番中、誰が照明・音響のキュー出しをするかという点でしょう。これはもちろん、どちらのシステムが良いとかいうことではありませんし、作品制作において、スタッフとのコミュニケーションの重要性は和洋を問わず共通ですから、各現場のシステムを把握したうえで、本書（欧米システムの）の舞台監督補（デピュティ・ステージマネージャー）との仕事を日本の照明・音響のデザイナーやオペレーターとの作業に置きかえて、うまく意思疎通をはかるのが演出家として大切、ということだと理解してください。

訳語についてもう一つ。日本で昔から使われている「ダメ出し」という言葉を、英語では「note」と言います。noteという単語には「ダメ」のような一方通行の否定的な意味合いはなく、ノートを出す側と受け取る側が対等な関係で意見をやりとりするニュアンスが汲みとれます。たとえそれが実際には、演出家が俳優の演技やスタッフの仕事に対して変更を要請する注文であっても、他人の仕事を頭ごなしに否定するようなニュアンスは避けたいものです。最近では日本でも「ノート」という言い方をする現場も増えているようです。そこでこの本ではダメ出しを、そのまま「ノート・セッション」または「ノート出し」などと表現し、願わくはこれが、共同作業をする演出家と俳優・スタッフの成熟した関係性の一部として、日本でも浸透してほしいと思っています。

この本はまた、演出の手の内をすべて明かしているので、演劇を観る側の人にとっても観劇の視点を深くしてくれる、興味深い一冊になると思います。演劇制作の内幕を知った見巧者が増えて、観劇をもっと楽しんでくださるとうれしいです。

『かもめ』の日本語訳は、小田島雄志先生訳『かもめ』白水Uブックスを使わせていただきました。

出版にあたって、多くの方にご協力をいただきました。出版を実現させてくださった白水社編集部の和久田頼男様。ご紹介・仲介をしてくださった堀田真様、水野奈保子様。校閲をしてくださった常田景子様、広田敦郎様。日本の劇場用語と舞台システムを解説してくれた村山寛和様、村山芳子様。田丸一宏様、小野田恵様、野口州子様、亘理智子様、後藤菜穂子様。繰り返し何度も英文読解を助けていただいたロナルド・カヴァイエ様。

おかげさまでやっと本ができあがりました。皆様、ありがとうございました。

最後に。初稿ができて仕上げにかかろうかという去年三月、新型コロナウィルスの流行で世界が一変しました。英国の劇場も再三のロックダウンで大きな打撃を受けています。それでも、皆さんご存じのように、オンライン配信など新たな表現の模索もあります。屋外のドライブ・スルー形式の公演もあります。九月になってようやくインドアの劇場も、一人芝居など少人数の作品で一時的ながら再開されました。ナショナル・シアターは場内を円形に改装し、客席の密を解消する策を講じて公演されました。否応なしに求められた新しい試みですが、そこにもひきつづき、ケイティの言うところの、観客のために物語を明確に伝えるための新たな演出家の仕事（クラフト）が必要になってくるでしょう。

ロックダウンの最中も、この本の翻訳を通してずっと演出のことを考えていられて、幸せでした。

二〇二一年一月　ロンドンにて

亘理　裕子

The Maids by Jean Genet

用語集

太字表示は、劇場入り後に必要となる用語。

Actuals　本番用小道具

稽古用小道具（Stand-in 下記参照）に対して、本番で使われる小道具のこと。

Affinity　親近感（による思い入れ）

自分自身の人生や世界観と関連しているために、劇中の特定の要素や登場人物に感じる個人的な結びつき。こだわり。

Audience thinking　観客受け、観客に対する意識

観客をどうとらえるか、時として俳優が劇中の人物を演じる妨げとなるような、観客についての意識や考え方。

Band call　バンドコール／バンド音合わせ

舞台稽古で作曲家・音楽監督が音響スタッフと、生演奏の音のバランスをチェックする時間–バンド（楽団）は場内の見える場所で演奏する場合とバンドルーム（以下参照）で演奏する場合とがある。

Band room or box　バンドルームまたはボックス

生演奏を行なう防音装置の施された部屋、そこから場内に音楽が中継・転送される。

Beginners　ビギナーズ

開演５分前の合図。

Blocking　ブロッキング

芝居のアクションやイベントそしてストーリーの重要なポイントが、観客から見えやすく、フォーカスされるように、俳優の立ち位置や所作を段取ること。

The book　ザ・ブック（マスター台本）

演技のキッカケや俳優の動き、劇場入りしてからは照明・音響キューを、舞台監督・演出部が記入した統一台本。この台本をもとに、舞台監督補（キュー出しするスタッフ）が照明・音響オペレーターにキュー出しをする。劇場外持ち出し禁止とされる〔訳註：日本ではこのシステムの限りではない〕。

The box　ザ・ボックス

防音された小部屋、ブース、またはエリア。上演中舞台監督補がそこからキューだしをする〔訳註:劇場機構による。日本の場合は下手操作盤前が舞台監督の定位置となることが多く、キュー出しに関しては状況が異なることが通例〕。

Call or Rehearsal call　コールまたはリハーサルコール

稽古に呼びだす予定または予定表。ほとんどの大劇場では一日の予定表をA4の用紙一枚にまとめ、前日に稽古場に張り出す。コールシートとも言う。

Changeover　仕込み換え

レパートリー・システムで2作品以上が同時期に公演される際、作品のセットを入れ替える作業。

Emotional memory　感情記憶

劇中の登場人物が感じる感情を正確に描写するために、俳優が実生活の経験からリアルな感情を思い出すことを意味する言葉。スタニスラフスキーによって使われたフレーズ。

Event　イベント

劇中、何かが変わる瞬間。登場人物が行動を変化させることで、そのイベントは見て取れる。

Fit-up　建て込み

舞台上に大道具を組み立てる作業、またはその時間。

The five　ザ・ファイブ

開演10分前の合図。

Flats　パネル

自立式の立て板。稽古場でスペースを仕切るのに使う。舞台裏で使う立て板や、舞台装置の部屋や建物の壁として使う板を意味することもある。

Flies　バトン・エリア

ステージ上方のエリア。上方のバトンに照明機材を仕込んだり、幕やセットの素材を吊るすこともある。

Focus session　シュートまたはフォーカス

吊り込んだ各照明灯体が正しい位置に吊るされているかをチェックし、芝居に合わせた角度にフォーカスさせる工程〔訳註：シュートは角度やねらいを、フォーカスは照らす範囲のサイズを決める、の意味〕。演出家は同席不要。

Genre　ジャンル

戯曲のスタイル

Get-in　搬入

舞台美術・大道具を設置し、照明を吊り込み、音響の準備をするために充てられるテクニカルの時間。

Get-out　搬出

舞台美術・音響・照明機材をバラし、撤収するために充てられるテクニカルの時間。

Ground plan　平図面

舞台の床面に大道具をどのように設置するかを示す図面〔訳注：通常、舞台美術家からは平面図・断面図・エレベーションがセットで提供される〕。

The half　ザ・ハーフ

開演35分前時点を意味する舞台用語。

The house　ザ・ハウス

客席に座る観客を指す別称。

Immediate circumstances　直前の状況

シーンが始まる前24時間以内に起きた出来事、またはシーンのアクションにつながる出来事。芝居の始まる数分前に起こったことや、一晩前の出来事などを含む。直前の状況は劇中のアクションに直接影響を及ぼし、俳優に何か具体的な行動の根拠を与える。

An impression　印象

明らかな事実を含んでいない、戯曲中の一つの台詞や一部分を読んで推論した情報。

Intentions　目的・意図

登場人物が望んでいること、そしてそれを誰にして欲しいのかを示す用語。

lighting desk　照明卓・調光卓

照明のプログラミングと操作をする機材とモニターディスプレイが載った机またはボード。舞台稽古では、通常客席に仮設した机の上に置く。公演中は防音されたブースに置き、そこからオペレーターが操作する。

Mark-up　場ミリ

セットの配置を標す方法。舞台美術の建物や風景の境界線を稽古場の床に標すビニールテープを使った目印。

Media server　メディア・サーバー

ライブまたは録画された映像を加工処理する機械。メディア・サーバーは映像の色彩を変えたりぼかしたり、入力した素材より明るくまたは暗く投影できるように加工し、またフルカラーの映像をセピアやモノクロ映像に変換も可能。

Meet-and-greet　顔合わせ／顔寄せ

カンパニーメンバーと劇場関係者との顔合わせ。

Model showing　モデルショウイング

稽古期間中に行なう、舞台装置模型のプレゼンテーション。モデルショウイングの主目的は、芝居の設定となる場面（セットデザイン）の明確なビジュアルをキャストに記憶してもらうこと、そしてプロダクションに関わるカンパニーと劇場スタッフ全員とで作品のアイデアを共有することです。

Paint job　ペイント・ジョブ

セット製作の彩色工程。

Paint shop　ペイント・ショップ

彩色工程をする場所。画室（ペンキを売っているところではありません）〔訳註：日本ではアトリエ、工房、ワークショップとも言う〕。

Pallet　パレット。キャスター付き平台ワゴン、または台車

平行移動するプラットフォーム（平たい構造物）。その上にセット素材を組み立てることができる。

Plotting session　音響・明かり合わせ（プロッティング）

芝居に合わせて音響と照明の設定を作る工程。演出家も要同席。劇場でキャストを入れずに行なう〔訳註：キャストが入って行なう場合、日本では「場当たり」という〕。

Practical light　実用の明かり（プラクティカル・ライト）

シャンデリア、フロアスタンド・ランプ、卓上ランプなどの、舞台セット上にあって観客から見えている明かり〔訳註：ロウソクまたは電気どちらでも〕。

Press night　プレスナイト

劇評家・批評家の観劇日。初日。

Previews　プレビュー

プレスナイト以前の一般公演。

The quarter　ザ・クォーター

開演 20 分前。

Quiet time　クワイエット・タイム

舞台稽古期間中、音響・音楽のキュー作りに充てられる時間〔訳註：無音の時間の意。他の作業にあたる人は音を立てないように配慮する〕。

Read-through　通し読み／本読み
　リハーサル序盤にキャストが初めて戯曲を通して音読する。

Rig　吊り込み
　吊り物のセット素材を吊るす工程。

The rig　すのこ／グリッド
　照明機材を吊るすバーの網状組織。

Set back　セット・バック
　テクニカルリハーサル中に、シーンを繰り返す際に舞台設定（小道具など）をもとの状態に戻すこと。

Sightline　見切れの境界線（サイトライン）
　観客全員から見える舞台上のエリアを画す、（実際には目に見えない）境界線。

Sound check　音響チェック（サウンド・チェック）
　音響デザイナーまたは音響スタッフが全スピーカーの動作をチェックする工程。演出家の同席不要。

Sound desk　音響卓（サウンド・デスク）
　音響機材を載せる机またはボード。舞台稽古中、機材は通常客席に置かれ、公演中はブースに移動させ、音響オペレーターがそこから操作する。

Stage weights　鎮（しず）またはカウンター・ウェイト
　6インチ（約15cm）四方の金属製重石（ウェイト）。自立式パネル・つい立ての足を支えたり、セット素材やオブジェをしっかり立たせたりするためにバラスト（下部の重心）を付け加えるのに使われる。

Stand-ins　稽古用小道具
　本番用小道具（actuals 前出参照）に対して、稽古場で本番用小道具の代用として使われる稽古用小道具のこと。

Strike　バラす、バラシ
　劇場にあるセットを解体する工程を表す用語〔訳註：大道具や小道具を「はけさせる」（舞台の外へ移動させる）意味にも使われる〕。

Tech or Techs　テック
　テクニカルリハーサルの略称。テクリハ。

Tempo　テンポ
　登場人物や人それぞれが思考したり行動したりする際の全般的なスピード。

Trigger event　トリガー・イベント
戯曲のアクションが動き出すきっかけとなる、劇開始以前に起きた出来事。

White balance　ホワイトバランス（白色補正）
パフォーマンスの一部としてライブ映像を使用する際に、カメラレンズの前に白紙を置き色彩バランスを調整する工程。

White card model　白画用紙模型
白画用紙で作られた、舞台装置の簡易模型。色は塗られておらず、一般的に、色彩・素材・建築構造の細部についての詳しい情報はあまり含まれていない。

The Oresteia by Aeschylus

索引

人名と事項(作品・カンパニー・書籍)で立項。

[人名]

ア

カ

サ

［事項］

あ

か

さ

た

な

は

The Mysteries by Edward Kemp

Ivanov by Anton Chekhov

Jephtha by George Frideric Handel

ケイティ・ミッチェル
[KATIE MITCHELL]

1964年生まれ。英国の演出家。オックスフォード大学モードリンカレッジ出身。RSCやRNTのアソシエイト・ディレクター、ベルリン・シャウビューネ劇場やハンブルク・ドイツ劇場のレジデント・ディレクターを歴任。ギリシア悲劇やシェイクスピア作品はもちろん、チェーホフやストリンドベリなどの古典からヴァージニア・ウルフ、エルフリーデ・イェリネク、サラ・ケイン、W・G・ゼーバルトらの尖鋭的な作品まで幅広く手がける。映像を撮影しながらのライブカメラ演出には定評があり、受賞歴多数。2009年にOBE受章。2017年にはBritish Academy President's Medal受賞。ロンドン大学ロイヤル・ホロウェイ教授としても舞台演出を指導する。

訳者略歴

亘理裕子［わたり・ゆうこ］
日本大学芸術学部演劇学科卒。演劇コーディネイター・翻訳・演出家。1988年より英国在住。松竹演劇部のコーディネイターとして日英の演劇作品、歌舞伎海外公演に携わる。英国 The Central School of Speech and Drama で演出コースとヴォイスワークコース受講。日本で TPT（シアタープロジェクト・東京）ワークショップに参加。『PIAF』（パム・ジェムス作、安奈淳主演。TPT プロダクション@ベニサン・ピット）で演出家デビュー。演出作品に、『班女』（三島由紀夫作）、『ヴィンセント・イン・ブリクストン』（ニコラス・ライト作）、『相寄る魂』（ギィ・フォワシィ・シアターコンクール入賞）、『もう一つの宝物～安房の国の物語～』（NANSO 舞台芸術創造プロジェクト）、『ダンシング・アット・ルーナサ』（ブライアン・フリール作、TPT プロダクション）。3歳より日舞正派若柳流若柳禄寿師に師事。正派若柳流師範免許取得。

ケイティ・ミッチェルの演出術

舞台俳優と仕事するための14段階式クラフト

2021年3月15日　印刷
2021年4月10日　発行

著　者　ケイティ・ミッチェル
訳　者© 亘理裕子
発行者　及川直志
発行所　株式会社白水社
電話　03-3291-7811（営業部）7821（編集部）
住所　〒101-0052 東京都千代田区神田小川町3-24
www.hakusuisha.co.jp
振替　00190-5-33228
編集　和久田頼男（白水社）
装丁　奥定泰之
印刷所　株式会社三陽社
製本所　誠製本株式会社
乱丁・落丁本は送料小社負担にてお取り替えいたします。

ISBN978-4-560-09828-8

Printed in Japan